二十五史藝文經籍志考補萃編續刊

第八卷

王承略　劉心明　主編

- 隋書經籍志糾謬　〔清〕康有為撰　于少飛整理
- 補隋書藝文志　〔清〕徐仁甫撰　李學玲整理
- 隋書經籍志總序箋證　胡楚生撰　李學玲整理
- 隋書經籍志述例　胡楚生撰　劉琳整理
- 隋代藝文志簡編　劉琳撰　李學玲整理
- 舊唐書經籍志校勘記　〔清〕羅士琳　劉毓崧　由墨林　陳立淇撰　劉文淇整理
- 唐書經籍藝文志合鈔　〔清〕沈炳震撰　楊勝男整理

清華大學出版社　北京

版權所有,侵權必究。舉報:010-62782989,beiqinquan@tup.tsinghua.edu.cn。

圖書在版編目(CIP)數據

二十五史藝文經籍志考補萃編續刊.第八卷/王承略,劉心明主編.—北京:清華大學出版社,2020.11
ISBN 978-7-302-56759-2

Ⅰ.①二… Ⅱ.①王…②劉… Ⅲ.①中國歷史－古代史－紀傳體 ②二十五史－研究 Ⅳ.①K204.1

中國版本圖書館 CIP 數據核字(2020)第 211871 號

責任編輯:馬慶洲
封面設計:曲曉華
責任校對:劉玉霞
責任印製:叢懷宇

出版發行:清華大學出版社
　　網　　址:http://www.tup.com.cn, http://www.wqbook.com
　　地　　址:北京清華大學學研大廈 A 座　　郵　　編:100084
　　社 總 機:010-62770175　　郵　　購:010-62786544
　　投稿與讀者服務:010-62776969, c-service@tup.tsinghua.edu.cn
　　質量反饋:010-62772015, zhiliang@tup.tsinghua.edu.cn
印 裝 者:三河市金元印裝有限公司
經　　銷:全國新華書店
開　　本:148mm×210mm　　印　張:14.375　　字　數:320 千字
版　　次:2020 年 11 月第 1 版　　印　次:2020 年 11 月第 1 次印刷
定　　價:88.00 元

產品編號:087600-01

《二十五史藝文經籍志考補萃編續刊》編纂委員會

學術顧問：張高評
主　　編：王承略　劉心明
副 主 編：馬慶洲　李　兵
特約作者：劉兆祐　顧力仁　劉　琳　聶鴻音　張固也
點校整理：辛智慧　李學玲　張　雲　杜志勇　于少飛
　　　　　楊勝男　由墨林　張　偉　陳福盛　解樹明
　　　　　邱琬淳
校　　對：王成厚　李　博　王　瑞　王志遠　肖鴻哉
　　　　　楊潤東　靳亞萍　馬慶輝　李古月　王銀萍
　　　　　張孜烜　盧姝宇

目　　録

隋書經籍志糾謬 …………………………………………… 1

補隋書藝文志 …………………………………………… 19

 甲、經 …………………………………………………… 21
  一、易類 ……………………………………………… 21
  二、書類 ……………………………………………… 21
  三、詩 ………………………………………………… 23
  四、禮 ………………………………………………… 23
  五、樂 ………………………………………………… 24

隋書經籍志總序箋證 …………………………………… 27
 一、論經籍之用途 ……………………………………… 29
 二、論史官之職掌 ……………………………………… 31
 三、論孔子與六經 ……………………………………… 36
 四、論秦政之焚書 ……………………………………… 37
 五、論目錄之興起 ……………………………………… 38
 六、論《七略》與《漢志》 …………………………… 43
 七、論魏晋之目錄 ……………………………………… 46
 八、論南北朝之目錄 …………………………………… 48

九、論隋代之典藏 …………………………………… 54

十、論《隋志》之修撰 ………………………………… 56

隋書經籍志述例 ……………………………………… 61

一、四部中區別門類例 ………………………………… 63

二、著録書籍兼收梁陳齊周隋五代例 ………………… 64

三、去取書籍頗憑主觀例 ……………………………… 65

四、經史子三部以人類書例 …………………………… 65

五、集部以書類人例 …………………………………… 66

六、四部後附道佛書籍部數卷數例 …………………… 67

七、每類後結以小序辨章學術例 ……………………… 68

八、每部後結以簡序綜論大略例 ……………………… 69

九、每類每部後總計部卷例 …………………………… 69

十、每類每部後通計亡書例 …………………………… 70

十一、夾注分別存亡殘缺例 …………………………… 71

十二、稱未成例 ………………………………………… 72

十三、叙故書稱有例 …………………………………… 72

十四、每類中不立子目而實具編次例 ………………… 73

十五、集部書名上不署官銜例 ………………………… 74

十六、書有不叙作者不用條注例 ……………………… 75

十七、夾注略明一書大旨例 …………………………… 76

十八、夾注記書中起訖例 ……………………………… 77

十九、稱先生例 ………………………………………… 77

二十、稱師稱弟子例 …………………………………… 78

二一、稱處世隱人例 …………………………………… 79

二二、稱某氏例 ………………………………………… 79

二三、僧人著作稱釋例 …………………………… 80
二四、撰人不一稱等例 …………………………… 81
二五、省文稱各例 ………………………………… 82
二六、一人爲數書作者姓名稱並例 ……………… 83
二七、稱僞例 ……………………………………… 83
二八、夾注著錄亡書不署作者例 ………………… 84
二九、書有異名稱一曰例 ………………………… 85
三十、稱疑稱似例 ………………………………… 86
三一、夾注所稱卷數異於正文例 ………………… 87
三二、一人時代官銜前後不複注例 ……………… 88
三三、書有目錄須注明例 ………………………… 88
三四、著錄書有重出例 …………………………… 90

隋代藝文志簡編 ……………………………………… 93

經部 ………………………………………………… 95
史部 ………………………………………………… 99
子部 ………………………………………………… 104
集部 ………………………………………………… 111
釋典 ………………………………………………… 114

舊唐書經籍志校勘記 ………………………………… 127

總序 ………………………………………………… 129
甲部 ………………………………………………… 133
乙部 ………………………………………………… 158
丙部 ………………………………………………… 197
丁部 ………………………………………………… 229

唐書經籍藝文志合鈔 ································· 249

    經籍一 ······································· 251

    經籍二 ······································· 286

    經籍三 ······································· 342

    經籍四 ······································· 398

隋書經籍志糾謬

[清]康有爲 撰
于少飛 整理

底本：清光緒辛卯（1891）武林望雲樓石印《新學僞經考》本
校本：《續修四庫全書》影印上海辭書出版社圖書館藏清
　　　光緒十七年（1891）康氏萬木草堂刻《新學僞經考》本

《隋志》與《經典釋文》並出隋、唐時,僞古學一統久矣。今學亡絶,獨尊僞古固宜,然紛紜謬亂,蓋已多矣。抑自《漢志》之後,諸史無志,藉以考經籍之源流,舍是莫之焉。故唐、宋以來,鑽仰無盡,恐其惑亂學者耳目,并糾繩焉。然序《說卦》《序卦》《雜卦》爲河内後得,述《月令》《明堂》《樂記》爲馬融所增,因是得知《易》之僞書,《記》之竄亂,則《隋志》尚爲功過相比者也。

秦政憤豺狼之心,劉先代之迹,焚《詩》《書》,坑儒士,以刀筆吏爲師,制挾書之令。學者逃難,竄伏山林,或失本經,口以傳説。漢氏誅除秦、項,未及下車,先命叔孫通草綿蕝之儀,救擊柱之弊。其後張蒼治律曆,陸賈撰《新語》,曹參薦蓋公,言黄老,惠帝除挾書之律,儒者始以其業行於民間。

按《史記·李斯傳》:"若有欲學者,以吏爲師。"《秦始皇本紀》作:"若欲有學法令,以吏爲師。"徐廣曰:"一無'法令'二字。"是徐廣見歆未改之本,正與《李斯傳》同。且博士所職,秦既不焚,博士七十,若不以教士,將何置焉?"法令"二字爲歆竄入,《志》爲其所惑也。按高祖入關,除秦苛法,約法三章,蕭何定律九章,挾書之苛法早在入關蠲除之例,何待惠帝乎?《漢書》爲歆所作,當有竄入。《史記·儒林傳》稱:"故漢興,然後諸儒始得修其經藝,講習大射、鄉飲之禮。叔孫通作漢禮儀,因爲太常,諸生弟子共定者咸爲選首,於是喟然嘆興於學。"即《漢志》亦云:"漢興,改秦之敗,大收篇籍。"何嘗云至惠帝始得行其業乎?且博士具官,六經具完,挾書之律即未除,博士之傳自若,兩漢人無不之長安受業博士者,仍秦制也。此《志》自未知之,故多誤據。

昔宓犧氏始畫八卦,以通神明之德,以類萬物之情,蓋因而重之,爲六十四卦。及乎三代,實爲三《易》:夏曰《連山》,殷曰《歸藏》,周文王作卦辭,謂之《周易》。周公又作爻辭,孔子爲《彖》《象》《繫辭》《文言》《序卦》《說卦》《雜卦》,而子夏爲之傳。及秦焚書,《周易》獨以卜筮得存,唯失《說卦》三篇,後河内女子得之。

伏犧六十四卦,文王作卦辭,周公作爻辭,孔子作《十翼》,皆僞説,辨見前。至《子夏傳》,《漢志》不著。且《易》不傳於子夏,漢人無是説,蓋六朝之僞書也。至云"及秦焚書,《周易》獨以卜筮得存,唯失《說卦》三篇,後河内女子得之",考《法言·問神》篇云:"《易》損其一也,雖蠢知闕焉。"《論衡·正説》篇云:"至孝宣皇帝之時,河内女子發老屋得逸《易》《禮》《尚書》各一篇奏之,宣帝下示博士,然後《易》《禮》《尚書》各益一篇,而《尚書》二十九篇始定矣。"按此説,河内女子僅得《易》一篇,即《説卦》也。《説卦》説《震》《離》《兑》《坎》四卦方位及諸象,與京、焦《易卦氣圖》同,其爲京、焦學者所僞無疑。孔子傳《易》,自商瞿至楊何,太史談受之而傳於遷,未聞有缺,而忽云"有所亡失",其僞易見。《論衡》祇言"河内女子得《易》一篇",而此乃云"失《説卦》三篇,後河内女子得之",因河内之事而又附會其説,其僞尤易見。蓋《説卦》與《泰誓》同出,爲武、宣時人僞撰,《序卦》《雜卦》始見於《漢書·藝文志》,《儒林傳》取足十篇而爲《十翼》,蓋劉歆所僞。《雜卦》訓詁與《爾雅》同,并附之於河内所得,以崇尊之而泯其迹,幸賴此《志》之文,猶令後人有考也。

漢初,傳《易》者有田何,何授丁寬,寬授田王孫,王孫授沛人施讎、東海孟喜、郎邪梁邱賀,由是有施、孟、梁邱之學。又有東郡京房,自云受《易》於梁國焦延壽,别爲京氏學。嘗立,後罷。後漢施、孟、梁邱、京氏,凡四家並立,而傳者甚衆。漢初,又有東萊費直傳《易》,其本皆古字,號曰《古文易》。以授郎邪王璜,璜

授沛人高相,相以授子康及蘭陵母將永。故有費氏之學行於人間,而未得立。後漢陳元、鄭衆皆傳費氏之學,馬融又爲其傳,以授鄭玄。玄作《易注》,荀爽又作《易傳》,魏代王肅、王弼並爲之注。自是費氏大興,高氏遂衰。梁邱、施氏、高氏亡於西晉,孟氏、京氏有書無師。梁、陳鄭玄、王弼二《注》列於國學。齊代唯傳鄭義。至隋,王《注》盛行,鄭學寖微,今殆絶矣。《歸藏》,漢初已亡,按晉《中經》有之,唯載卜筮,不似聖人之旨。以本卦尚存,故取冠於《周易》之首,以備《殷易》之缺。

　　費氏《易》辨見前。《歸藏》之名,爲劉歆僞撰《周官》所稱"三《易》"者,至寶而造作一書,又爲六朝之僞妄,與王肅《古文尚書》同者,抑不足辨也。

《書》之所興,蓋與文字俱起。孔子觀《書》周室,得虞、夏、商、周四代之典,删其善者,上自虞,下至周,爲百篇,編而序之。遭秦滅學,至漢,唯濟南伏生口傳二十八篇。又河内女子得《泰誓》一篇獻之。

　　《書序》爲劉歆僞作,另篇辨之。伏生所傳僅二十八篇,當時以比二十八宿,并後得之《泰誓》,乃爲二十九篇。《史記》《漢書·儒林傳》皆未分明,唯此《志》最得其實。陸德明《經典釋文·序録》不考伏生所傳篇數,誤會班、馬,則并後得以爲三十篇,可笑甚矣。

伏生作《尚書傳》四十一篇,以授同郡張生,張生授千乘歐陽生,歐陽生受同郡兒寬,寬授歐陽生之子,世世傳之,至曾孫歐陽高,謂之《尚書》歐陽之學。又有夏侯都尉,受業於張生,以授族子始昌,始昌傳族子勝,爲大夏侯之學。勝傳從子建,别爲小夏侯之學。故有歐陽、大小夏侯三家並立。訖漢東京,相傳不絶,而歐陽最盛。初漢武帝時,魯共王壞孔子舊宅,得其末孫惠所藏之書,字皆古文。孔安國以今文校之,得二十五篇,其《泰誓》

與河內女子所獻不同,又濟南伏生所誦有五篇相合。安國並依古文開其篇第,以隸古字寫之,合成五十八篇。其餘篇簡錯亂,不可復讀,並送之官府。安國又爲五十八篇作《傳》,會巫蠱事起,不得奏上,私傳其業於都尉朝,朝授膠東庸生,謂之《尚書》古文之學,而未得立。後漢扶風杜林傳《古文尚書》,同郡賈逵爲之作《訓》,馬融作《傳》,鄭玄亦爲之注。然其所傳唯二十九篇,又雜以今文,非孔舊本,自餘絶無師說。

辨皆見前。

晉世秘府所存,有《古文尚書》經文,今無有傳者。及永嘉之亂,歐陽、大小夏侯《尚書》並亡。

諸經多亡於永嘉之亂,然自歐陽、大小夏侯既亡,古文十六篇亦不傳,則是《尚書》真偽俱亡。《晉書》荀崧疏謂:"自喪亂以來,儒學尤寡,今處學則闕朝廷之秀,仕朝則廢儒學之俊。"然晉人戎狄之亂華猶少,老、莊之滅學最深,故暴秦焚坑,而猶有伏、申、轅固、韓嬰、高堂、胡、董之師傳,典午淪墜,則并韋逞之母,不可多得矣。士不悦學之禍,其患乃過王者之焚,豈不烈哉!劉歆古文亡於何日,實不可考。閻氏《古文尚書疏證》據此以爲亡於永嘉之世,於是梅賾得因隙以獻之。然《晉書·荀崧傳》,崧疏稱武帝時置博士已有孔氏,則是偽《孔傳》已行於西晉。蓋王肅偽爲古文《書》以奪鄭學,以外祖之故,武帝尊之,爲立博士,此文足據。至永嘉亂後,梅賾復獻之耳,非始於梅賾。劉歆古文之亡於永嘉,疑或然也。

濟南伏生之傳,唯劉向父子所著《五行傳》是其本法,而又多乖戾。

向則伏生之學,歆則反是,《五行傳》具在,今可覆按。"乖戾"即由於此,作《志》者自不知耳。

至東晉,豫章内史梅賾始得安國之《傳》,奏之。時又闕《舜典》

一篇。齊建武中，吳姚興方於大舫市得其書，奏上，比馬、鄭所注多二十八字，於是始列國學。梁、陳所講，有孔、鄭二家，齊代唯傳鄭義。至隋，孔、鄭並行，而鄭氏甚微。自餘所存，無復師説。又有《尚書》逸篇出於齊、梁之間，考其篇目，似孔壁中《書》之殘缺者，故附《尚書》之末。

　　梅賾所獻之僞古文，國朝閻氏若璩《古文尚書疏證》攻難不遺。然僞古文實出王肅，唯肅之學乃能爲之。肅既僞《書》，又僞《家語》以證之，與劉歆同一心法。武帝時立學官，梅賾不過再獻之，如陳元、韓歆請立《左氏》之類。此《志》謂東晉"梅賾始得"，齊建武中"列國學"，殆未爲確也。獨晉世秘府既有古文，鄭注又復行世，逸篇尚見於齊、梁間，篇目同十六篇之舊，則真僞易見，何無人據《漢書·藝文志》十六篇之説以折之？亦可異事也。然古文亦爲僞作，則王肅之書爲僞中之僞。於今梅、閻、惠、江、王、孫數家之書，彰彰大行，童學皆知，此不復及。

《詩》者，所以導達心靈，歌咏情志也。故曰："在心爲志，發言爲詩。"上古人淳俗樸，情志未惑。其後君尊於上，臣卑於下，面稱爲諂，目諫爲謗，故誦美譏惡，以諷刺之。初但歌咏而已，後之君子因被管弦，以存勸戒。夏、殷已上，詩多不存。周氏始自后稷，而公劉克篤前烈，太王肇基王迹，文王光昭前緒，武王克平殷亂，成王、周公化至太平，誦美盛德，踵武相繼。幽、厲板蕩，怨刺並興。其後王澤竭而《詩》亡，魯太師摯次而録之。

　　按《史記·十二諸侯年表》："太史公讀《春秋》曆譜諜，至周厲王，未嘗不廢書而嘆曰：'嗚呼，師摯見之矣！紂爲象箸，而箕子唏。周道缺，"周"字，當是"商"字之誤。詩人本之衽席，《關雎》作。仁義陵遲，《鹿鳴》刺焉。'"《韓詩外傳》："有瞽有瞽，在周之庭，紂之餘民也。"卷三。《漢書·古今人表》以太師摯諸人次之第三等，在祖伊之後，虢中、虢叔之前，與微子、箕子、比干、膠鬲、微中、商容、師涓、梅伯、邢侯、鬼侯同列。師古注曰："自師摯以下八人，皆紂時奔走分散而去，鄭玄以爲周平王時人，非也。"《史記·周本紀》："太師疵、少師強抱其樂器而奔周。""疵"與"摯"、"強"與"陽"音近。《論語》曰："師摯之始，《關雎》之亂。"蓋《關雎》樂章作於師摯。《汝墳》稱"王室如燬"，《文王》稱"天命靡常"，洋洋盈耳之時，正靡靡溺音之日，西漢今文家說莫不同之。此云"其後王澤竭而《詩》亡，魯太師摯次而錄之"，蓋鄭學盛行，隋唐人皆用其說，不足據也。然《史記·禮書》云："仲尼没後，受業之徒沈湮而不舉，或適齊、楚，或入河海。"此謂弟子，非指疵、強諸人，注家之誤，蓋緣此也。

孔子刪《詩》，上采商，下取魯，凡三百篇。

《史記》《漢書》皆作"三百五篇"，此云"三百篇"，或脱文。

至秦，獨以爲諷誦不滅。漢初，有魯人申公受《詩》於浮邱伯，作《詁訓》，是爲《魯詩》。齊人轅固生亦傳《詩》，是爲《齊詩》。燕人韓嬰亦傳《詩》，是爲《韓詩》。終於後漢，三家並立。漢初，又有趙人毛萇善《詩》，自云子夏所傳，作《訓詁傳》，是爲《毛詩》，古學，而未得立。後漢有九江謝曼卿善《毛詩》，又爲之訓。東海衛敬仲受學於曼卿。先儒相承，謂之《毛詩序》，子夏所創，毛公及敬仲又加潤益。鄭衆、賈逵、馬融並作《毛詩傳》，鄭玄作《毛詩箋》。《齊詩》，魏代已亡，《魯詩》亡於西晉，《韓詩》雖存，無傳之者，唯《毛詩》鄭箋至今獨立。又有《業詩》，宋奉朝請業遵所注，立義多異，世所不行。

《毛詩序》辨見《經典釋文》。《毛詩》在後漢甚孤，自鄭箋大行，而三家遂亡矣。若業注者，其朱《傳》之先聲邪！

自大道既隱，天下爲家，先王制其夫婦、父子、君臣、上下、親疏之節。至於三代，損益不同。周衰，諸侯僭忒，惡其害己，多被焚削。自孔子時，已不能具，至秦而頓滅。漢初，有高堂生傳十七篇，又有《古經》出於淹中，而河間獻王好古愛學，收集餘燼，得而獻之，合五十六篇，並威儀之事。而又得司馬穰苴《兵法》一百五十五篇及《明堂陰陽》之記，並無敢傳之者。唯《古經》十七篇與高堂生所傳不殊，而字多異。自高堂生至宣帝時，后倉最明其業，乃爲《曲臺記》。倉授梁人戴德及德從兄子聖、沛人慶普，於是有大戴、小戴、慶氏三家並立。後漢唯曹充傳慶氏，以授其子襃。然三家雖存並微，相傳不絕。漢末，鄭玄傳小戴之學，後以《古經》校之，取其於義長者作注，爲鄭氏學。其《喪服》一篇，子夏先傳之，諸儒多爲注解，今又別行。

　　鄭氏本傳小戴今學，《志》云"後以《古經》校之，取其於義長者作注"，則康成定本以古爲主，其害則在雜揉今古也。然自此大小戴、慶氏之學亡矣。

而漢時有李氏得《周官》。

　　劉歆僞撰《周官》，託出河間，無云李氏得之，此又魏晋後增造之僞經説也。

《周官》，蓋周公所制官政之法，上於河間獻王，獨闕《冬官》一篇。獻王購以千金不得，遂取《考工記》以補其處，合成六篇，奏之。至王莽時，劉歆始置博士，以行於世。河南緱氏及杜子春受業於歆，因以教授。是後馬融作《周官傳》，以授鄭玄，玄作《周官注》。漢初，河間獻王又得仲尼弟子及後學者所記一百三十一篇，獻之，時亦無傳之者。至劉向考校經籍，檢得一百三十篇，向因第而叙之。而又得《明堂陰陽記》三十三篇、《孔子三朝記》七篇、《王氏史氏記》二十一篇、《樂記》二十三篇，凡五經，合二百十四篇。戴德刪其煩重，合而記之，爲八十五篇，謂之《大戴記》。而戴聖又刪大戴之書，爲四十六篇，謂之《小戴記》。漢末，馬融遂傳小戴之學。融又作《月令》一篇、《明堂位》一篇、

《樂記》一篇，合四十九篇。而鄭玄受業於融，又爲之注。今《周官》六篇，《古經》十七篇，《小戴記》四十九篇，凡三種，唯鄭《注》立於國學，其餘並多散亡，又無師說。

右辨皆見前。唯此《志》獨稱戴聖又刪大戴之書爲四十六篇，漢末，馬融遂傳小戴之學，融又作《月令》一篇、《明堂位》一篇、《樂記》一篇，合四十九篇，是二戴相傳經師之學，皆無《月令》《明堂位》《樂記》可見。蓋《月令》《明堂位》僞作於劉歆，《樂記》亦歆所改竄者。《漢書·魏相傳》言"相數表采《易陰陽》及《明堂》《月令》"，亦歆所竄入者。《禮記·樂記》正義引《別錄》作"四十九篇"，《別錄》爲歆所作，則四十九篇之名定於歆無疑。特密傳至馬融，注《小戴記》，始大顯。鄭康成受業於融，爲之作《注》。千餘年來，鄭《注》立於學，學者自少習鄭氏，忘《月令》《明堂位》《樂記》之所出，賴此《志》述其源流，猶能見竄僞之迹耳。

《春秋》者，魯史策書之名。昔成周微弱，典章淪廢，魯以周公之故，遺制尚存。仲尼因其舊史，裁而正之，或婉而成章，以存大順，或直書其事，以示首惡。故有求名而亡，欲蓋而彰，亂臣賊子於是大懼。其所褒貶，不可具書，皆口授弟子。弟子退而異說，左邱明恐失其真，乃爲之傳。遭秦滅學，口說尚存。漢初，有公羊、穀梁、鄒氏、夾氏四家並行。王莽之亂，鄒氏無師，夾氏亡。初，齊人胡母子都傳《公羊春秋》，授東海嬴公，嬴公授東海孟卿，孟卿授魯人眭孟，眭孟授東海嚴彭祖、魯人顏安樂。故後漢《公羊》有嚴氏、顏氏之學，與《穀梁》三家並立。漢末，何休又作《公羊解說》。而《左氏》，漢初出於張蒼之家，本無傳者，至文帝時，梁太傅賈誼爲訓詁，授趙人貫公。其後劉歆典校經籍，考而正之，欲立於學，諸儒莫應。至建武中，尚書令韓歆請立而未行。時陳元最明《左傳》，又上書訟之，於是乃以魏郡李封爲《左氏》博士。後群儒蔽固者，數廷爭之。及封卒，遂罷。然諸儒傳《左氏》者甚衆。永平中，能爲《左氏》者，擢高第爲講郎。其後賈逵、服虔並爲訓解，至魏遂行於世。晋時，杜預又爲《經傳集解》。《穀梁》范寧注，《公羊》何休注，《左氏》服虔、杜預注，俱立國學。然《公羊》《穀梁》，但試讀文，而不能通其義。後學三傳通講，而《左氏》唯傳服義。至隋，杜氏盛行，服義及《公羊》《穀梁》寖微，今殆無師說。

《左氏》書爲歆僞造，辨見前。蓋歆僞經以《左氏》爲根柢，《左氏》既盛，諸僞經符應皆合，故爲歆之學者爭之最力。自東漢後遂行。至隋、唐，則《公》《穀》無師說，其微如此。近人多惜服氏之說亡，然服、杜皆歆僞學，存亡不足計也。《漢書·律曆志》《匡衡傳》皆以《國語》爲《春秋外傳》，蓋亦歆竄入者。受其學者若賈逵之徒，多以《國語》爲《春秋外傳》。既以左氏《國語》加書法爲《春秋左氏傳》，自以補緝之《國語》爲《春秋外傳》，是大學士申公隔壁之銘旌，展轉謬傳，秖供捧腹者也。然劉向五十四篇之《國語》，《隋志》不可見，豈非眞亡之乎？

夫孝者，天之經，地之義，人之行。自天子達於庶人，雖尊卑有差，及乎行孝，其義一也。先王因之以治國家，化天下，故能不嚴而順，不肅而成。斯實生靈之至德，王者之要道。孔子既叙六經，題目不同，指意差別，恐斯道離散，故作《孝經》以總會之，明其枝流雖分，本萌於孝者也。遭秦焚書，爲河間人顏芝所藏。漢初，芝子貞出之，凡十八章，而長孫氏、博士江翁、少府后倉、諫議大夫翼奉、安昌侯張禹，皆名其學。又有《古文孝經》，與《古文尚書》同出，而長孫有《閨門》一章，其餘經文大較相似，篇簡缺解，又有衍出三章，并前合爲二十二章，孔安國爲之傳。至劉向典校經籍，以顏本比古文，除其繁盛，以十八章爲定。鄭衆、馬融並爲之注。又有鄭氏注，相傳或云鄭玄，其立義與玄所注餘書不同，故疑之。梁代，安國及鄭氏二家並立國學，而安國之本亡於梁亂。陳及周、齊，唯傳鄭氏。至隋，秘書監王劭於京師訪得《孔傳》，送至河間劉炫。炫因序其得喪，述其議疏，講於人間，漸聞朝廷，後遂著令，與鄭氏並立。儒者諠諠，皆云炫自作之，非孔舊本，而秘府又先無其書。又云魏氏遷洛，未達華語，孝文帝命侯伏、侯可、悉陵以夷言譯《孝經》之旨，教於國人，謂之《國語孝經》。今取以附此篇之末。

《孝經》古文之僞，鄭《注》之可信，辨見前。山陽丁晏曰："孔安國之書久亡，其傳者皆僞本，非真古文。"《隋志》之說覈矣。邢《疏》引唐司馬貞議曰："今文《孝經》是漢河間王所得顏芝本，至劉向以此參校古文，省除煩惑，定此一十八章。其古文二十二章無出《唐會要》《册府元龜》作"元出"。孔壁。先是安國作《傳》，緣遭巫蠱，未之行也。荀昶集注之時尚未見《孔傳》，中朝遂亡其本。近儒欲崇古學，妄作傳學，假稱孔氏，輒穿鑿更改，又僞作《閨門》。劉炫詭隨，妄稱其善。且'閨門'之義，近俗之語，必非宣尼正說。按其文云：'閨門之内具禮矣。《唐會要》"矣"下有"乎"字。嚴親嚴兄，妻子臣妾，繇百姓徒役也。'是比妻子於徒役，文句凡鄙，不合經典。又分《庶人章》從'故自天子已下'別爲一章，仍加'子曰'二字。然'故'者，逮下之辭，既是章首，不合言'故'。是古人既没，後人妄開此等數章，以應二十二章之數，非但經文不真，抑亦傳文淺僞。又注'用天之道，分地之利'，其略曰：'脱之《文苑英華》作"脱衣"。應功，暴其肌體，朝暮從事，露髮跣足，少而習之，其心安焉。'此語雖旁出諸子，而引之爲注，何言之鄙俚乎！"小司馬辨古文《孔傳》之僞，說最明確。《孝經徵文》。唐開元十年，明皇取王肅、劉邵、虞翻、韋昭、陸澄、劉炫之說，親注《孝經》，八分書之，立於國學，所謂《石臺孝經》也。蓋展轉傳謬，歧路有歧，今古雜合，幾於不可詰矣。宋至和元年，司馬光上《古文孝經指解》一卷，則劉炫僞古文之餘波。淳熙十三年，朱子撰《孝經刊誤》一卷，取《古文孝經》分爲《經》一章，《傳》十四章，删去"子曰"者二，引《書》者二，引《詩》者四，其二百二十三字，後有《自記》，述胡侍郎、汪端明語，僞中又僞，紛紛竄亂，殆更不足辨矣。

按，《史記》述六經不及《孝經》，然出於西漢前，緯書甚尊之。其後得而尊崇類《泰誓》，其文辭義理蓋《禮記》之倫，不解何緣推崇至是。於是劉歆僞爲古文，託爲孔安國之説於前。劉炫僞爲孔安國傳於後，僞中作僞，正與《尚書》同。而劉炫作僞，人能攻之，王肅作僞，千年無人疑之者，抑又少異。而豐蔀雖深，久而必露，至今諸僞真隱盡發，究何益邪？

《論語》者，孔子弟子所録。孔子既叙六經，講於洙、泗之上，門徒三千，達者七十。其與夫子應荅及私相講肄，言合於道，或書之於紳，或事之無厭。仲尼既没，遂緝而論之，謂之《論語》。漢初，有齊、魯之説。其齊人傳者二十二篇，魯人傳者二十篇。齊則昌邑中尉王吉、少府宗畸、御史大夫貢禹、尚書令五鹿充宗、膠東庸生。魯則常山都尉龔奮、長信少府夏侯勝、韋丞相節侯父子、魯扶卿、前將軍蕭望之、安昌侯張禹，並名其學。張禹本授《魯論》，晚講《齊論》，後遂合而考之，删其煩惑，除去《齊論·問王》《知道》二篇，後《魯論》二十篇爲定，號《張侯論》，當世重之。周氏、包氏爲之章句，馬融又爲之訓。又有《古論語》，與《古文尚書》同出，章句煩省，與《魯論》不異，唯分《子張》爲二篇，故有二十一篇，孔安國爲之傳。

《古論語》爲劉歆僞作，辨見前。按《論衡·正説》篇云："漢興失亡，至武帝，發取孔子壁中古文，得二十一篇，齊、魯二，河間九篇，三十篇，至昭帝女讀二十一篇。宣帝下太常博士，時尚稱書難曉，名之曰《傳》，後更隸寫以傳誦。初，孔子孫孔安國以教魯人扶卿，官至荊州刺史，始曰《論語》。今時稱《論語》二十篇，又失齊、魯、河間九篇。本三十篇，分布亡失，或二十一篇，目或多或少，文讚或是或誤。説《論語》者，但知以剥解之問，以纖微之難，不知存問本根篇數章目。"以此論之，則劉歆所僞爲三十篇與《漢志》不同者，蓋歆作《七略》時未僞河間之九篇也，此《志》尚用《漢志》説。

漢末，鄭玄以《張侯論》爲本，參考《齊論》《古論》而爲之注。魏司空陳群、太常王肅、博士周生烈皆爲義説。吏部尚書何晏又爲集解。是後諸儒多爲之注，《齊論》遂亡。《古論》先無師説，梁、陳之時，唯鄭玄、何晏立於國學，而鄭氏甚微。周、齊，鄭學獨立。至隋，何、鄭並行，鄭氏盛於人間，其《孔叢》《家語》，並孔氏所傳仲尼之旨。《爾雅》諸書解古今之意，并五經總義附於此篇。

《漢志》以《五經雜議》《爾雅》附"《孝經家》"，《隋志》用其例，又用《經典釋文》例，以《孝經》爲孔子作，移在《論語》先。若夫鄭氏《注》已參考《古論》，則《論語》已雜亂，而"盛於人間"，抑可想矣。何晏更以孔安國爲主，而諸家多皆古學也。許慎《五經異義》蓋專主僞古學者也。《爾雅》之僞辨見前。《孔叢》《家語》二書，姚際恒《古今僞書考》已著之，今不及。

《易》曰："河出《圖》，洛出《書》。"然則聖人之受命也，必因積德累業，豐功厚利，誠著天地，澤被生人，萬物之所歸往，神明之所福饗，則有天命之應。蓋龜龍銜負，出於河、洛，以紀易代之徵，其理幽昧，究極神道。先王恐其惑人，秘而不傳。説者又云，孔子既叙六經以明天人之道，知後世不能稽同其意，故別立緯及讖，以遺來世。其書出於前漢，有《河圖》九篇，《洛書》六篇，云自黃帝至周文王所受本文。又別有三十篇，云自初起至於孔子九聖之所增演，以廣其意。又有《七經緯》三十六篇，並云孔子所作，并前合爲八十一篇。而又有《尚書中候》《洛罪級》《五行傳》《詩推度災》《氾曆樞》《含神務》《孝經句命決》《援神契》《雜讖》等書。漢代有郄氏、袁氏説。漢末，郎中郄萌集圖、緯、讖、雜占爲五十篇，謂之《春秋災異》，宋均、鄭玄並爲讖緯之注。然其文辭淺俗，顛倒舛謬，不類聖人之旨，相傳疑世人造爲之後，或者又加點竄，非其實録。起王莽好符命，光武以圖讖興，遂盛行於世。漢時又詔東平王蒼正五經章句，皆命從讖。俗儒趨時，益爲其學，篇卷第目，轉加增廣。言五經者，皆憑讖爲説。唯孔安國、毛公、王璜、賈逵之徒獨非之，相承以爲妖妄，亂中庸之典。故因漢魯共王、河間獻王所得古文，參而考之，以成其義，謂之"古學"。當世之儒，又非毀之，竟不得行。魏代王肅推引古學，以難其義。王弼、杜預從而明之，自是古學稍立。至宋大明中，始禁圖讖。梁天監已後，又重其制。及高祖受禪，禁之踰切。煬帝即位，乃發使四出，搜天下書籍與讖緯涉者，皆焚之，爲吏所糾者至死。自是無復其學，秘府之内亦多散亡。今録其見存，列於六經之下，以備異説。

緯書雖多誕奇之説，然出西漢以前，與今文博士説合，猶無劉歆僞説也。其時與古説合者，則歆所竄入，大致則與古文絶界分疆者也。孔安國、毛公，歆所僞託，王璜、賈逵，歆之傳衣，微恉在變易今文，故攻緯以爲妖妄，蓋今古學勢不兩立故也。緯與讖異，《漢書·王莽傳》"徵通圖讖者"，是讖乃歆、莽之學，歆所攻者蓋專在緯也。天監、隋煬兩次禁焚，緯書幾盡，孔子之學一遇秦焚，再遇隋焚，何不幸也！後儒忘緯書之本原，附會歆、逵之説而並黜之，致使今學之説頓盡，而不得與秦焚並嘆，豈不惜哉！然《志》稱因魯共王、河間獻王所得古文以成古學，世儒又非毀之，此叙今古學之異。又云王弼、杜預明之，自是古學稍立，古學實成於康成，此云"立"者，立於學官也。六朝受鄭學之餘,以古學爲主,而忘今古學之分久矣,此《志》猶能別白言之。宋、明至今,罕有識今古學之殊矣。
孔子曰:"必也正名乎!"名謂書字。"名不正則言不順,言不順則事不成。"説者以爲書之所起,起自黄帝、蒼頡。比類象形謂之文,形聲相益謂之字,著於竹帛謂之書。故有象形、諧聲、會意、轉注、假借、處事六義之别。古者童子示而不誑,六年教之數與方名。十歲入小學,學書計。二十而冠,始習先王之道,故能成其德而任事。然自蒼頡訖於漢初,書經五變:一曰古文,即蒼頡所作;二曰大篆,周宣王時史籀所作;三曰小篆,秦時李斯所作;四曰隸書,程邈所作;五曰草書,漢初作。秦世既廢古文,始用八體,有大篆、小篆、刻符、摹印、蟲書、署書、殳書、隸書。漢時以六體教學童,有古文、奇字、篆書、隸書、繆篆、蟲鳥,并稾書、楷書、懸針、垂露、飛白等二十餘種之勢,①皆出於上六書,因事生變也。魏世又有八分書,其字義訓讀,有《史籀篇》《蒼頡篇》《三蒼》《埤蒼》《廣蒼》等諸篇章,《訓詁》《説文》《字林》《音義》《聲韻》《體勢》等諸書。自後漢佛法行於中國,又得西域胡書,能以十四字貫一切音,文省而義廣,謂之《婆羅門書》,與八體六文之義殊别。今取以附《體勢》之下。又後魏初定中原,軍容號令皆以夷語,後染華俗,多不能通,故録其本言,相傳教習,謂之"國語",今取以附《音韻》之末。又後漢鐫刻七經,著於石碑,皆蔡邕所書。魏正始中,又立《一字石經》,相承以爲七經正字。後魏之末,齊神武執政,自洛陽徙於鄴都,行至河陽,值岸崩,遂没於水。其得至鄴者,不盈大半。至隋開皇六年,又以鄴京載入長安,置於秘書内省,議欲補緝,立於國學。尋屬隋

---

① "二"字,原作"五",據《續修四庫全書》影印上海辭書出版社圖書館藏清光緒十七年(1891年)康氏萬木草堂刻《新學僞經考》本(以下簡稱"萬木草堂本")、中華書局1997年《隋書》原文改。

亂,事遂寖廢,營造之司,因用爲柱礎。貞觀初,秘書監臣魏徵始收聚之,十不存一。其相承傳拓之本猶在秘府,并秦帝刻石附於此篇,以備小學。

凡《志》所錄《古今字詁》三卷,《古今字書》十卷,《古文官書》一卷,《古今奇字》一卷,①《六文書》一卷,《古今八體六文書法》一卷,《古今篆隸雜字體》一卷,《古今文等書》一卷,《古今字圖雜錄》一卷。蓋歆既作僞,復散所造古文字於天下,至隋、唐時所存,猶若是之多,抑可見矣。

---

① "今"字,原作"文",萬木草堂本同,據中華書局1997年《隋書》原文改。

補隋書藝文志

徐仁甫 撰
李學玲 整理

底本:《志學》月刊,1945年第22期

甲、經

一、易類

周易講疏十三卷　何妥撰

見本傳及《經籍志》,《北史》同,作義疏。兩《唐志》同。《經籍志》誤爲何晏,《藝文志》誤爲何安。馬國翰有輯本。

周易義記　蕭歸撰

見本傳,《周書》同,亦見《周書・藝文志》。《北史》同。《經籍志》未收。

連山易　劉炫撰

見本傳,《北史》同。《經籍志》未收。

周易并注音七卷　陸德明撰

見《經籍志》。□秘書學士,①與《唐書・儒學傳》"陸德明,隋煬帝嗣位,以爲秘書學士"合。

周易大義二卷　陸德明撰

見《經籍志》,兩《唐志》作《文外大義》。

　　右易四部,卷數可考者,三部二十二卷,失考者二部。已收《隋志》者三部二十二卷。未收《隋志》者二部。

二、書類

古文尚書疏二十卷　顧彪撰

見本傳及《經籍志》,《志》不標"古文"二字。《北史》同,《册府元龜》同。馬氏有輯本。

---

① 此處當有一字,漫漶不清。

今文尚書音一卷　顧彪撰

見《經籍志》,《册府元龜》同。兩《唐志》作《古文音義》五卷。

大傳音二卷　顧彪撰

見《經籍志》,《册府元龜》作一卷。

尚書文外義一卷　顧彪撰

見《經籍志》,《册府元龜》同。唐《經籍志》作三十卷,《藝文志》作一卷一本作五卷。

尚書注　宇文敫撰

見本傳,《北史》同。《經籍志》未收。

尚書注　王孝籍撰

見本傳,云遭亂零落。《北史》同。《經籍志》未收。

尚書義疏二十卷　劉焯撰

見《唐志》。《經籍志》有《義疏》七卷。姚振宗《考證》謂似即劉焯之殘本。

尚書述議二十卷　劉炫撰

見本傳及《經籍志》,《志》作《述義》。《北史》同,兩《唐志》同。作《述義》。馬氏有輯本。

尚書百篇義一卷　劉炫撰

見《通志·藝文略》。《經籍志》未收。

尚書孔傳目一卷　劉炫撰

見《通志·藝文略》。《經籍志》未收。

尚書略義三卷　劉炫撰

見《通志·藝文略》。《經籍志》有"《尚書義》三卷,劉先生撰"。炫傳,門人謚曰宣德先生。

右書十一部,卷數可考者,九部六十九卷,失考者二部。已收《隋·經籍志》者七部五十四卷。劉焯計七卷。未收《隋·經籍志》者四部十五卷。① 劉焯計十三卷。

---

① "四部",原誤作"部部",據上下文意改。

三、詩

毛詩述議四十卷　劉炫撰

　　見本傳及《經籍志》，《志》作述義。《北史》同。兩《唐志》及《日本見在書目》作三十卷。馬氏有輯本。

詩序注一卷　劉炫撰

　　見本傳及《經籍志》，《志》作《毛詩集小序注》。《北史》同。

毛詩譜注二卷　劉炫撰

　　見《經籍志》。《志》云太叔求及劉炫注。《釋文叙錄》稱徐整暢，太叔裘隱。姚氏《考證》云："徐整取鄭氏《詩譜》而暢言之，太叔裘更發其所隱，而劉炫又爲之注，然則此本出自劉氏，太叔裘不知何代人。"

毛詩章句義疏四十一卷　魯世達撰

　　見本傳及《經籍志》，《志》作四十卷。《北史》。作四十二卷。

毛詩并注音八卷　魯世達撰

　　見《經籍志》。兩《唐志》作《音義》二卷。《唐·經籍志》作魯達，因唐人舊文避諱，削去"世"字。

詩注　王孝籍撰

　　見本傳，云遭亂零落。《北史》同。《經籍志》未收。

　　　　右詩六部，卷數可考者五部九十二卷，失考者一部。已收《隋·經籍志》者五部九十二卷，未收《隋·經籍志》者一部。

四、禮

喪服義三卷　張沖撰

　　見本傳，《北史》同。《經籍志》未收。

禮疏一百卷　褚煇撰

　　見本傳，《北史》同。煇作暉。《經籍志》未收。

禮記文外大義二卷　褚暉撰

見《經籍志》。

明堂圖議二卷釋疑一卷　宇文愷撰

見本傳,《北史》同。《經籍志》未收。案愷傳奏《明堂議表》云:"今錄其疑難,爲之通釋。"是《釋疑》釋《明堂》之疑。

江都集禮一百二十六卷　潘徽撰

見本傳作百二十卷。及《經籍志》。作百二十六卷,無撰人姓名,而附於論語之末。今從唐《日本見在書目》及《唐書·經籍志》,入禮類。《唐書·藝文志》入儀注類,作百二十卷。《北史》本傳無卷數。

右禮六部二百三十卷。已收《隋·經籍志》者二部一百二十八卷。未收《隋·經籍志》者四部一百六卷。

五、樂

樂論一卷　蕭吉撰

見《經籍志》。

樂譜二十卷　蕭吉撰

見本傳作十二卷,當爲二十之誤。及《經籍志》,作《樂譜集》二十卷。《北史》同。作二十卷。兩《唐志》作《樂譜集解》二十卷。馬氏輯存四條。

樂要一卷　何妥撰

見本傳及《經籍志》,《北史》同

樂府聲調六卷　鄭譯撰

見本傳作八篇。及《經籍志》,《北史》同,作八篇。兩《唐志》同。《隋書·音樂志》云,鄭譯考聲調作書二十餘篇。

樂府聲調三卷　鄭譯撰

見《經籍志》。姚氏《考證》云三卷,或從岐州召還定樂太常時所作。

樂府歌辭八卷　鄭譯撰

見《唐書‧藝文志》。

樂志十卷　蘇夔撰

見本傳，作十五篇。《北史》同。《經籍志》未收。唐《經籍志》作十卷，《藝文志》作《樂府志》。

樂譜六十四卷　萬寶常撰

見本傳，《北史》同。《經籍志》未收。有《樂譜》四卷，不著撰人。案《寶常傳》云："將死取所著書焚之，曰何用此，爲見者於火中探得數卷，見行於世。"此四卷或即火中探得者歟。

樂部一卷　闕名

見《經籍志》。馬國翰輯本序曰："《太平御覽》引之，記龜茲、天竺、唐國、疏勒、安國、高麗等樂甚詳，書中或言唐制，當是隋季人所作，及見唐初制作，故能言之歟。"

大隋總曲簿一卷　闕名

見《經籍志》及《通志‧藝文略》

律譜　毛爽、蔡子元、于普明撰

見《律曆志》。《經籍志》未收。

右樂十一部，十部一百十五卷，一部無卷數。已收《隋志》者七部，三十七卷，樂譜計四卷。未收《隋志》者四部，七十八卷。樂譜計六十卷。

（未完）

二十九年八月十五日再稿

隋書經籍志總序箋證

胡楚生 撰
李學玲 整理

底本:《中國目錄學研究》,華正書局有限公司 1980 年 4 月版目錄之作，自向歆父子，始創《七略》，洎乎《隋志》，併爲四部，於是大綱遂定，沿襲至今，其用弗替。是以目錄類例之分合，亦以漢隋之間，最稱難識，《隋志·總序》一篇，所叙目錄之淵源，典籍之聚散，類例之沿革，繫其綱維，推揆綦詳，綜玆一篇，不啻有唐以前之目錄簡史，蓋眞能總持少文而攝多義者也。昔者，姚振宗氏嘗有《隋書經籍志考證》之作，綱羅宏富，論斷精審，言《隋志》者，至於姚氏，蔑以尚矣。顧姚氏於《總序》一篇，略而不録，無所論述，玆乃徵引史實，爲之箋證，並分段標題，釐爲十目，用便觀覽，其有義涉疑似，則隨文考釋，期於允當，治目録者，亦將有取於此乎？

一、論經籍之用途

夫經籍者，機神之妙旨，聖哲之能事，所以經天地，緯陰陽，正紀綱，弘道德。

按《後漢書·梁竦傳》："以經籍爲娛。"孔安國《尚書序》："博考經籍。"《颜氏家訓·書證》篇："博覽經籍。"故書中經籍連詞，似不甚早。

又按《左氏·昭二十五年傳》："禮，上下之紀，天地之經緯也，民之所以生也。"杜注："經緯，錯居以相成者也。"《左氏·昭二十八年傳》："經緯天地曰文。"《國語·周語》："經之以天，緯之以地。"《左氏·哀六年傳》："今失其行，亂其紀綱。"《禮記·樂記》："作爲君臣父子，以爲紀綱。"

顯仁足以利物，藏用足以獨善，學之者，將殖焉，不學者，將落焉。

按《易·繫辭傳》："顯諸仁，藏諸用。"《易·乾》文言："利物足以和義。"《孟子·盡心》："窮則獨善其身。"《左氏·昭十八年傳》："夫學，殖也，不學，將落。"

大業崇之,則成欽明之德,匹夫克念,則有王公之重;其王者之所以樹風聲,流顯號,美教化,移風俗,何莫由乎斯道?

　按《易·繫辭傳》:"富有之謂大業。"《書·堯典》:"欽明文思安安。"《詩大序》:"故正得失,動天地,感鬼神,莫近於詩,先王以是經夫婦,成孝敬,厚人倫,美教化,移風俗。"《論語·雍也》:"子曰,誰能出不由戶,何莫由斯道也。"

故曰,其爲人也,溫柔敦厚,《詩》教也;疏通知遠,《書》教也;廣博易良,《樂》教也;絜靜精微,《易》教也;恭儉莊敬,《禮》教也;屬辭比事,《春秋》教也。

　按,此全用《禮記·經解》篇孔子之語,以言經籍化民之效也。

遭時制宜,質文迭用,應之以通變,通變之以中庸,中庸則可久,通變則可大。

　按《論語·雍也》:"子曰,質勝文則野,文勝質則史,文質彬彬,然後君子。"《易·繫辭傳》:"廣大配天地,變通配四時。"又:"易窮則變,變則通,通則久。"又:"易知則有親,易從則有功,有親則可久,有功則可大。"

其教有適,其用無窮,實仁義之陶鈞,誠道德之橐籥也,其爲用大矣,隨時之義深矣,言無得而稱焉。

　按《史記·鄒陽列傳》:"是以聖王制世御俗,獨化於陶鈞之上。"《索隱》引張晏曰:"陶,冶也,鈞、範也,作器下所轉者爲鈞。"《老子》:"天地之間,其猶橐籥乎。"《易·隨》彖辭:"隨之時義大矣哉。"《論語·泰伯》:"子曰,泰伯,其可謂至德也已矣,三以天下讓,民無得而稱焉。"

故曰,不疾而速,不行而至,今之所以知古,後之所以知今,其斯之謂也。

　按《易·繫辭傳》:"唯神也,故不疾而速,不行而至。"《論衡·謝短》:"夫知古不知今,謂之陸沉。"又:"夫知今不知古,謂之盲瞽。"《隋志》以經籍名篇,故於志首,強調經籍之爲用焉。

二、論史官之職掌

是以大道方行,俯龜象而設卦,後聖有作,仰鳥迹以成文。

按《易·繫辭傳》:"成天下之亹亹者,莫大乎蓍龜,是故天生神物,聖人則之。"又:"古者庖犧氏之王天下也,仰則觀象於天,俯則觀法於地;觀鳥獸之文,與地之宜,近取諸身,遠取諸物,於是始作八卦,以通神明之德,以類萬物之情。"

書契已傳,繩木棄而不用,史官既立,經籍於是興焉。

《易·繫辭傳》:"上古結繩而治,後世聖人易之以書契,百官以治,萬民以察,蓋取諸夬。"許慎《説文·叙》:"黄帝之史倉頡,見鳥獸蹄迒之迹,知分理之可相別異也,初造書契,百工以乂,萬品以察,蓋取諸夬。"

孔安國《尚書序》:"古者伏羲氏之王天下也,始畫八卦,造書契,以代結繩之政,由是文籍生焉。"

按,倉頡造字之説,既不可信,則史官既立,經籍始興之説,毋乃無稽,然史官世守典籍,則是經籍既興,史官而後典守之也。

夫經籍也者,先聖據龍圖,握鳳紀,南面以君天下者,咸有史官以紀言行。言則左史書之,動則右史書之,故曰,君舉必書,懲勸斯在。

《竹書紀年》:"黄帝祭於洛水。"沈約附注:"龍圖出河,龜書作洛,赤文篆字,以授軒轅。"

《管子·小匡》:"昔人之受命者,龍龜假,河出圖,洛出書,地出乘黄。"

《水經·河水注》:"粵在伏羲,受龍馬圖于河,八卦是也,後堯壇于河,受龍圖,作握河記,逮虞舜夏商,咸亦受焉。"

《禮記·玉藻》:"天子玉藻……玄端而居,動則左史書之,言則右史書之。"

《世本注》:"黃帝之世,始立史官,倉頡、沮誦居其職,夏商時分置左右,故曰左史記言,右史記事。"

《漢書·藝文志》春秋類小序:"古之王者,世有史官,君舉必書,所以慎言行,昭法式也,左史記言,右史記事,事爲《春秋》,言爲《尚書》,帝王靡不同之。"

《左氏·成十四年傳》:"懲惡而勸善。"《後漢書·仲長統傳》:"信賞罰以驗懲勸。"

按,龍圖鳳紀,傳說而已,不足深信。

考之前載,則《三墳》《五典》《八索》《九丘》之類是也。

孔安國《尚書序》:"伏羲、神農、黃帝之書,謂之《三墳》,言大道也;少昊、顓頊、高辛、唐、虞之書,謂之《五典》,言常道也。"又:"八卦之說,謂之《八索》,求其義也;九州之志,謂之《九丘》,丘,聚也,言九州所有,土地所生,風氣所宜,皆聚此書也。"

《釋名·釋典藝》:"《三墳》,墳,分也,論三才之分,天地人之治,其體有三也。《五典》,典,鎮也,制法所以鎮定上下,其等有五也。《八索》,索,素也,著素王之法,若孔子者,聖而不王,制此法者有八也。《九丘》,丘,區也,區別九州土氣,教化所宜施者也。此皆三王以前,上古羲皇時書也,今皆亡,唯《堯典》存也。"

按,凡此皆傳說之辭,不足徵信者。

下逮殷周,史官尤備,紀言書事,靡有闕遺。

按陳夢家氏《殷墟卜辭綜述》第十五章《百官》,記有二十餘種史官之名目,可知商代史官之多。

又按劉知幾《史通·史官建置》:"蓋史之建官,其來尚矣,昔軒轅氏受命，倉頡沮誦，實居其職，至於三代，其數漸繁，案《周官》《禮記》，有太史、小史、內史、外史、左史、右史之名。"《周禮》又有御史之名，而劉氏所述未嘗及此。

則《周禮》所稱，太史掌建邦之六典、八法、八則，以詔王治。

《周禮·宗伯·太史》："掌建邦之六典，以逆邦國之治，掌法以逆官府之治，掌則以逆都鄙之治。"

鄭注："六典、八法、八則，冢宰所建，以治百官，太史又建焉，以爲王迎受其治也。"

按，據《周禮·冢宰》，六典者，治典、教典、禮典、政典、刑典、事典是也。八法者，官屬、官職、官聯、官常、官成、官法、官刑、官計是也。八則者，祭祀、法則、廢置、禄位、賦貢、禮俗、刑賞、田役是也。

小史掌邦國之志，定繫世，辨昭穆。

《周禮·宗伯·小史》："掌邦國之志，奠繫世，辨昭穆。"又："大祭祀，讀禮法，史以書叙昭穆之俎簋。"鄭注："鄭司農云，志，謂記也，《春秋傳》所謂《周志》、《國語》所謂《鄭書》之屬是也，史官主書，故韓宣子聘于魯，觀書太史氏。繫世，謂《帝繫》《世本》之屬是也，小史主定之。"又："大祭祀，小史主叙其昭穆。"

按孫詒讓《周禮正義》："掌邦國之志者，謂掌王國及畿內侯國之史記，別於外史掌四方之志，爲畿外侯國之志也。"

內史掌王之八柄，策命而貳之。

《周禮·宗伯·內史》："掌王之八柄之法，以詔王治，一曰爵，二曰禄，三曰廢，四曰置，五曰殺，六曰生，七曰予，八曰奪。"又："凡命諸侯及孤卿大夫，則策命之。"鄭注："策，謂以簡策書王命。"又："副寫藏之。"

外史掌王之外令，及四方之志，三皇五帝之書。

《周禮·宗伯·外史》："掌書外令，掌四方之志，掌三皇五帝之書,掌達書名于四方,若以書使于四方,則書其令。"鄭注:"王令下畿外。"又:"楚靈王所謂三墳五典。"

御史掌邦國、都鄙、萬民之治令,以贊冢宰。此則天子之史,凡有五焉。

《周禮·宗伯·御史》:"掌邦國、都鄙及萬民之治令,以贊冢宰,凡治者受法令焉,掌贊書,凡數從政者。"鄭注:"王所以治之令,冢宰掌王治。"賈疏:"天官冢宰,六典治邦國,八則治都鄙,及畿內萬民之治,今此御史亦掌之,以贊佐,故同其事。"

按,所謂天子之史凡有五者,指太史、小史、內史、外史、御史五者而言,不及左史右史。

諸侯亦各有國史,分掌其職,則《春秋傳》,晉趙穿弒靈公,太史董狐書曰:"趙盾殺其君。"以示於朝,宣子曰:"不然。"對曰:"子爲正卿,亡不越境,反不討賊,非子而誰?"

按,靈公被殺,事在魯宣公二年,此用《左氏傳》語。

齊崔杼弒莊公,①**太史書曰:"崔杼弒其君。"崔子殺之,其弟嗣書,死者二人。其弟又書,乃舍之。南史聞太史盡死,執簡以往,聞既書矣,乃還。**

按,崔杼弒君,事在魯襄公二十五年,此用《左氏傳》語。

楚靈王與右尹子革語,右史倚相趨而過,王曰:"此良史也,能讀《三墳》《五典》《八索》《九丘》。"

《左氏·昭十二年傳》:"王出復語,左氏倚相趨過,王曰:'是良史也,子善視之,是能讀《三墳》《五典《八索》《九丘》。'"杜注:"皆古書名。"

按《左傳》云"左史",《隋志》云"右史",當從《左傳》。

然則諸侯史官亦非一人而已,皆以記言書事,太史總而裁之,以

---

① "崔抒",清嘉慶二十年南昌府學重刊宋本十三經注疏本《春秋左傳正義》作"崔杼"。下同。

成國家之典；不虛美，不隱惡，故得有所懲勸。

《漢書·司馬遷傳》贊："然自劉向、揚雄，博極羣書，皆稱遷有良史之材，服其善序事理，辨而不華，質而不俚，其文直，其事核，不虛美，不隱惡，故謂之實錄。"

按《隋志》史部簿録類小序："古者史官既司典籍，蓋有目録以爲綱紀，體制湮滅，不可復知，孔子删書，别爲之序，各陳作者所由，韓毛二詩，亦皆相類，漢時，劉向《别録》，劉歆《七略》，剖析條流，各有其部，推尋事迹，疑則古之制也。"章學誠《校讎通義·原道》："官守學業皆出於一，而天下以同文爲治，故私門無著述文字，私門無著述文字，則官守之分職，既羣書之部次，不復别有著録之法也。"考《隋志》與章氏之意，皆以爲古代官師合一，私門無學，則官守分職，既圖書之部次，以此而即以爲目録之興起，蓋即源出於古代史官之掌守典籍。然《隋志》已言"體制湮滅，不可復知"，是所謂"史官既司典籍，蓋有目録以爲綱紀"之説，亦係推測之辭而已。

遺文可觀，則《左傳》稱《周志》，《國語》有《鄭書》之類是也。

《左氏·文二年傳》："戰於殽也，晉弘御戎，萊駒爲右，戰之明日，晉襄公縛秦囚，使萊駒以戈斬之，囚呼，萊駒失戈，狼瞫取戈以斬囚，禽之以從公乘，遂以爲右，箕之役，先軫黜之，而立續簡伯，狼瞫怒，其友曰：'盍死之？'瞫曰：'吾未獲死所。'其友曰：'吾與女爲難。'瞫曰：'《周志》有之，勇則害上，不登於明堂，死而不義，非勇也。'"杜注："《周志》，《周書》也；明堂，祖廟也。"

按，今遍檢《國語》，不見有《鄭書》之名，孫詒讓《周禮正義》："《國語》所謂《鄭書》，檢今本《國語》未見，唯《左·襄三十八年》《昭二十八年傳》，兩引《鄭書》，杜注云鄭國史書，疑先鄭誤記爲《國語》也。"其説可從。

三、論孔子與六經

暨夫周室道衰,紀綱散亂,國異政,家殊俗,褒貶失實,隳紊舊章。

《詩大序》:"至於王道衰,禮義廢,政教失,國異政,家殊俗,而變風變雅作矣。"

按《史記·太史公自序》:"《春秋》采善貶惡,推三代之德,褒周室,非獨刺譏而已。"范寧《穀梁傳序》:"一字之褒,寵踰華袞之贈,片言之貶,辱過市朝之撻。"《詩·大雅·假樂》:"不愆不忘,率由舊章。"《書·蔡仲之命》:"無作聰明,亂舊章。"

孔丘以大聖之才,當傾頹之運,歎鳳鳥之不至,惜將墜於斯文。

按《論語·子罕》:"子曰,鳳鳥不至,河不出圖,吾已矣夫。"

又:"子畏於匡,曰,文王既没,文不在兹乎?天之將喪斯文也,後死者不得與於斯文也,天之未喪斯文也,匡人其如予何?"

乃述《易》道而刪《詩》《書》,脩《春秋》而正《雅》《頌》,壞禮崩樂,咸得其所。

《史記·孔子世家》:"孔子晚而喜《易》,序《彖》《繫》《象》《説卦》《文言》,讀《易》韋編三絶。"又:"乃因史記作《春秋》,上至隱公,下訖哀公十四年,十二公。"

又《儒林列傳》:"孔子閔王路廢而邪道興,於是論次《詩》《書》,修起禮樂,適齊聞韶,三月不知肉味,自衛返魯,然後樂正,《雅》《頌》各得其所。"

按《漢書·藝文志》總序:"迄孝武之世,書缺簡脱,禮壞樂崩。"

自哲人萎而微言絶,七十子散而大義乖。

《禮記·檀弓》:"孔子蚤作,負手曳杖,消摇於門,歌曰:'泰山其頽乎,梁木其壞乎,哲人其萎乎。'"劉歆《移太常博士書》:"夫子没而微言絶,七十子終而大義乖。"《漢書·藝文志》總序:"昔仲尼没而微言絶,七十子喪而大義乖。"
按,《隋志》之言,本之劉歆、班固,而《漢志》又用劉歆之言。

戰國縱横,真僞莫辨,諸子之言,紛然淆亂,聖人之至德喪矣,先王之要道亡矣,陵夷蹖駮,以至于秦。

《漢書·藝文志》總序:"戰國從衡,真僞分争,諸子之言,紛然殽亂。"

又《藝文志》六藝略禮類小序:"及周之衰,諸侯將踰法度,惡其害己,皆滅去其籍,自孔子時而不具,至秦大壞。"

按《孝經》:"先王有至德要道。"《文選》左思《魏都賦》:"謀蹖駁於王義。"注:"銑曰,蹖乖駁亂也。"《文心雕龍·諸子》:"蹖駁者出規。"

四、論秦政之焚書

秦政奮豺狼之心,剗先代之迹,焚《詩》《書》,坑儒士,以刀筆吏爲師,制挾書之令。

《史記·儒林外傳》:"及至秦之季世,焚詩書,坑術士,六藝從此缺焉。"

又《秦始皇本紀》:"史官非秦記皆燒之,非博士官所職,天下敢有藏《詩》《書》、百家語者,悉詣守尉雜燒之,有敢偶語《詩》《書》,棄市,以古非今者族,吏見知不舉者,與同罪,令下三十日,不燒,黥爲城旦,所不去者,醫藥、卜筮、種樹之書,若欲有學法令,以吏爲師。"又:"於是使御史悉案問諸生,諸生傳相告引,乃自除,犯禁者四百六十餘人,皆坑之咸陽。"

又《李斯傳》:"臣請諸有文學、《詩》、《書》、百家語者,蠲除去之,令到滿三十日弗去,黥爲城旦,所不去者,醫藥、卜筮、種樹之書,若有欲學者,以吏爲師。"

《漢書・藝文志》總序:"至秦患之,乃燔滅文章,以愚黔首。"

《北史・牛弘傳》:"及秦皇御宇,吞滅諸侯,先王墳籍,掃地皆盡,此則書之一厄也。"

按,牛弘上表,言自仲尼以來,書遭五厄,蓋以秦皇御宇、王莽之末、孝獻移都、劉石憑陵以及周師入郢、蕭繹焚書,共爲書之五厄也。

學者逃難,竄伏山林,或失本經,口以傳說。

《史記・儒林列傳》:"秦時焚書,伏生壁藏之,其後兵大起,流亡,漢定,伏生求其書,亡數十篇,獨得二十九篇,既以教於齊魯之間,學者由是頗能言《尚書》。"

《漢書・藝文志》六藝略詩類小序:"孔子純取周詩,上采殷,下取魯,凡三百五篇,遭秦而全者,以其諷誦,不獨在竹帛故也。"

按,伏生壁藏《尚書》,《漢書・儒林傳》、《藝文志》並同《史記》之說,《史記・鼂錯傳》,記錯從伏生受《尚書》,亦不言口傳之事,唯《漢書・儒林傳》顏師古注引衛宏定《古文尚書序》云:"伏生老,不能正言,言不可曉也,使其女傳言教錯,齊人語多與潁川異,錯所不知者凡十二三,略以其意屬讀而已。"其語含糊,易涉疑似,故《隋志》承之,於經部書類小序云:"遭秦滅學,至漢,唯濟南伏生口傳二十八篇。"則似以伏生無壁藏之書者,恐未足徵信也。要之,秦火焚書,其時口以傳說者,必不在少,唯不碍伏生之有壁藏《尚書》也。

五、論目錄之興起

漢氏誅除秦、項,未及下車,先命叔孫通草綿蕝之儀,救擊柱之弊。

《史記・叔孫通傳》:"漢五年,已并天下,諸侯共尊漢王爲皇帝於定陶，叔孫通就其儀號，高帝悉去秦苛儀法，爲簡易。群臣飲酒爭功，醉或妄呼，拔劍擊柱，高帝患之，叔通知上益厭之也，説上曰：夫儒者難與進取，可與守成，臣願徵魯諸生，與臣弟子，共起朝儀……遂與所徵三十人西，及上右左爲學者，與其弟子百餘人，爲綿蕞野外，習之月餘……於是皇帝輦出房，百官執職傳警，引諸侯以下至吏六百石，以次奉賀，自諸侯王以下，莫不振恐肅敬。"又《儒林列傳》："叔孫通作漢禮儀，因爲太常，諸生弟子共定者，咸爲選首。"

又《禮書》："至秦有天下，悉内六國禮儀，采擇其善，雖不合聖制，其尊君抑臣，朝廷濟濟，依古以來，至于高祖，光有四海，叔孫通頗有所增益減損，大抵皆襲秦故。"

按，漢制多沿秦法，此叔孫通所作漢禮儀，自亦損益秦法而成者也。

其後，張蒼治律曆，陸賈撰《新語》，曹參薦蓋公，言黄老，惠帝除挾書之律，儒者始以其業行於民間。

《史記·太史公自序》："於是漢興，蕭何次律令，韓信申軍法，張蒼爲章程，叔孫通定禮儀，則文學彬彬稍進，《詩》《書》往往間出矣，自曹參薦蓋公，言黄老，而賈生、晁錯明申商，公孫弘以儒顯，百年之間，天下遺文古事，靡不畢集太史公。"

又《張蒼傳》："是時蕭何爲相國，而張蒼乃自秦時爲柱下史，明習天下圖書計籍，蒼又善用算律曆，故令蒼以列侯居相府，領主郡國上計者。"

又《陸賈傳》："（高帝）乃謂陸生曰：試爲我著秦所以失天下，吾所以得之者何，及古成敗之國。陸生乃粗述存亡之徵，凡著十二篇，每奏一篇，高帝未嘗不稱善，左右呼萬歲，號其書曰《新語》。"又《曹相國世家》："參之相齊，齊七十城，天下初定，悼惠王富於春秋，參盡招長老諸生問所以安集百姓，如齊故俗，諸儒以百數，言人人殊，參未知所定，聞膠西有蓋公，善治黃老言，使人厚幣請之，既見蓋公，蓋公爲言治道貴清靜而民自定，推此類具言之，參於是避正堂，舍蓋公焉，其治要用黃老術，故相齊九年，齊國安集，大稱賢相。"

按《漢書·惠帝本紀》："四年三月甲子，皇帝冠，赦天下，省法妨吏民者，除挾書律。"

猶以去聖既遠，經籍散逸，簡札錯亂，傳説紕繆。

《漢書·藝文志》六藝略易類小序："劉向以中《古文易經》，校《施》《孟》《梁丘》經，或脱去"無咎""悔亡"，唯《費氏經》與古文同。"又書類小序："劉向以中古文校歐陽、大、小夏侯三家經文，《酒誥》脱簡一，《召詔》脱簡二，率簡二十五字，脱亦二十五字，簡二十二字，脱亦二十二字，文字異者七百有餘，脱字數十。"

按，此特《易經》與《尚書》之脱簡也，其他經傳，當亦有之。

遂使《書》分爲二，《詩》分爲三，《論語》有齊、魯之殊，《春秋》有數家之傳，其餘互有踳駁，不可勝言，此其所以博而寡要，勞而少功者也。

《漢書·藝文志》總序："故《春秋》分爲五，《詩》分爲四，《易》有數家之傳。"

按《隋志》所叙，當指書分爲歐陽、大、小夏侯二家；《詩》分爲齊、魯、韓三家；《春秋》有左氏、公羊、穀梁、鄒氏、夾氏五家也。《漢志》於《詩》，言分而爲四，乃更益之以毛氏也。

又按《史記·太史公自序》引司馬談《論六家要旨》云："儒者博而寡要，勞而少功，是以其事難盡從。"又："夫儒者以六藝爲法，六藝經傳，以千萬數，累世不能通其學，當年不能究其禮，故曰：博而寡要，勞而少功。"

武帝置太史公，命天下計書，先上太史，副上丞相；開獻書之路，置寫書之官。

《史記·太史公自序》："談爲太史公。"《集解》："如淳曰，漢儀注，太史公，武帝置，位在丞相上，天下計書，先上太史公，副上丞相，序事如古春秋。"《漢書·藝文志》總序："漢興，改秦之敗，大收篇籍，廣開獻書之路，迄孝武世，書缺簡脱，禮壞樂崩，聖上喟然而稱曰朕甚閔矣，於是建藏書之策，置寫書之官，下及諸子傳説，皆充秘府。"

按《文選》卷三十八任彦昇《爲范始興作求立太宰碑表》，善注引劉歆《七略》："孝武皇帝敕丞相公孫弘廣明獻書之路，百年之間，書積如山。"此則武帝下詔獻書之效也。

外有太常、太史、博士之藏，內有延閣、廣內、秘室之府。

《漢書·藝文志》總序注："如淳曰，劉歆《七略》曰，外則有太常、太史、博士之藏，內則有延閣、廣內、秘室之府。"

阮孝緒《七錄序》：載於《廣弘明集》卷三。"至漢惠四年，始除挾書之律，其後，外有太常、太史、博士之藏，內有延閣、廣內、秘室之府，開獻書之路，置寫書之官。"

按《晉書·摯虞傳》論："或攝官延閣，裁成言事之書。"《梁簡文帝上昭明太子集別傳表》："謹撰昭明太子別傳文集，請備之延閣，藏之廣內，永彰茂實，式表洪徽。"《唐六典》："漢書府有延閣，內庫書也。"是延閣、廣內，皆藏書之所也。又《漢書·藝文志》總序："下及諸子傳説，皆充秘府。"則秘室當即秘府，亦藏書之所也。

司馬遷父子，世居太史，採采前代，斷自軒皇，逮于孝武，作《史記》一百三十篇，詳其體制，蓋史官之舊也。

《史記·太史公自序》："於是卒述陶唐以來，至於麟止，自黃帝始。"又："余述黃帝以來，至太初而訖，百三十篇。"

按盧文弨《鍾山札記》卷四："古書目録，往往置於末，《淮南》之《要略》、《法言》之十三篇序皆然，吾以爲《易》之《序卦傳》，非即六十四卦之目録歟？《史》《漢》諸序，殆昉於此。"考《史記·太史公自序》一篇，列於全書之末，叙史官源流，又分論百三十篇之名目及所以作，《隋志》所謂"詳其體制，蓋史官之舊"，當即指兹篇而言，《隋志》史部薄録類小序："古者史官既司典籍，蓋有目録以爲綱紀。"可以爲證，皆指史官既司典籍，當有目録以綱紀之也。

至于孝成，秘藏之書，頗有亡散，乃使謁者陳農，求遺書於天下，命光禄大夫劉向校經傳、諸子、詩賦，步兵校尉任宏校兵書，太史令尹咸校數術，太醫監李柱國校方技。每一書就，向輒撰爲一録，論其指歸，辨其訛謬，叙而奏之。

《漢書·藝文志》總序："成帝時，以書頗散亡，使謁者陳農求遺書於天下，詔光禄大夫劉向校經傳、諸子、詩賦，步兵校尉任宏校兵書，太史令尹咸校數術，侍醫李柱國校方技，每一書已，向輒條其篇目，撮其指意，録而奏之。"

阮孝緒《七録序》："至孝成之世，頗有亡逸，乃使謁者陳農，求遺書於天下，命光禄大夫劉向及子俊、歆等，讐校篇籍，每一篇已，輒録而奏之。"又："昔劉向校書，輒爲一録，論其指歸，辨其訛謬，隨竟奏上，皆載在本書，時又別集衆録，謂之《別録》，即今之《別録》是也。"

按，《七録》《隋志》易《漢志》"條其篇目，撮其指意"之語，而代之以"論其指歸，辨其訛謬"。不知"論其指歸"固可與"撮其指意"不甚相遠，而"辨其訛謬"僅得視爲校勘文字錯誤之事，與"條其篇目"之條録篇目之名，以供省覽考索之義，固大相逕廷者。信如《七録》《隋志》之説，則劉向校讐群籍，撰寫叙録，必條列一書篇目之意，亡矣。及至馬國翰、嚴可均等人，搜輯《別錄》佚亡,乃僅載叙文,不列篇目,皆只知"撮其指意"而不知"條其篇目"之義者也,而不能不謂《七略》《隋志》,有以爲之厲階也。

六、論《七略》與《漢志》

向卒後,哀帝使其子歆嗣父業,乃徙温室中書於天禄閣上,歆遂總括群篇,撮其指要,著爲《七略》:一曰集略,二曰六藝略,三曰諸子略,四曰詩賦略,五曰兵書略,六曰術數略,七曰方技略;大凡三萬三千九十卷。

《漢書·藝文志》總序:"會向卒,哀帝復使向子侍中奉車都尉歆卒父業,歆於是總群書而奏其《七略》,故有輯略,有六藝略,有諸子略,有詩賦略,有兵書略,有數術略,有方技略。"

按阮孝緒《七錄序》末所附《古今書最》,所列劉歆《七略》爲"六百三家,一萬三千二百一十九卷"。班固《漢志》,删自《七略》,今藝文志末總凡爲"五百九十六家,萬三千二百六十九卷"。班氏自注:"入三家五十篇,省兵十家。"入三家者,劉向、楊雄、杜林三家是也,省兵十家者,兵書略所省墨子等十家是也;今以《漢志》校之《七略》,去其所入與所省者,適符《七略》六百三家之數,其卷數雖不可詳考,而要在一萬三千二百之譜也,今《隋志》乃謂《七略》有三萬餘卷,疑當於"萬"字上衍一"三"字矣。

王莽之末,又被焚燒。

《後漢書·儒林傳》:"昔王莽更始之際,天下散亂,禮樂分崩,典文殘落。"

《北史·牛弘傳》:"漢興,建藏書之策,置校書之官,至孝成之代,遣謁者陳農,求遺書於天下,詔劉向父子讐校篇籍,漢之典文,於斯爲盛,及王莽之末,並從焚燼,此則書之二厄也。"

光武中興，篤好文雅。

《後漢書·儒林傳》："及光武中興，愛好經術，未及下車，而先訪儒雅，採求闕文，補綴遺漏；先是四方學士，多懷挾圖書，遁逃林藪，自是莫不抱負墳策，雲會京師，范升、陳元、鄭興、杜林、衛宏、劉昆、桓榮之徒，繼踵而集，於是立五經博士，各以家法教授，《易》有施、孟、梁丘、京氏，《尚書》歐陽、大小夏侯，《詩》齊、魯、韓、毛，《禮》大、小戴，《春秋》嚴、顏，凡十四博士，太常差次總領焉。"

《北史·牛弘傳》："光武嗣興，尤重經誥，未及下車，先求文雅。"

按王先謙《後漢書集解》："何焯曰，衍一毛字，此時《毛詩》未得立也，且如此，乃十五，非十四矣，參以《百官志》，博士果十四人，詩三家，齊、魯、韓氏，應劭《漢官儀》並同。"

明、章繼軌，尤重經術，四方鴻生鉅儒，負帙自遠而至者，不可勝算，石室、蘭臺，彌以充積。

《後漢書·儒林傳》："中元元年，初建三雍，明帝即位，親行其禮……衵割辟雍之上，尊養三老五更，饗射禮畢，帝正坐自講，諸儒執經問難於前，冠帶縉紳之人，圜橋門而觀聽者，蓋億萬計。"又《章帝紀》："於是天下太常、將、大夫、博士、議郎、郎官及諸王諸儒，①會白虎觀講議五經同異，使五官中郎將魏應承制問，侍中淳于恭奏，帝親稱制臨決，如孝宣甘露石渠故事，作《白虎議奏》。"

《北史·牛弘傳》："至肅宗親臨講肆，和帝數幸書林，其蘭臺、石室、鴻都、東觀，秘牒填委，更倍於前。"

按《漢書·高帝紀》："與功臣剖符作誓，丹書鐵契，金匱石室，

---

① "諸王"，百衲本景宋紹熙刻本《後漢書》作"諸生"。

藏之宗廟。"注："以金爲匱，以石爲室，重緘封之，保慎之義。"
《後漢書·楊終傳》："顯宗時徵詣蘭臺，拜校書郎。"又《賈逵傳》："帝敕蘭臺給筆札，使作《神雀賦》。"又《班固傳》："顯宗甚奇之，召詔校書郎，除蘭臺令史。"又《傅毅傳》："建初中，肅宗博召文學之士，以毅爲蘭臺令史，拜郎中，與班固、賈逵，共典校秘書。"是蘭臺、石室，皆漢代宫中藏書之處，唯石室當在蘭臺之中耳。

又於東觀及仁壽閣集新書，校書郎班固、傅毅等典掌焉，並依《七略》而爲書部，固又編之，以爲《漢書·藝文志》。

《漢書·藝文志》總序："歆於是總群書而奏其七略，故有輯略，有六藝略，有諸子略，有詩賦略，有兵書略，有數術略，有方技略，今删其要，以備篇籍。"

阮孝緒《七録序》："又於東觀及仁壽闥，撰集新記，校書郎班固傅毅，並典秘籍，固乃因《七略》之辭，爲《漢書·藝文志》。"按班固於《藝文志》末注云："入三家，五十篇，省兵十家。"是《藝文志》除却新入及删省者外，其他著録，皆本之《七略》也，其小序亦多本之《輯略》，故鄭樵譏之，以爲"孟堅初無獨斷之學，唯依緣他人，以成門户"。良有以也。

又按《後漢書·和帝紀》："永元十三年春正月丁丑，帝辛東觀，①覽書林，閱篇籍。"又《劉珍傳》："永初中，爲謁者僕射，鄧太后詔使與校書劉騊駼、馬融，及五經博士，校定東觀五經，諸子傳記，百家藝術。"又《黄香傳》："元和元年，肅宗詔香詣東觀，讀所未嘗見書。"是東觀亦藏書之所也。

董卓之亂，獻帝西遷，圖書縑帛，軍人皆取爲帷囊，所收而西，猶七十餘載，兩京大亂，掃地皆盡。

---

① "辛"，清乾隆武英殿刻本《隋書》作"幸"。

《後漢書·儒林傳》:"初,光武遷還洛陽,其經牒秘書,載之二千餘兩,自此以後,參倍於前。及董卓移都之際,吏民擾亂,自辟雍、東觀、蘭臺、石室、宣明、鴻都諸藏,典策文章,競共割散,其縑帛圖書,大則連爲帷蓋,小乃制爲縢囊,及王允所收而西者,裁七十餘乘,道路艱遠,復棄其半矣,後長安之亂,一時焚蕩,莫不泯盡焉。"

又《王允傳》:"及董卓遷都關中,允悉收斂蘭臺石室圖書秘緯要者從之。"

按《北史·牛弘傳》:"及孝獻移都,吏人擾亂,圖畫縑帛,皆取爲帷囊,此則書之三厄也。"《隋志》易《北史》之圖畫爲圖書,《隋書·牛弘傳》亦作圖書。

七、論魏晉之目録

魏氏代漢,采掇遺亡,藏在秘書、中外三閣。

《三國志·文帝紀》:"初,帝好文學,以著述爲務,自所勒成,垂百篇,又使諸儒撰集經傳,隨類相從,凡千餘篇,號曰《皇覽》。"

阮孝緒《七録序》:"魏晉之世,文籍逾廣,皆藏在秘書中外三閣。"

按《文選》陸機《謝平原内史表》:"身登三閣,宦成兩宫。"注:"向曰,三閣,謂秘書郎掌内外三閣經書也。"

魏秘書郎鄭默,始制《中經》,秘書監荀勖,又因《中經》,更著《新簿》,分爲四部,總括群書。一曰甲部,紀六藝及小學等書;二曰乙部,有古諸子家、近世子家、兵書、兵家、術數;三曰丙部,有史記、舊事、皇覽簿、雜事;四曰丁部,有詩賦、圖讚、汲冢書;大凡四部,合二萬九千九百四十五卷,但録題及言,盛以縹囊,書用緗素。至於作者之意,無所論辨。

阮孝緒《七錄序》："魏秘書郎鄭默，刪定舊文，時之論者，謂爲朱紫有別，晋領秘書監荀勗，因魏《中經》，更著《新簿》，雖分爲十有餘卷，而總以四部別之。"

按余嘉錫先生《目錄學發微》："《北堂書鈔》卷一百四引晋《中經簿》云：'盛書用皂縹囊布裹，書函中皆有香囊。'《太平御覽》卷七百四引晋《中經簿》云：'盛書有縑囊、布囊、絹囊。'均可爲《隋志》此二句之證。"

又按《七錄序》末《古今書最》載有晋《中經簿》四部，書一千八百八十五部，二萬九百三十五卷，所記書籍卷數，與《隋志》略異，未詳孰是。

惠懷之亂，京華蕩覆，渠閣文籍，靡有孑遺。

阮孝緒《七錄序》："惠懷之亂，其書略盡。"

《北史·牛弘傳》："魏文代漢，更集經典，皆藏在秘書內外三閣，遣秘書郎鄭默，刪定舊文，論者美其朱紫有別，晋氏承之，文籍尤廣，晋秘書監荀勗，定魏內經，更著《新簿》，屬劉石憑陵，從而失墜，此則書之四厄也。"

按，所謂渠閣，本指石渠閣、天祿閣，皆漢代宮中藏書之所，此喻皇家庫藏圖書。《詩·大雅·雲漢》："靡有孑遺。"

東晋之初，漸更鳩聚，著作郎李充，以勗舊《簿》校之，其見存者，但有三千一十四卷。充遂總沒衆篇之名，但以甲乙爲次。自爾因循，無所變革，其後中朝遺書，稍流江左。

阮孝緒《七錄序》："惠懷之亂，其書略盡，江左草創，十不一存，後雖鳩集，淆亂已甚，及著作佐郎李充，始加刪正，因荀勗四部之法，而換其乙丙之書，沒略衆篇之名，總以甲乙爲次，自時厥後，世相祖述。"

《晋書·李充傳》："李充字弘度，江夏人，爲大著作郎，于時典籍混亂，充刪除煩重，以類相從，分爲四部，甚有條貫，秘閣以爲永制。"

按《中經新簿》,乙部紀諸子,丙部紀史事,而李充所編,換其乙丙之書,其時雖無經史子集之名,而其次第,固已皎然確立矣。又《七錄序》末所附《古今書最》,有《晋元帝書目》四部,三百五帙,三千一十四卷,當即李充所撰者也。

八、論南北朝之目録

宋元嘉八年,秘書監謝靈運造《四部目録》,大凡六萬四千五百八十二卷。元徽元年,秘書丞王儉,又造《目録》,大凡一萬五千七百四卷。

阮孝緒《七録序》:"宋秘書監謝靈運,丞王儉,齊秘書丞王亮,監謝朏等,並有新進,更撰目録,宋秘書殷淳,撰大四部目。"

按《七録序》末所附《古今書最》有《宋元嘉八年秘閣四部目録》,一千五百六十四帙,一萬四千五百八十二卷;《宋元徽元年秘閣四部書目録》,二千二十帙,一萬五千七十四卷。又《舊唐書·經籍志》後序:"至宋謝靈運造四部書目録,凡四千五百八十二卷,其後王儉復造書目,凡五千七十四卷。"所論謝靈運書目存書卷數,《隋志》過多,《舊唐志》過少,余嘉錫先生以爲"當以《七録序》爲正,蓋《隋志》六萬乃一萬之誤,《舊唐志》則與王儉條皆脱去一萬字故也"。其説甚是。

儉又別撰《七志》:一曰經典志,紀六藝、小學、史記、雜傳;二曰諸子志,紀古今諸子;三曰文翰志,紀詩賦;四曰軍書志,紀兵書;五曰陰陽志,紀陰陽圖緯;六曰術藝志,紀方技;七曰圖譜志,紀地域及圖書。其道佛附見,合九條。然亦不述作者之意,但於書名之下,每立一傳,而又作九篇條例,編乎首卷之中,文義淺近,未爲典則。

阮孝緒《七録序》:"儉又依《別録》之體,撰爲《七志》,其中朝遺書,收集稍廣,然所亡者,猶太半焉。"又:"王儉《七志》,改六藝爲經典,次諸子,次詩賦爲文翰,次兵書爲軍書,次數術爲陰陽,次方技爲術藝,以向、歆雖云《七略》,實有六條,故別立圖譜一志,以全七限,其外又條《七略》及二漢《藝文志》《中經簿》所闕之書,並方外之經,佛經道經,各爲一錄,雖繼《七志》之後,而不在其數。"

《南齊書·王儉傳》:"王儉字仲寶,琅玡臨沂人也……上表求校墳籍,依《七略》撰《七志》四十卷,上表獻之,表辭甚典。"

《文選》任彥昇《王文憲<small>儉</small>。集序》:"遷秘書丞,於是采公曾<small>荀勖</small>。之《中經》,刊弘度<small>李充</small>。之《四部》,依劉歆《七略》,更撰《七志》。"

按《七錄序》所稱《別錄》,當是《七略》之訛,《南齊書·王儉傳》及任彥昇《王文憲集序》可證也。王儉撰《元徽書目》,乃依四部次序,至於撰《七志》,則又復採七分之法,今《七志》已亡,至於《隋志》所謂"文義淺近,未爲典則",《南齊書》所謂"表辭甚典"者,皆無以詳知其內容矣。

齊永明中,秘書丞王亮,監謝朏,又造《四部書目》,大凡一萬八千一十卷,齊末,兵火延燒,秘閣經籍遺散。

阮孝緒《七錄序》:"宋秘書監謝靈運,丞王儉,齊秘書丞王亮,監謝朏等,並有新進,更撰目錄。"

按《梁書》及《南史·王亮》、《謝朏》傳,並不言二人在南齊時有撰目錄之事,《隋志》亦不載其書,蓋隋時已亡佚矣。《七錄序》末所附《古今書最》有《齊<small>武帝</small>。永明元年秘閣四部目錄》,五千新足,合二千三百三十二帙,一萬八千一十卷。

梁初,秘書監任昉,躬加部集,又於文德殿內列藏衆書,華林園中總集釋典,大凡二萬三千一百六卷,而釋氏不豫焉。梁有秘書監任昉、殷鈞《四部目錄》,又《文德殿目錄》。其術數之書,更

爲一部，使奉朝請祖暅撰其名，故梁有五部目錄。

　　阮孝緒《七録序》："齊末兵火，延及秘閣，有梁之初，缺亡甚衆，爰命秘書監任昉，躬加部集，又於文德殿内，别藏衆書，使學士劉孝標等，重加校進，乃分術數之文，更爲一部，使奉朝請祖暅，撰其名録，其尚書閣内，别藏經史雜書，華林園又集釋氏經論，自江左篇章之盛，未有踰於當今者也。"

　　《梁書·任昉傳》："任昉字彦昇，樂安博昌人……自齊永元以來，秘書四部，篇卷紛雜，昉手自讎校，由是篇目定焉。"

　　又《殷鈞傳》："殷鈞字季和，陳郡長平人也……鈞在職啓校定秘閣四部書，更爲目録。"

　　按《七録序》末所附《古今書最》有《梁天監四年文德正御四部及術數書目録》，合二千九百六十八帙，二萬三千一百六卷，其卷數與《隋志》相合。

普通中，有處士阮孝緒，沉靜寡欲，篤好墳史，博采宋齊已來，王公之家，凡有書記，參校官簿，更爲《七録》，一曰經典録，紀六藝；二曰紀傳録，紀史傳；三曰子兵録，紀子書兵書；四曰文集録，紀詩賦；五曰技術録，紀數術；六曰佛録；七曰道録；其分部題目，頗有次序，剖析辭義，淺薄不經。

　　阮孝緒《七録序》："孝緒少愛墳籍，長而弗倦，臥病閑居，傍無塵雜，晨光纔啓，緗囊已散，宵漏既分，緑帙方掩，猶不能窮究流略，探盡秘奥，每披録内省，多有缺然，其遺文隱記，頗好搜集，凡自宋齊已來，王公縉紳之館，苟能蓄聚墳籍，必思致其名簿，凡在所遇，若見若聞，校之官目，多所遺漏，遂總集衆家，更爲新録，其方内經史，至于術伎，合爲五録，謂之内篇，方外佛道，各爲一録，謂之外篇，凡爲録有七，故名《七録》。"

　　按余嘉錫先生《目録學發微》："孝緒自言'總集宋齊已來衆家之名簿'，又言'以所見聞，校之官目'，是則凡當時目録所有，皆加采輯，不必親見其書，此則阮氏之創例。後來鄭樵、馬端臨、焦竑之徒，於所未見之書，輒據他家入錄，蓋仿於此。又六代以前，撰書目者，大抵供職秘閣，校讎官書，即王儉《七志》，亦成於官秘書丞之日；孝緒心慕高賢，身居韋布，乃以文獻爲己任，廣爲搜集，補中秘藏所不逮，衷然成一大著作，是亦前此所未有也。"

又按《七錄》所收書籍，據阮氏自言："内外篇圖書，凡五十五部，六千二百八十八種，八千五百四十七帙，四萬四千五百二十六卷。"自有簿錄以來，以此搜羅，最爲繁鉅。又考阮氏《七錄序》中，嘗述其每錄分篇之緣由，文長不錄。辭義淵雅，此即《隋志》所謂"分部題目，頗有次序"者也，以此推論，則《七錄》之"剖析辭義"，蓋亦不當有所謂"淺薄不經"者存焉，然則《隋志》之評，毋乃過嚴？《七錄》既亡，今亦不可考矣。

梁武敦悅詩書，下化其上，四境之内，家有文史。元帝克平侯景，收文德之書及公私經籍，歸于江陵，大凡七萬餘卷；周師入郢，咸自焚之。

《南史·元帝紀》："性愛書籍，既患目，多不自執卷，置讀書左右，番次上置，晝夜爲常，略無休已，及魏軍逼，乃聚圖書十餘萬卷盡燒之。"

《北史·牛弘傳》："及侯景渡江，破滅梁室，秘省經籍，雖從兵火，其文德殿内書史，宛然猶存，蕭繹據有江陵，遣將破平侯景，收文德之書，及公私典籍重本七萬餘卷，悉送荆州。及周師入郢，繹悉焚之於外城，所收十纔一二，此則書之五厄也。"

按《舊唐書·經籍志》後序："梁元帝克平侯景，收公私經籍歸於江陵，凡七萬餘卷，蓋佛老之書計於其間，及周師入郢，咸自焚燬。"《通鑒》卷一百六十五："城陷，帝入東閣竹殿，命舍人高善寶焚古今圖書十四萬卷。"余嘉錫先生《目錄學發微》：

"梁元帝性好聚書,又勤於著述,平侯景之後,嘗詔周弘正等分校經史子集,見顏之推《觀我生賦》自注。及江陵之破,取所聚圖書十餘萬卷盡焚之,竟不聞有目錄傳世,當由編校未終,旋致覆没故也。"

又按《左氏·僖二十七年傳》:"説禮樂而敦詩書。"《後漢書·鄭興傳》:"敦悦詩書。"

陳天嘉中,又更鳩集,考其篇目,遺闕尚多。

按余嘉錫先生《目錄學發微》:"有陳一代,嘗鳩集遺佚,《隋志》載其書目數種,然大率不著撰人名氏,《志》稱'隋氏平陳,所得之書,紙墨不精,書亦拙惡',蓋江左偷安,未遑經術,掇拾殘賸,無足觀矣。"今考《隋志》簿錄類有《陳秘閣圖書法書目錄》一卷,《陳天嘉六年壽安殿四部目錄》四卷,《陳德教殿四部目錄》四卷,《陳承香殿五經史記目錄》二卷。

又按,以上論南朝之典籍目錄。

其中原則戰爭相尋,干戈是務,文教之盛,符姚而已,宋武入關,收其圖籍,府藏所有,纔四千卷,赤軸青紙,文字古拙。

《北史·牛弘傳》:"永嘉之後,寇竊競興,其建國立家,雖傳名號,憲章禮樂,寂滅無聞。劉裕平姚,收其圖籍,五經子史,纔四千卷,皆赤軸青紙,文字古拙,並歸江左。"

按余嘉錫先生《目錄學發微》:"自晉元渡江,中原淪於異族,日尋干戈,迄無寧宇,絃誦既衰,經籍道熄,唯苻堅、姚興,粗能安集,慕尚華風,文教頗盛,然史文闕略,蘭臺、東觀之制,靡得而聞。"

後魏始都燕代,南略中原,粗收經史,未能全具。孝文徙都洛邑,借書於齊,秘之府中,稍以充實,暨於爾朱之亂,散落人間。

《北史·牛弘傳》:"後魏爰自幽方,遷宅伊洛,日不暇給,經籍闕如。"

《魏書·儒林·孫惠蔚傳》："惠蔚既入東觀，見典籍未周，乃上疏曰……臣請依前丞盧昶所撰《甲乙新錄》，欲裨殘補闕，損併有無，校練句讀，以爲定本，次第均寫，永爲常式。"

按余嘉錫先生《目錄學發微》："元魏崛興，底定中原，爰及孝文，彌敦儒術，文藝之興，於斯爲盛。其時，秘書丞盧昶有《甲乙新錄》，然《隋志》略而不言，其書名爲甲乙，或是只錄六藝諸子，抑舉甲乙以該丙丁，皆不可知。"盧昶撰《甲乙新錄》之事，除見於《魏書·孫惠蔚傳》外，已別無可考。《隋志》有《魏闕書目錄》一卷，亦不詳其内容。

又按，爾朱榮，後魏秀容人，明帝時討賊有功，授六州大都督，適靈太后酖明帝，立幼主釗，榮乃以靖亂爲名，舉兵入洛陽，立莊帝，殺靈太后及幼主釗，與王公以下二千餘人。

後齊遷鄴，頗更搜聚，迄於天統武平，校寫不輟。

《北史·牛弘傳》："高氏洋。據有山東，初亦採訪，驗其本目，殘闕猶多。"

《北齊書·文苑傳》："樊遜字孝謙，河東北猗氏人也……詔令校定群書供皇太子，時秘府書籍，紕繆者多……凡得別本三千餘卷，五經諸史，殆無遺闕。"

按，天統、武平，皆北齊溫公年號。考《隋志》既言"校寫不輟"，牛弘亦言"驗其本目，殘闕猶多"，是當時亦嘗撰有目錄也，惜乎史傳不載其目，無以詳徵。

後周始基關右，外逼強鄰，戎馬生郊，日不暇給，保定之始，書止八千，後稍加增，方盈萬卷，周武平齊，先封書府，所加舊本，纔至五千。

《北史·牛弘傳》："周氏創基關右，戎車未息，保定之始，書止八千，後加收集，方盈萬卷。"又："及東夏初平，遷其經史四部重雜三萬餘卷，所益舊書，五千而已。"

《周書·明帝紀》："帝幼而好學，及即位，集公卿已下有文學者八十餘人於麟趾殿，刊校經史。"

按余嘉錫先生《目錄學發微》："北周政教，優於高齊，然時際喪亂，雖復收書，所得甚少，明帝嘗令群臣於麟趾殿校書，足徵留心文史，唐封演言'後周定目，書止五千'。見封氏《聞見錄》卷二。是則保定之時，武帝年號。嘗編書目，然《周書》《隋志》及《牛弘表》，皆不叙及，所未詳也。"又《老子》四十六章："天下無道，戎馬生於郊。"

又按，以上論北朝之典籍目錄。

九、論隋代之典藏

隋開皇三年，秘書監牛弘，表請分遣使人，搜訪異本，每書一卷，賞絹一匹，校寫既定，本即歸主，於是民間異書，往往間出。

《北史·牛弘傳》："牛弘字里仁，安定鶉觚人也……開皇初，授散騎常侍，秘書監。弘以典籍遺逸，上表請開獻書之路……上納之，於是下詔，獻書一卷，賚縑一疋，一二年間，篇籍稍備。"

按，開皇，文帝年號。考《隋志》總序之文，採自《漢書·藝文志》、阮氏《七錄序》、及牛弘奏表者爲多，然亦詳略互有出入而已。

及平陳已後，經籍漸備，檢其所得，多太建時書，紙墨不精，書亦拙惡，於是總集編次，存爲古本，詔天下工書之士，京兆韋霈，南陽杜頵等，於秘書內補續殘缺，爲正副二本，藏于宮中，其餘，以實秘書、內外之閣，凡三萬餘卷。

《北史·儒林傳》："隋文膺期纂曆，平一寰宇，頓天網以掩之，賁旌帛以禮之，設好爵以縻之，於是四海九州強學待問之士，靡不畢集焉，天子乃整萬乘，率百僚，遵問道之儀，觀釋奠之禮，博士罄縣河之辯，侍中竭重席之奧，考正亡逸，研竅異同，積滯群疑，渙然冰釋，於是超擢奇俊，厚賞諸儒，京邑達于四方，皆啓黌校，齊魯燕趙學者，尤多負笈追師，不遠千里，講授之聲，道路不絕，中州之盛，自漢魏以來，一時而已；及帝暮年，精華稍竭，不悅儒術，專尚刑名，執政之徒，咸非篤好，暨仁壽間，遂廢天下之學。"

又《文苑・許善心傳》："許善心字務本，高陽北新城人也……除秘書丞，于時秘藏圖籍，尚多淆亂，善心效阮孝緒《七錄》，更制《七林》，各爲總叙，冠於篇首，又於部錄之下，明作者之意，區分類例焉。"

按，隋文帝平陳，在開皇九年，太建，爲陳宣帝年號，《隋志》有《開皇四部目錄》四卷，《開皇八年四部書目錄》四卷，《香廚四部目錄》四卷。

又按余嘉錫先生《目錄學發微》："開皇十七年，秘書丞許善心撰《七林》，既有總叙，又能明作者之意，蓋《七略》之後，僅有此書，似較《七志》《七錄》，猶或過之，惜佚而不傳，《隋志》已不著錄，乃《志》序亦無一言及之，則史氏之疏也。"

煬帝即位，秘閣之書，限寫五十副本，分爲三品，上品紅琉璃軸，中品紺琉璃軸，下品漆軸，於東都觀文殿東西廂，構屋以貯之，東屋藏甲乙，西屋藏丙丁。

《北史・儒林傳》："煬帝即位，復開庠序，國子郡縣之學，盛於開皇之初……既而外事四夷，戎馬不息，師徒怠散，盜賊群起，禮儀不足以防君子，刑賞不足以威小人，空有建學之名，而無弘道之實，其風漸墜，以至滅亡，方領矩步之徒，亦轉死溝壑，凡有經籍，因此湮没於煨燼矣。"

按余嘉錫先生《目錄學發微》："煬帝嗣位，性好讀書，西京所藏，至三十七萬卷，命柳顧言等除去複重，得正御本三萬七千餘卷,《大業正御書目錄》,蓋緣此而作。"

又聚魏已來古迹名畫於殿後,起二台,東曰妙楷台,藏古迹,西曰寶台,藏古畫,又於內道場集道佛經,別撰目錄。

按《隋書·經籍志》末道經類序:"高祖雅信佛法,於道蔑如也,大業煬帝年號。中,道士以術進者甚衆,其所以講經,由以《老子》爲本,次講《莊子》及《靈寶》《昇玄》之屬。"又佛經類序:"開皇元年,高祖普詔天下,任聽出家,仍令計口出錢,營造經像,而京師及并州、相州、洛州等諸大都邑之處,並官寫一切經,置于寺內,而又別寫,藏于秘閣,天下之人,從風而靡,競相景慕,民間佛經多於六經數十百倍,大業時,又令沙門智果,於東都內道場撰諸經目,分別條貫。"

又按,隋代沙門所撰之佛經目錄,據姚名達氏《目錄學史》所叙,有法經之《大隋衆經錄目》,費長房之《歷代三寶記》,彥悰之《隋仁壽年內典錄》,彥悰之《崑崙經錄》,靈裕之《譯經錄》。智果之《衆經目錄》等。

十、論《隋志》之修撰

大唐武德五年,克平僞鄭,盡收其圖書及古迹焉,命司農少卿宋遵貴載之以船,泝河西上,將至京師,行經底柱,多被漂没,其所存者,十不一二,其目錄亦爲所漸濡,時有殘缺。

《唐六典》卷九:"大唐平王世充,收其圖籍,泝河西上,多有漂没,存者猶八萬餘卷。"

《新唐書·藝文志》序:"初,隋嘉則殿書三十七萬卷,武德初有書八萬卷,重複相糅。王世充平,得隋舊書八千餘卷,太府卿宋遵貴監運東都,浮舟泝河,西致京師,經砥柱,舟覆,盡亡其書,貞觀中,魏徵、虞世南、顏師古繼爲秘書監,請購天下書,選五品以下子孫工書者,爲書手繕寫,藏於內庫,以宮人掌之。"

按，唐高祖武德年間，平王世充，收其圖書，載以入都，多没于河，乃僅得其目録，其後修五代史，即就此目加以增損，而成《隋書·經籍志》者也。

今考見存，分爲四部，合條一萬四千四百六十六部，有八萬九千六百六十六卷。

按姚振宗《隋書經籍志考證》："其卷數則脱誤彌甚，無從核實，置不復論焉。"故其所校，止於部數，岑仲勉《隋書求是》於《經籍志》末云："今以志文四類總數相加，無一相符，可見今本數目字必多錯誤。"是則年代久遠，傳寫脱誤，無以詳知矣。又《隋志》序云："今考見存。"一似著録書籍，皆經目驗者也，然《隋志》之中，時稱"梁有"某書若干卷，又嘗爲分別存、亡、殘、缺，其每類每部之末，總計部卷之外，又通計亡書，是則所謂"見存"者，蓋爲行文之便，非可信爲實見所存之意也。

又按《四庫提要》史部《隋書》八十五卷下云："唐魏徵等奉敕撰，貞觀三年，詔徵等修隋史，十年，成紀傳五十五卷，十五年，又詔修梁、陳、齊、周、隋五代史志，顯慶元年，長孫無忌上進，據劉知幾《史通》所載，撰紀傳者爲顔師古、孔穎達，撰志者爲于志寧、李淳風、韋安仁、李延壽、令狐德棻。"又："案宋刻《隋書》之後，有天聖中校正舊跋，稱同修紀傳者，尚有許敬宗，同修志者，尚有敬播，至每卷分題，舊本十志内唯《經籍志》題侍中鄭國公魏徵撰，五行志序，或云褚遂良作，紀傳亦有題太子少師許敬宗撰者，今從衆本所載，紀傳題以徵，志題以無忌云云。是此書每卷所題撰人姓名，在宋代已不能畫一，至天聖中重刊，始定以領修者爲主，分題徵及無忌也。"趙翼《二十二史劄記》隋書志條："《隋書》本無志，今之志，乃合梁、陳、齊、周、隋之書，舊名《五代史志》，别自單行，其後附入

《隋書》，然究不可謂《隋志》也。自開皇仁壽時，王劭爲《隋書》八十卷，以類相從，至編年紀傳尚闕，唐武德五年，令狐德棻奏修五代史，梁、陳、齊、周、隋。詔封德彝、顏師古修隋書，歷年不就而罷，貞觀三年，又詔魏徵修之，房玄齡爲監修，徵又奏顏師古、孔穎達、許敬宗同撰。序論皆徵所作，凡帝紀五，列傳五十，十年正月上之，此《隋書》也，十五年，又詔于志寧、李淳風、韋安仁、李延壽，同修五代史志，凡成十志，三十卷，顯慶元年，長孫無忌等上之，此《五代史志》也，説見劉攽校刊時所記。"

其舊錄所取，文義淺俗，無益教理者，並刪去之，其舊錄所遺，辭義可采，有所弘益者，咸附入之。

按，《隋志》收錄梁、陳、齊、周、隋五代之書，理當凡此五代官私書目，並在包羅之中，然《隋志》不此之圖，於所收書籍，以意去取，頗憑主觀，以爲鑑別，又妄刪道佛書目，而僅錄其部名卷數，是故姚名達氏撰《目錄學史》，謂其"實啟後世任意廢書之惡習"，良有以也。

遠覽馬《史》、班《書》，近觀王、阮《志》、《錄》，挹其風流體制，削其浮雜鄙俚，離其疏遠，合其近密，約文緒義，凡五十五篇，各列本條之下，以備經籍志，雖未能研幾探頤，窮極幽隱，庶乎弘道設教，可以無遺闕焉。

按許世瑛先生《中國目錄學史》論《隋志》之淵源云："《隋志》之四部，貌似荀李，而質實劉班，遠承《七略》之三十八種，近繼《七錄》之四十六部，嫡脈相傳，間世一現。治目錄學者，絕不可謬認《七略》《七錄》之學已失傳，而慨然以嘆也。"故《隋志》言"遠覽馬《史》班《書》"，當指《七略》《漢志》。"近觀王、阮《志》、《錄》"，指《七志》《七錄》。良有以也。

又按《隋志》四部，僅得四十篇，此云五十五篇者，姚振宗《隋書經籍志考證》云：「凡經部十篇，史部十三篇，子部十四篇，集部三篇，附以道經四篇，佛經十一篇，綜凡五十五篇也。」又「五十五篇，各列本條之下者，謂所作篇序也，今考道佛之錄，但條舉大綱而繫以序各一篇，實無所謂五十五篇者，以意推尋，殆先朝舊錄道佛十五篇，篇各有序，初意欲附存其目，刪存其序，與四十篇之例一律，庶幾與《七錄》之例，亦略從同，既而四部正文，已滿四卷，不欲再加卷帙，以此二錄，本在四部之外，可以從省，故但附總最，以畢其事，不及追改總序之文歟？今所存卷首總序一篇，四部後序四篇，分類小序四十篇，道佛序二篇，又後序一篇，實止於四十八篇。」若於四部四十篇外，錄道經四篇，佛經十一篇，則正合五十五篇之數耳。

夫仁義禮智，所以治國也，方技數術，所以治身也，諸子爲經籍之鼓吹，文章乃政化之黼黻，皆爲治之具也，故列之於此志云。

按《漢志》有方技略、數術略，蓋方技者，"方士之技"，姚振宗語。"皆生生之具，王官之一守也。"《漢志》語。數術者，"皆明堂羲和史卜之職也"。《漢志》語。方技數術，即後世醫卜星相之流，故云可以治身也。黼黻本禮服之繡飾，引申爲光美贊助之義。此總結四部經籍，而又申明其效用者也。

（原刊於《南洋大學學報》第六期）

隋書經籍志述例

胡楚生 撰　李學玲 整理

底本:《中國目錄學研究》,華正書局有限公司,1980年4月版自來言簿錄者，咸推《隋志》之作，媲美《漢志》，垂裕四庫，然而漢、隋二《志》，不唯分類有殊，即其體制，亦弗盡同，元和孫德謙氏，嘗撰《漢志舉例》一卷，秉要執本，爲用甚弘。茲亦心師其意，纂述《隋志》條例，雖僅舉其大略，而於籀覽史志，殆或不無小補云爾。

一、四部中區別門類例

《隋書·經籍志》總序云：「今考見存，分爲四部。」又經部序云：「班固列六藝爲九種，或以緯書解經，合爲十種。」案《唐六典》云：「秘書郎掌四部之圖籍，分庫以藏之，以甲乙景丁爲之部，甲部爲經，其類有十：一曰易，以紀陰陽變化；二曰書，以弘帝王遺範；三曰詩，以紀興衰誦歎；四曰禮，以紀文物體制；五曰樂，以紀聲容律度；六曰春秋，以紀行事褒貶；七曰孝經，以紀天經地義；八曰論語，以紀先聖微言；九曰圖緯，以紀六經讖候；十曰小學，以紀字體聲韻。」又《隋志》史部序云：「班固以《史記》附《春秋》，今開其事類，凡三十種，別爲史部。案，三十乃十三之誤。」案《唐六典》曰：「乙部爲史，其類一十有三：一曰正史，以紀紀傳表志；二曰古史，以紀編年繫事；三曰雜史，以紀異體雜記；四曰霸史，以紀僞朝國史；五曰起居注，以紀人君動止；六曰舊事，以紀朝廷政令；七曰職官，以紀班序品秩；八曰儀注，以紀吉凶行事；九曰刑法，以紀律令格式；十曰雜事，以紀先賢人物；十一曰地理，以紀山川郡國；十二曰譜系，以紀氏族繼序；十三曰略錄，以紀史策條目。」又《隋志》子部序云：「《漢書》有諸子、兵書、數術、方技之略，今合而叙之，爲十四種，謂之子部。」案《唐六典》云：「景部爲子，其類一十有四：一曰儒家，以紀仁義教化；二曰道家，以紀清淨無爲；三曰法家，以紀刑法典制；四曰名家，以紀循名責實；五曰墨家，以紀強本節用；六曰縱橫家，以紀辨說譎詐；七曰雜家，以紀兼敘衆說；八曰農家，以紀播植種藝；九曰小說家，以紀芻辭輿誦；十曰兵法，以紀權謀制變；十一曰天文，以紀星辰象緯；十二曰曆數，以紀推步氣朔；十三曰五行，以紀卜筮占候；十四曰醫方，以紀藥餌鍼灸。"又《隋志》集部序云："班固有詩賦略凡五種，今引而伸之，合爲三種，謂之集部。"案《唐六典》云："丁部爲集，其類有三：一曰楚辭，以紀騷人怨刺；二曰別集，以紀辭賦雜論；三曰總集，以紀類分文章。"考姚振宗氏《隋書經籍志考證》云："凡《六典》所載，四部門類，並與本志篇目相同，唯經部第九圖緯，本志作異說，史部第十三略錄，本志作簿錄，爲小異耳，唐人諱丙，故改丙部爲景部。"又云："按晉宋以來，爲四部書目者多矣，至唐初而總核會歸，定爲四十篇，名之曰經籍志，以《七錄》敘目校之，唯史部之正史、古史、雜史、起居注四篇，不用阮例，或合併篇目，或移易次第，大略相同，當時極重其書，至著於令，爲秘書省所有事，秘書郎職掌之，並取其事類，著之於六典，雖爲前代志經籍，亦即爲當代立法程，蓋亦唐一代之故事也。"凡上所論，於《隋志》之淵源、體制，析之頗爲詳明，故著於此，俾便觀覽焉。

二、著錄書籍兼收梁陳齊周隋五代例

《隋書·經籍志》總序云："遠覽馬《史》、班《書》，近觀王、阮《志》、《錄》，挹其風流體制，削其浮雜鄙俚，離其疏遠，合其近密，約文緒義，凡五十五篇，案《隋志》四部，僅得四十篇，言五十五篇者，姚振宗《隋書經籍志考證》云："凡經部十篇，史部十三篇，子部十四篇，集部三篇，附以道經四篇，佛經十一篇，綜凡五十五篇也。"各列本條之下，以備經籍志，雖未能研幾探賾，窮極幽隱，庶乎弘道設教，可以無遺闕焉。"案張鵬一《隋書經籍志補》序云："《隋·經籍志》聚梁陳齊周隋五代諸人著作，爲志二卷，爲書八萬九千六百六十六卷，而兩漢魏晉之書，並列其中。"蓋此《志》本名《五代史志》，故凡此五代之官私書目，兼包並蓄，雖則劉知幾訕之爲："廣包衆作，勒成一志，騁其繁富，百倍前修。"《史通·書志》。然亦適足見其包籠前代，收藏之富也。是故《四庫提要》亦謂："後漢以來之藝文，惟籍是以考見源流，辨別眞僞。"史部正史類《隋書》條。又云"《隋志》根據《七錄》，最爲精核"。經部禮類《夏小正》條。可謂知言也矣。

三、去取書籍頗憑主觀例

《隋書·經籍志》總序云："今考見存，分爲四部，合條爲一萬四千四百六十六部，有八萬九千六百六十六卷，其舊錄所取，文義淺俗，無益教理者，並刪去之，其舊錄所遺，辭義可采，有所弘益者，咸附入之。"案《隋志》既收錄梁陳齊周隋五代之書，則凡此五代官私之目錄，自宜並在包羅之中，俾使後人得據以考其載籍，此則善莫大焉。然《隋志》不此之圖，於所收書籍，以意去取，頗憑主觀，以爲鑑別，有異於班固之全抄《七略》，得存其舊；又妄刪道佛書目，而僅錄其部名、卷數，是故姚名達氏撰《目錄學史》，乃謂其"實啓後世任意廢書之惡習"，良有以也。

四、經史子三部以人類書例

鄭樵《校讎略》云："古之編書，以人類書，何嘗以書類人哉？人則於書之下，注姓名耳。"又云："且春秋一類之學，當附《春秋》以顯，如曰劉向有何義；易一類之書，當附《易》以顯，如曰王弼有何義。"又云："《隋志》於書，則以所作之人，或所解之人，注其姓名於書之下，文集則大書其名於上，曰某人文集，不著注焉。"不類書而類人論。今案《隋志》於經史子三部，皆係以人類於書者，如經部易類《周易》十卷下注云："魏衛將軍王肅注。"詩類

《毛詩奏事》一卷下注云："王肅撰。"禮類《周官禮》十二卷下注云："王肅注。"而集部別集類有《魏衛將軍王肅集》五卷,此三書不類於集部《王肅集》下,而次於經部易、詩、禮類,是類書而不類人也。又如經部易類《周易》十卷下注云："晋散騎常侍干寶注。"禮類《周官禮》十二卷下注云："干寶注。"春秋類《春秋左氏函傳義》十五卷下注云："干寶撰。"而集部有《晋散騎常侍干寶集》四卷,此三書不類於集部《干寶集》下,而次於經部易、禮、春秋類,是類書而不類人也。又如經部書類《尚書洪範五行傳論》十一卷下注云："漢光禄大夫劉向注。"史部簿錄類《七略別錄》二十卷下注云："劉向撰。"而集部有《漢諫議大夫劉向集》六卷,此二書不類於集部《劉向集》下,而次於經部、史部,是類書而不類人也。又如經部論語類《爾雅》五卷下注云："郭璞注。"《方言》十三卷下注云："郭璞注。"史部起居注類《穆天子傳》六卷下注云："郭璞注。"地理類《山海經》二十三卷下注云：[①]"郭璞注。"《水經》三卷下注云："郭璞注。"而集部有《晋弘農太守郭璞集》十七卷,此五書不類於集部《郭璞集》下,而次於經部、史部,是類書而不類人也。要之,《隋志》經史子三部之編次,並以書籍爲主也。

五、集部以書類人例

鄭樵《校讐略》不類書而類人論云："《唐志》以人置於書之上,而不著注,大有相妨,如管辰作《管輅傳》三卷,唐省文例去'作'字,則當曰'管辰管輅傳',是二人共傳也；如李邕作《狄仁傑傳》二卷,當去'作'字,則當曰'李邕狄仁傑傳',是二人共傳也；又如李翰作《張巡姚誾傳》三卷,當去'作'字,則當曰'李翰

[①] "下",原誤作"不",據清乾隆武英殿刻本《隋書》卷三十三改。

張巡姚誾傳'，是三人共傳也；若文集置人於上，則無相妨，曰某人文集可也，即無某人作某人文集之理，所志唯文集置人於上，可以去作字，可以不著注，而於義無妨也。"今案《隋志》之於集部，除楚辭類及總集類外，此二類在集部中所居極少。皆係以書類人，於書名之上，署時代官銜及作者姓名，書名之下，則置卷數，如《楚蘭陵令荀況集》一卷，《漢中書令司馬遷集》一卷，《漢騎都尉李陵集》二卷，《後漢少府孔融集》九卷，《魏太子文學徐幹集》一卷，《魏陳思王曹植集》二十卷，《蜀丞相諸葛亮集》二十五卷，《晋少傅山濤集》九卷，《晋平原内史陸機集》十四卷，《宋徵士雷次宗集》十六卷，《齊吏部郎謝朓集》十二卷，《梁平西刑獄參軍劉孝標集》六卷，《陳左衛將軍顧野王集》十九卷等，皆是也。唯別集類自《煬帝集》五十五卷以下，不署時代，蓋以其爲隋代本朝之著作也。

六、四部後附道佛書籍部數卷數例

《四庫提要》子部釋家類小序云："梁阮孝緒作《七錄》，以二氏之文，別錄於末，《隋書》遵用其例，亦附於志末，有部數卷數，而無書名。"考《隋志》總序云："遠覽馬《史》、班《書》，近觀王、阮《志》、《錄》，挹其風流體制，削其浮雜鄙俚，離其疏遠，合其近密，約文緒義，凡五十五篇，各列本條之下。"姚振宗《隋書經籍志考證》云："此言五十五篇者，凡經部十篇，史部十三篇，子部十四篇，集部三篇，合四十篇，附以道經四篇，佛經十一篇，綜凡五十五篇也。"又云："五十五篇，各列本條之下者，謂所作篇序也，今考道佛之錄，但條舉大綱而繫以序各一篇，實無所謂五十五篇者，以意推尋，殆先朝舊錄道佛十五篇，篇各有序，初意欲附存其目，刪存其序，與四十篇之列一律，庶幾與《七錄》之例，亦略從同，既而四部正文已滿四卷，不欲再加卷帙，以此二錄，本在四部之外，可以從省，故但附總最，以畢其事，不及追改總序之文歟？今所存卷首總序一篇，四部後序四篇，分類小序四十篇，道佛序二篇，又後序一篇，實止於四十八篇。"今案《隋志》末道佛篇序云："道佛者，方外之教，聖人之遠致也，俗士爲之，不通其指，多離以迂怪，假託變幻亂於世，斯所以爲弊也。故中庸之教，是所罕言，然亦不可誣也，故錄其大綱，附于四部之末。"所謂錄其大綱者，亦足證姚氏所云，道佛二錄，省其篇序，刪其書目之事，當屬可信，故今本《隋志》，綜其篇序，乃止四十有八，而與總序所言不合，若於四部四十篇之外，錄道經四篇，佛經十一篇，則正合五十五篇之數耳。

七、每類後結以小序辨章學術例

昔劉向、歆父子，典校秘書，"每一書已，向輒條其篇目，撮其指意，錄而奏之"，《漢書·藝文志序》。故章學誠謂"劉向父子，部次條別，將以辨章學術，考鏡源流"《校讐通義》序。也。及向卒，其子歆總群書而奏《七略》，俟班固刪《七略》爲《藝文志》，乃散輯略之文，分載各類之後，以便觀覽；《唐書·經籍志》云："毋煚等撰集《群書四部錄》，依班固《漢書·藝文志》體例，隨部皆有小序，發明其指，近史官撰《隋書·經籍志》，其例亦然。"《隋志》之例，如經部詩類末小序云："詩者，所以導達心靈，歌咏情志者也……齊詩魏代已亡，魯詩亡於西晉，韓詩雖存，無傳之者，唯毛詩鄭箋至今獨立。又有業詩，奉朝請業遵所注，立義多異，世所不行。"子部名家類末小序云："名者，所以正百物，叙尊卑，別貴賤，各控名而責實，無相借濫者也。《春秋傳》曰，古者名位不同，節文異數。孔子曰，名不正則言不順，言不順則事不成。《周官·宗伯》，以九儀之命，正邦國之位，辨其名物之類，是也。拘者爲之，則苛察繳繞，滯於析辭而失大禮。"此外，《隋志》四部凡四十類，加道佛則四十二類。每類之末，並具小序，其所敘說，雖多採《漢志》，然接其後事，亦足以辨章學術，考鏡源流，此目錄之學，所以兼具學術史之功用也。

八、每部後結以簡序綜論大略例

《隋志》於四部之前，冠以總序，於四十類之末，則結以小序，其於四部之後，復每部結以簡序者，蓋小序僅敘一家之學，此則撮敘每部之源流正變，以挈其綱領也。此例蓋亦仿自《漢志》，如經部末簡序云：「傳曰：玉不琢，不成器，人不學，不知道，古之君子，多識而不窮，畜疑以待問……班固列六藝爲九種，或以緯書解經，合爲十種。」史部末簡序云：「夫史官者，必求博聞強識，疏通知遠之士，使居其位……班固以《史記》附《春秋》，今開其事類，凡三十種，別爲史部。」子部末簡序云：「易曰，天下同歸而殊塗，一致而百慮。儒道小說，聖人之教也，而有所偏，兵及醫方，聖人之政也，所施各異。世之治也，列在衆職，下至衰亂，官失其守。或以其業游說諸侯，各崇所習，分鑣並騖，若使總而不遺，折之中道，亦可以興化致治者矣。《漢書》有諸子、兵書、數術、方技之略，今合而敘之，爲十四種，謂之子部。」集部末簡序云：「文者，所以明言也，古者登高能賦，山川能祭，師旅能誓，喪紀能誄，作器能銘，則可以爲大夫，言其因物騁辭，情靈無擁者也……班固有詩賦略凡五種，今引而伸之，合爲三種，謂之集部。」唯其四部之末所敘，學術得失，分類緣由，率皆過簡，鮮有精當之論，以視每類之末小序，遠爲不逮矣。

九、每類每部後總計部卷例

《漢志》於每一類後，必書云若干家，若干篇，蓋「凡編書每一類成，必計卷帙于其後」鄭樵《校讎略》。也。此用總結之法，隋、唐各志，亦相習成例，《隋志》四部四十類，如易類之末云："右六十九部，五百五十一卷。"樂類之末云："右四十二部，一百四十二卷。"正史類之末云："右六十七部，三千八十三卷。"道家類之末云："右七十八部，合五百二十卷。"楚辭類之末云："右十部，二十九卷。"此則每類後之總計也。又如經部之末云："凡六藝經緯六百二十七部，五千三百七十一卷。"史部之末云："凡史之所記，八百一十七部，一萬三千二百六十四卷。"子部之末云："凡諸子合八百五十三部，六千四百三十七卷。"集部之末云："凡集五百五十四部，六千六百二十二卷。"此則每部後之總計也。又如四部之末云："凡四部經傳三千一百二十七部，三萬六千七百八卷。"此則四部後之總計也。又如全書之末云："大凡經傳存亡及道佛六千五百二十部，五萬六千八百八十一卷。"此則綜括四部及道佛經錄之總計也。案顏師古於《漢書·藝文志》注云："其每略所條，家及篇數，有與總凡不同者，傳寫脫誤，年代久遠，無以詳知。"《漢志》如是，《隋志》亦如是，姚振宗《隋志考證》云："其卷數則脫誤彌甚，無從核實，置不復論焉。"<small>經部易類末案語</small>。故其所校，止於部數。岑仲勉《隋書求是》於經籍志四部之末亦云："今以《志》文四類總數相加，無一相符，可見今本數目字必多錯誤。"要之，總計部卷，雖不可確信其目，亦聊供參稽之用耳。

十、每類每部後通計亡書例

《隋書·經籍志》總序云："今考見存，分爲四部。"一若所錄之書，皆見存者，然各條自注，每云"梁有某書若干卷，今亡"或"今殘缺"。故每類通計，亦必於存書總數之外，另注存亡合計之總數。如書類末三十二部，二百四十七卷之下注云："通計亡書，合四十一部，共二百九十六卷。"雜史類末七十二部，九百一十七卷之下注云："通計亡書，七十三部，九百三十九卷。"儒家類末六十二部，五百三十卷下注云："通計亡書，合六十七部，六百九卷。"此則每類後之通計也。又如經部末注云："通計亡書，合九百五十部，七千二百九十卷。"史部末注云："通計亡書，合八百七十四部，一萬六千五百五十八卷。"集部末注云："通計亡書，合一千一百四十六部，一萬三千三百九十卷。"此則每部後之通計也。然《隋志》之中，亦有不計亡書者，如史部之古史類、舊事類、簿錄類，各書之下，不注亡書，以其類中，本無亡書，固無論矣。至如子部之道、法、名、墨、縱橫、雜、農、小說、兵、天文、曆數、五行、醫方等類，各書之下，輒注亡書，而每類之後，亦並不通計亡書，則是可怪者也。尤以子部之末，未計亡書，其疏失最不可恕。

十一、夾注分別存亡殘缺例

《四庫提要》云："《漢書‧藝文志》本劉歆《七略》而作，班固已有自注，《隋書‧經籍志》參考《七錄》，互注存佚，亦沿其例。"_{史部目錄類《崇文總目》條}考《隋志》之中，所謂存佚者，如經部詩類《韓詩外傳》十卷下注云："梁有《韓詩譜》二卷，《詩神泉》一卷，漢有道徵士趙曄撰，亡。"此中《韓詩譜》《詩神泉》二書，隋時雖亡，為便於後人考究亡書，乃附注於約略相關之《韓詩外傳》之下。餘如史部正史類《吳紀》九卷下注云："晉太學博士環濟撰。晉有張勃《吳錄》三十卷，亡。"子部醫方類《張仲景方》十五卷下注云："仲景，後漢人。梁有《黃素藥方》二十五卷，亡。"集部別集類《漢膠西相董仲舒集》一卷下注云："梁二卷。又有《漢太常孔臧集》二卷，亡。"皆是也，此例極多。所謂殘缺者，經部易類《周易》二卷下注云："魏文侯師卜子夏傳，殘缺，梁六卷。"史部正史類《晉書》二十六卷下注云："本四十四卷，訖明帝，今殘缺。晋散騎常侍虞預撰。"集部別集類《楚蘭陵令荀況集》一卷下注云:"殘缺,梁二卷。"皆是也。今案鄭樵《校讐略》云:"古人編書,皆記其亡闕。"又云:"自唐以前,書籍之富者,爲亡闕之書有所系,故可以本所系而求,所以書亡於前而備於後,不出於彼而出於此。"雖則孫德謙氏撰《漢書藝文志舉例》,於《隋志》存亡之例,大致不滿,然於書缺而加標注之例,則推崇甚力焉。

十二、稱未成例

《隋志》之中,既已注明存亡殘缺之書矣,復於書籍之本未完成者,則明標"未成",以資識別,庶免乎後人誤爲殘缺而省其搜討之勞也。如史部正史類《晋書》十卷下注云:"未成,本十四卷,今殘缺,晋中書郎朱鳳撰,訖元帝。"《周史》十八卷下注云:"未成,吏部尚書牛弘撰。"雜史類《隋書》六十卷下注云:"未成,秘書監王劭撰。"凡若此者,雖不多睹,而其體制,信可爲後世取法,故亦錄出,俾究心簿錄者,得以稽考焉。

十三、叙故書稱有例

錢大昕《隋書考異》云:"阮孝緒《七錄》撰於梁普通中,《志》所云梁者,阮氏書也。"姚振宗《隋書經籍志考證》新編序例云:"凡卷中低一字寫錄,悉冠以梁有云云者,皆《七錄》及梁代書目所有之書也。"又《考證》於子部縱橫家末案云:"本志注梁有云云者,不盡是《七錄》一書,亦有在《七錄》之外者。"又《考證》於叙錄叙諸家評論云:"其采宋齊梁陳四代書目,而亦注梁有,<small>春秋三傳類中尚存有宋有一條</small>。以五代史志託始於梁也,不盡是《七錄》也……大抵宋齊書目所有者,梁代諸家書目無不有之,故概以梁有括之也。"今案,如經部易類《周易揚氏集二王注》五卷下注云："梁有《集馬、鄭二王解》十卷，亡。"《周易》十卷下注云："蜀才注，梁有齊安參軍費元珪注《周易》九卷，謝氏注《周易》八卷，尹濤注《周易》六卷，亡。"詩類《毛詩大義》十一卷下注云："梁武帝撰。梁有《毛詩十五國風義》二十卷，梁簡文帝撰。"禮類《石渠禮論》四卷下注云："戴聖撰。梁有《群儒疑義》十二卷，戴聖撰。"春秋類《春秋釋例》十卷下注云："漢公車徵士潁容撰。梁有《春秋左氏傳條例》九卷，漢大司農鄭衆撰。"史部正史類《漢書纘》十八卷下注云："范曄撰。梁有蕭子顯《後漢書》一百卷，王韶《後漢林》二百卷，韋闡《後漢音》二卷，亡。"子部儒家類《揚子太玄經》十卷下注云："蔡文邵注。梁有《揚子太玄經》十四卷，虞翻注。《揚子太玄經》十三卷，陸凱注。《揚子太玄經》七卷，王肅注，亡。"道家類《老子道德經》二卷下注云："周柱下史李耳撰，漢文帝時，河上公注。梁有戰國時河上丈人注《老子經》二卷，漢長陵三老母丘望之注《老子》二卷，漢隱士嚴遵注《老子》二卷，虞翻注《老子》二卷，亡。"集部楚辭類《楚辭》三卷下注云："郭璞注。梁有《楚辭》十一卷，宋何偃刪王逸注，亡。"別集類《漢諫議大夫劉向集》六卷下注云："梁有《漢射聲校尉陳湯集》二卷，《丞相韋玄成集》二卷，亡。"凡上所舉，稱梁有者，皆屬《七錄》及梁代書目或宋齊陳時書目所有之書也。稱梁有者，除史部較少見及之外，其他三部，此例極多。

十四、每類中不立子目而實具編次例

鄭樵《校讐略》云："學之不專者，爲書之不明也，書之不明者，爲類例之不分也，有專門之書，則有專門之學，有專門之學，則有世守之能，人守其學，學守其書，書守其義，人有存沒，而學不息，世有變故，而書不亡。"故云："類例既分，學術自明，以其先後本末具在"編次必謹類例論。也。又云："《隋志》每於一書而有數種學者,雖不標別,然亦有次第,如《春秋》三傳,雖不分爲三家,而有先後之列,先《左氏》,次《公羊》,次《穀梁》,次《國語》,可以次求類。"編次有叙論。又云:"朝代之書,則以朝代分,非朝代書,則以類聚分。"編次必謹類例論。又云:"一類之書,當集在一處,不可有所間也。"編次之詭論。今案,除鄭氏所舉春秋之外,如史部正史類以《史記》《漢書》《後漢書》《三國志》《晉書》《宋書》《齊書》《梁書》《後魏書》《陳書》《周史》等依次叙列,小序所謂"今依其世代,聚而編之"。以及古史類小序所謂:"今依其世代,編而叙之,以見作者之別。"起居注類小序所謂:"今依其先後,編而入之。"集部別集類小序所謂:"今依其先後,次之於此。"總集類小序所謂:"今次其前後,並解釋評論,總於此篇。"是並以朝代先後分矣。又如經部詩類之分三家,禮類之分三禮,論語類之分出爾雅、方言,小學之分出字形、字音,子部道家類之分別老、莊,兵家類之分別孫、吳,是並以類聚分矣。要之,《隋志》每類之中,雖不另立子目,而編次實有條不紊。大略言之,經子二部,多依類別分列,史集二部,多以時代相次也。

十五、集部書名上不署官銜例

《隋志》於集部別集類中,率皆先署時代,後署官銜,詳集部以書ผ人條。再及書名。然亦有不署官銜,僅具時代書名者,如《後漢劉珍集》二卷,《晉張駿集》八卷,《晉李充集》二十二卷,《晉范汪集》一卷,《晉李顒集》十卷,《晉伏滔集》十一卷,《晉孫恩集》五卷,《晉毛伯成集》一卷,《晉王茂略集》一卷,《晉宋欽集》二卷,《宋王叙之集》七卷,《梁蕭子暉集》九卷,《梁蕭機集》二卷,皆是也。今案,劉珍於漢安帝永初中爲謁者僕射,延光中轉衞尉,卒官;張駿嘗據涼州,晉穆帝追謚爲忠成公;李充嘗爲王導行軍參軍,遷大著作郎,累遷中書侍郎;范汪爲庾亮佐吏,又爲桓溫安西長史，嘗進爵武興候；伏滔爲桓溫參軍，以功封聞喜縣侯，累遷游擊將軍；孫恩學爲五斗米道，屢自海上寇邊，《晉書》乃入之叛逆傳；毛伯成爲晉征西行軍參軍，又爲著作佐郎；宗欽初仕北涼，後入魏，爲著作郎，封臥樹男；蕭子暉仕宋，起家員外散騎侍郎，出爲臨安令，累轉儀同從事，中騎長史；蕭機仕梁，武帝普通中襲封爲安成郡王，歷會稽太守，丹陽尹，湘州刺史；似此諸人，多有官銜可據，而《隋志》別集類中，並不署其官銜，亦可怪也。至於別集類中，另有不署時代及官銜之一類，如《殷闡之集》一卷，以其次於《宋給事中丘深之集》及《宋徵士宗景集》之間，知其爲宋人無疑；《王祐集》一卷，《劉子政母祖氏集》九卷，以其次於《煬帝集》之後，知其爲隋人無疑；唯以此二書，並不署官銜，故亦附於此例之後，以供省覽焉。

十六、書有不叙作者不用條注例

孫德謙《漢書藝文志舉例》云："《論語·子路》篇，子曰：'君子於其所不知，蓋闕如也。'誠以強不知爲知，則必有穿鑿附會之弊，目錄家於書無作者姓名，往往闕之，所見甚正，而其例則實自《漢志》創之。"今案《隋志》之中，於書名上下有不叙作者，不用條注者，其例亦當同此，皆闕如之義也。如經部易類有《周易問》二十卷，《周易私記》二十卷，《周易譜》一卷，書類有《尚書逸篇》二卷，《尚書義疏》七卷，《尚書閏義》一卷，詩類有《毛詩大義》十三卷，《毛詩義疏》二十卷，禮類有《周官分職》四卷，《禮略》二卷，《禮樂義》十卷，樂類有《樂經》四卷，春秋類有《春秋文苑》六卷；史部雜史類有《梁帝紀》七卷，霸史類有《托跋涼録》十卷，舊事類有《西京雜記》二卷，雜傳類有《徐州先賢傳》一卷；子部儒家類有《衆賢誡》十三卷，道家類有《老子節解》二卷，《老子章門》一卷，雜家類有《真言要集》十卷，農家類有《楚苑實録》一卷；集部楚辭類有《楚辭音》一卷，總集類有《詞林》五十八卷，《賦集鈔》一卷，《衆詩英華》一卷；此所舉者特其一端，似此者尚衆，凡此，皆屬不知而闕如之例也。至若經部孝經類《孝經私記》四卷下注云："無名先生撰。"姚振宗《隋志考證》。與馬國翰《玉函山房輯佚書·周易講疏輯本》序。以爲係指何妥，而撰《隋志》者稱無名先生，實亦闕如之義也，其例則與前同，故附於本條之末焉。

十七、夾注略明一書大旨例

《隋志》於所著録書籍之下，偶有叙其源委，明其大旨者，其詳明雖不若《直齊書録》之解題，《四庫總目》之提要，然亦能絜其要領，有裨讀者，爲用匪淺也，如經部小學類《三蒼》三卷下注云："秦相李斯作《蒼頡篇》，漢揚雄作《訓纂篇》，後漢郎中賈滂作《滂喜篇》，故曰三蒼。"史部古史類《淮海亂離志》四卷下注云："叙梁末侯景之亂。"雜史類《九州春秋》十卷下注云："記漢末事。"《史要》十卷下注云："約《史記》要言，以類相從。"《帝王要略》十二卷下注云："紀帝王及天官、地理、喪服。"霸史類《天啓記》十卷下注云："記梁元帝子㟙據湘州事。"舊事類《交州雜事》九卷下注云："記士燮及陶璜事。"地理類《黃圖》一卷下注云："記三輔宮觀、陵廟、明堂、辟雍、郊畤等事。"《發蒙記》一卷下注云："載物産之異。"《地理書》一百四十九卷下注云："陸澄合《山海經》以來一百六十家以爲此書，澄本之外，其舊事，並多零失，見存別部目行者唯四十二家，今列之於上。"《地記》二百五十二卷下注云："梁任昉增陸澄之書八十四家以爲此記。其所增舊書，亦多零失，見存別部行者唯十二家，今列之於上。"凡此，並屬陳述大旨之例也，而史部之中，例尤多焉。

十八、夾注記書中起訖例

孫德謙《漢書藝文志舉例》云："嘗謂志藝文者，於書中起訖，亦當記之，及讀《隋志》，而見其記載甚詳，知史家目錄，固於此深致意焉。"今考之《隋志》，如史部正史類《東觀漢記》一百四十三卷下注云："起光武記注至靈帝。"《晉書》二十六卷下注云："本四十四卷，訖明帝，今殘缺，晉散騎常侍虞預撰。"《晉書》十卷下注云："未成，[①]本十四卷。今殘缺，晉中書郎朱鳳撰，訖元帝。"《晉中興書》七十八卷下注云："起東晉，宋湘東太守何法盛撰。"《通史》四百八十卷下注云："梁武帝撰，起三皇，訖梁。"古史類《漢晉陽秋》四十七卷下注云："訖愍帝，晉榮陽太守習鑿齒撰。"《晉紀》十一卷下注云："訖明帝，晉荊州別駕鄧粲撰。"《晉陽秋》三十二卷下注云："訖哀帝，孫盛撰。"雜史類《漢皇德紀》三十卷下注云："漢有道徵士，侯瑾撰，起光武，至沖帝。"《洞紀》四卷下注云："韋昭撰，記庖犧以來，至漢建安二十七年。"《十五代略》一卷下注云："吉文甫撰，記庖犧，至晉。"《周載》八卷下注云："東晉臨賀太守孟儀撰，略記前代，下至秦。"凡上所舉，率皆注明事迹起訖者也，而又以史部之例為多。

十九、稱先生例

《禮記·曲禮》云："從於先生，不越路而與人言。"鄭玄注："先生，老人教學者。"《戰國策·衛策》云："衛客患之，乃見梧下先生。"高誘注："先生，長者有德之稱。"是先生自古用於尊稱，《隋志》之中，凡稱先生者，不一而足，蓋亦示其敬意焉。如經部書類《尚書義》三卷下注云："劉先生撰。"朱彝尊《經義考》云：

[①] "未"，原誤作"末"，據清乾隆武英殿刻本《隋書》卷三十三改。

"《隋志》載《劉先生尚書義》三卷,不詳其名,度非劉光伯,炫。即劉士元焯。所著也。"詩類《集注毛詩》二十四卷下注云:"梁有《毛詩序》一卷,梁隱居先生陶弘景注,亡。"案《南史·隱逸傳》云:"陶弘景字通明,丹陽秣陵人也……自號華陽陶隱居,人間書札,即以隱居代名……諡曰貞白先生。"史部正史類《范漢音訓》三卷下注云:"陳宗道先生臧兢撰。"姚振宗《隋書經籍志考證》云:"宋張君房《雲笈七籤》載《唐茅山昇真王先傳》云,瑯琊王遠知,年十五,入華陽,事貞白先生,授三洞法,又從宗道先生臧矜傳諸秘訣。是宗道先生,神仙家流也,與陶弘景同輩,'兢'當爲'矜'。"霸史類《南燕書》七卷下注云:"游覽先生撰。"姚氏《考證》云:"游覽先生,不詳何人。"又雜傳類有《陸先生傳》一卷,孔稚珪撰,姚氏《考證》云:"《太平御覽·道部·三洞珠囊》曰,陸元德,吳興東遷人,宋文帝召入內,服膺尊異,時太后王氏,雅信黃老,降母后之尊,執門徒之禮。《道學傳》云,陸修靜字元德。"又云:"《雲笈七籤》,宋廬山簡寂陸先生諱修靜,以元徽五年三月二日潛化,有詔諡曰簡寂先生。"《關令內傳》一卷下注云:"鬼谷先生撰。"子部《魯連子》五卷《錄》一卷下注云:"魯連,齊人,不仕,稱爲先生。"又集部別集類有《梁隱居先生陶弘景集》三十卷。凡此,皆爲尊敬其人,故稱先生也。

二十、稱師稱弟子例

《隋志》之中,有稱某師某弟子之例,蓋所以尊崇師承淵源,或所以顯明其人生平事迹也,其稱某人某師者,如經部禮類《周官禮》十二卷下注云:"干寶注。梁又有《周官寧朔新書》八卷,晉燕王師王懋約撰,亡。"子部儒家類《子思子》七卷下注云:"魯穆公師孔伋撰。"道家類《鬻子》一卷下注云:"周文王師鬻熊撰。"兵家類《太公六韜》五卷下注云:"周文王師姜望撰。"其稱某人弟子者，如子部道家類《文子》十二卷下注云："文子，老子弟子。"至若意有所疑，不能肯定者，則加似字以稱之，如子部儒家類《公孫尼子》一卷下注云："尼似孔子弟子。"墨家類《隨巢子》一卷下注云："巢似墨翟弟子。"《胡非子》一卷下注云："非似墨翟弟子。"凡此，皆屬稱師稱弟子者也。

二一、稱處世隱人例

《荀子·非十二子》篇云："古人之所謂處士者，德盛者也，能靜者也，脩正者也，知命者也，著是者也。"《史記·信陵君列傳》云："趙有處士毛公，藏於博徒，薛公，藏於賣漿家。"是古所謂處士者，多係隱居不仕而有學行者也。《隋志》之中，稱處士者，亦不一而足，如子部法家類《慎子》十卷下注云："戰國時處士慎到撰。"名家類《尹文子》二卷下注云："尹文，周之處士，游齊稷下。"集部楚辭類《楚辭音》一卷下注云："宋處士諸葛士撰。"別集類《後漢徐令班彪集》二卷下注云："《後漢處士梁鴻集》二卷，亡。"《後漢討虜長史張紘集》一卷下注云："梁有《後漢處士禰衡集》二卷。"又有《晋處士楊泉集》二卷，《晋處士薄蕭之集》九卷。又《隋志》之中，除稱處士者外，其稱隱人者，義雖稍異，例亦同此，如子部道家類《鶡冠子》三卷下注云："楚之隱人。"《列子》八卷下注云："鄭之隱人，列禦寇撰。"以其例不多覩，今亦合於處士之例，而錄出之。

二二、稱某氏例

《隋志》於作者名字不詳者，有逕以某氏稱之一例，如經部書類《尚書釋問》一卷下注云："虞氏撰。"姚振宗氏《隋書經籍志考證》云："虞氏不詳何人。"詩類《毛詩箋音證》十卷下注云："《毛詩音隱》一卷，于氏撰，亡。"姚氏《考證》云："于氏不詳何人,按《釋文叙錄》載詩音九家,中有干寶,此殆干氏之誤。"禮類《喪服制要》一卷下注云:"徐氏撰。"姚氏考證云:"徐氏不詳何人。"論語類《五經要義》五卷下注云:"梁十七卷,雷氏撰。"姚氏《考證》云:"雷氏不詳何人。"其他,如史部雜史類《晋書鴻烈》六卷下注云:"張氏撰。"子部天文類《夏氏日旁氣》一卷下注云:"許氏撰,梁四卷。"曆數類《曆序》一卷下注云:"姜氏撰。"五行類《九宫經解》二卷下注云:"李氏注。"《太一龍首式經》一卷下注云:"董氏注。"醫方類《脈經》二卷下注云:"徐氏撰。"《名醫別錄》三卷下注云:"陶氏撰。"凡此,皆作者名字不詳,唯知姓氏,乃題曰某氏所撰,用以存疑者也。

二三、僧人著作稱釋例

佛姓釋迦,而學佛爲比丘者,亦稱爲釋,故《隋志》凡於僧人著作,撰者姓名之上,咸冠以釋字。如經部小學類《韻英》三卷下注云:"釋靜洪撰。"史部儀注類《僧家書儀》五卷下注云:"釋曇瑗撰。"雜傳類《高僧傳》十四卷下注云:"釋僧祐撰。"地理類《四海百川水源記》一卷下注云:"釋道安撰。"子部《老子道德經》二卷下注云:"劉仲融注。《老子道德經》二卷,釋惠琳注。《老子道德經》二卷,釋惠嚴撰。"《老子義疏》一卷下注云:"顧歡撰。梁有《老子義疏》一卷,釋慧觀撰,亡。"五行類《陽遁甲》九卷下注云:"釋智海撰。"集部楚辭類《楚辭音》一卷下注云:"釋道騫撰。"此外又有於釋字上加沙門二字者,其義並同,蓋沙門者,出家修道者之稱,《翻譯名義集》云:"沙門或云桑門,此言功勞,言修道有多勞也。"又云:"或以沙門翻勤息,謂勤行衆善,止息諸惡也。"其見於《隋志》者,如史部地理類《佛國記》一卷下注云:"沙門釋法顯撰。"《游行外國傳》一卷下注云:"沙門釋智猛撰。"子部醫方類《諸藥異名》八卷下注云:"沙門行矩撰。"集部總集類《法集》百七卷下注云："梁沙門釋寶唱撰。"又集部別集類有《晉沙門支遁集》八卷,《晉沙門支曇諦集》六卷,《晉沙門釋惠遠集》十二卷,《晉姚萇沙門釋僧肇集》一卷,《宋沙門釋惠琳集》五卷,《陳沙門釋標集》二卷,《陳沙門釋洪偃集》八卷,《陳沙門釋瑗集》六卷,《陳沙門釋靈裕集》四卷,《陳沙門釋嵩集》六卷,皆屬此例也。

二四、撰人不一稱等例

孫德謙《漢書藝文志舉例》云："書有撰著之人,不可枚舉,及載入藝文,則署一二人姓名,而其餘皆從略者,蓋事必有主,牽連並書,則不勝其繁矣。然一書也,或出同時所修,或為數人所作,僅錄主名,此外則一切掩没之,於心何安?惟以等字該之,則辭尚體要,後之人亦可博訪周咨,不致有文辭不少概見之患,吾觀後世目錄家多用此例。"《隋志》於此,自不例外,如經部易類《周易論》一卷下注云:"《周易難王輔嗣義》一卷,晉楊州刺史顧夷等撰。"姚振宗《隋書經籍志考證》云:"梁劉峻《世説·文學》篇注,《顧氏譜》曰,夷,字君齊,吳郡人,祖歲,孝廉,父霸,少府卿,夷辟州主簿,不就。《宋書·隱逸傳》,關康之,字伯愉,河東楊人,世居京口,少而篤學,晉陵顧悦之《難王弼易義》四十餘條,康之申王難顧,遠有情理。又《齊書·高逸·臧榮緒傳》云,①康之與榮緒,俱隱在京口,世號二隱。按關康之傳,則是書亦有顧悦之《難義》及關氏《難顧義》,並錄在其中,故題曰'顧夷等',明非一人之作也。"此外,《隋志》中類此者,為數尚多,其理皆同,如經部詩類《毛詩序義疏》一卷下注云:"劉瓛等撰。"春秋類《春秋土地名》三卷下注云:"晉裴秀客、京相璠等撰。"史部正

---

① "逸",原誤作"隱",據清乾隆武英殿刻本《南齊書》卷五十四改。

史類《東觀漢記》一百四十三卷下注云："長水校尉劉珍等撰。"子部天文類《星占》二十八卷下注云："孫僧化等撰。"曆數類《九章算經》二十九卷下注云："徐岳、甄鸞等撰。"皆是也。姚振宗氏於此，亦多有考證焉。

二五、省文稱各例

孫德謙《漢書藝文志舉例》云："一人之書，其卷數相等者，分言之，則嫌其繁重，合言之，則又恐不能清晰。其道如何？曰，當加一各字，以識別之。《書錄解題》詩集類中，於《施注東坡集》下云，《年譜》《目錄》各一卷；是蓋權衡於分合之間，而得易簡之理也。《漢志》易家《章句》施、孟、梁丘氏各二篇，書家《大》、《小夏侯章句》各二十九卷，然則陳氏其本此爲例乎？"其見於《隋志》者，如經部易類《周易乾坤義》一卷下注云："齊步兵校尉劉瓛撰。梁又有齊臨沂令李玉之、梁釋法通等《乾坤義》各一卷。"春秋類《春秋公羊經傳》十三卷下注云："晋散騎常侍王愆期注。《春秋公羊音》，李軌、晋徵士汪淳撰，各一卷。"論語類《爾雅》三卷下注云："漢中散大夫樊光注。梁有漢劉歆、犍爲文學、中黃門李巡《爾雅》各三卷，亡。"子部農家類《春秋濟世六常擬議》五卷下注云："楊瑾撰。梁有《陶朱公養魚法》《卜式養羊法》《養豬法》《月政畜牧栽種法》各一卷，亡。"天文類《天文集占》十卷下注云："梁百卷，梁有石氏、甘氏《天文占》各八卷。"五行類《易要決》二卷下注云："梁有《周易曆》《周易初學筮要法》，各一卷。"《乾坤鏡》二卷下注云："梁《天鏡》《地鏡》《日月鏡》《四規鏡》經各一卷。"《相手板經》六卷下注云："《梁相手板經》《受版圖》《韋氏相板印法指略鈔》《魏征東將軍程申伯相印法》各一卷，亡。"案，孫德謙氏以爲陳氏《書錄解題》稱各之法，本乎《漢志》，而所舉於《漢志》者，僅易書之例各一，是則《漢志》雖首創此例，而至《隋志》，用之始繁，史集二部則罕見。乃孫氏不舉《隋志》，而稱《書錄解題》以爲例，亦可怪也。

二六、一人爲數書作者姓名稱並例

《隋志》之中，於敘一人爲數書之作者時，輒稱並字，以省繁複，蓋並者兼也，皆也，即此而知數書皆一人所撰，故不必於每書之下，一一著明也。如經部詩類《毛詩辯異》三卷下注云："晉給事郎楊乂撰。《毛詩總集》六卷，《毛詩隱義》十卷，並梁處士何胤撰，亡。"小學類《古今字詁》三卷下注云："張揖撰。梁有《難字》一卷，《錯誤字》一卷，並張揖撰。"子部儒家類《顧子新語》十二卷下注云："吳太常顧譚撰。《典語》十卷，《典語別》二卷，並吳中夏督陸景撰，亡。"《新論》十卷下注云："晉散騎常侍夏侯湛撰。梁有《揚子物理論》十六卷，《揚子太元經》十四卷，並晉徵士揚泉撰。"縱橫家《鬼谷子》三卷下注云"皇甫謐注。梁有《補闕子》十卷，《湘東鴻烈》十卷，並元帝撰，亡。"曆數類《景初曆》三卷下注云："晉楊偉撰。梁有《景初曆術》三卷，《景初曆法》三卷。又一本，五卷。並楊偉撰。"凡此，皆屬一人爲數書作者，爲省重複，乃稱並以綜言之也，唯史部正史類《漢疏》四卷下注云："梁有《漢書孟康音》九卷，《劉孝標注漢書》一百四十卷，《陸澄注漢書》一百二卷，《梁元帝注漢書》一百一十五卷，並亡。"所稱並字，用法稍異，而意義則亦相若，以其僅得一見，故附記於此，不另別立條例。

二七、稱僞例

《隋志》史部霸史類小序云："自晉永嘉之亂，皇綱失馭，九州君長，據有中原者甚衆，或推奉正朔，或假名竊號。"案，自晉永嘉以迄宋元嘉間，五胡擾亂中華，其割據僭號者，計有二趙、前趙、後趙。三秦前秦、後秦、西秦。四燕前燕、後燕、南燕、北燕。五涼前涼、後涼、南涼、北涼、西涼。及夏、成漢等十六國，及唐修《隋書》，於此等竊號僭立者，並以僞字稱之，其見於經籍志者，如史部雜史類《拾遺錄》二卷下注云："僞秦姚萇方士王子年撰。"霸史類《趙書》十卷下注云："一曰《二石集》，記石勒事，僞燕太傅長史田融撰。"《燕書》二十卷下注云："記慕容雋事，僞燕尚書范享撰。"①《南燕錄》六卷下注云："記慕容德事，僞燕中書郎王景暉撰。"《涼記》八卷下注云："記張軌事，僞燕右僕射張諮撰。"《涼書》十卷下注云："記張軌事，僞涼大將軍從事中郎劉景撰。"《涼記》十卷下注云："記呂光事，僞涼著作佐郎段龜龍撰。"雜傳類《明氏家訓》一卷下注："僞燕衛尉明岌撰。"地理類《珠崖傳》一卷下注云："僞燕聘晉使蓋泓撰。"又霸史類有王度所撰《二石僞治時事》二卷，記石勒、石虎事，凡此，皆是貶其竊號僭立也，故劉昫等撰《唐書·經籍志》，逕易霸史之名，而改以僞史稱之矣。

二八、夾注著錄亡書不署作者例

《隋志》夾注之中，有著錄存亡殘缺一例，而所記亡佚書籍，又有不署作者姓名者，如經部禮類《喪服圖》一卷下注云："崔逸撰。梁有《喪服祥禫雜議》二十九卷，《喪服雜議故事》二十一卷。又《戴氏喪服五家要記圖譜》五卷，《喪服君臣圖儀》一卷，亡。"《周室王城明堂宗廟圖》一卷下注云："祁諶撰。梁又有《冠服圖》一卷，《五宗圖》一卷，《月令圖》一卷，亡。"孝經類《孝經義》一卷下注云："梁揚州文學從事太史叔明撰。梁有《孝經玄》《孝經圖》各一卷，《孝經孔子圖》二卷，亡。"讖緯類《春秋災異》

---

① "范享"，疑當作"范亨"，據《隋書》卷三十三，清乾隆武英殿刻本。

十五卷下注云："郗明撰。《春秋内事》四卷,《春秋包命》二卷,《春秋秘事》十一卷,《書易詩孝經春秋河洛緯秘要》一卷,《五帝鉤命決圖》一卷,亡。"《孝經内事》一卷下注云："《孝經元命包》一卷,《孝經古秘授神》二卷,《孝經古秘圖》一卷,《孝經左右握》二卷,《孝經左右契圖》一卷,《孝經雌雄圖》三卷,《孝經異本雌雄圖》二卷,《孝經分野圖》一卷,《孝經内事圖》二卷,《孝經内事星宿講堂七十二弟子圖》一卷,又《口授圖》一卷……《孔老讖》十二卷,《老子河洛讖》一卷,《尹公讖》四卷,《劉向讖》二卷,《雜讖書》二十九卷,《堯戒舜禹》一卷,《孔子王明鏡》一卷……《嵩高道士歌》一卷,亡。"小學類《勸學》一卷下注云："蔡邕撰。又《月儀》十二卷,亡。"《群玉典韻》五卷下注云："又《五音韻》一卷,亡。"《文字音》七卷下注云："晉蕩昌長王延撰。梁有《篆文》三卷,亡。"史部霸史類《吐谷渾記》二卷下注云："宋新亭侯段國撰。梁有《翟遼書》二卷,《諸國略記》二卷,《永嘉後纂年記》二卷,《段業傳》一卷,亡。"起居注類《晉元康起居注》一卷下注云："梁有永平、元康、永寧《起居注》六卷,又有《惠帝起居注》二卷,永嘉、建興《起居注》十三卷,亡。"凡上所舉,多屬年代遼遠,書又亡佚,其所以不署作者,實不得不爾也。

二九、書有異名稱一曰例

孫德謙《漢書藝文志舉例》云："古人著書,有兩人相同者,如桓譚《新論》,華譚《新論》,揚雄《太玄經》,楊泉《太玄經》是;又有一人撰述,而其名轉異者,若爲藝文作志,不記其別稱,則如鄭樵《通志》,既有《班昭集》,復有《曹大家集》,將一書而誤作兩書矣。《漢志》於儒家《王孫子》云,一曰《巧心》,可知書有別名者,應稱一曰某某也。夫書名歧出,或其人自爲更定,而後人不知，從其最初者而言，抑或原書名目，經後人之補緝，因而易其舊稱，世多有之。此而不用班氏一曰之例，豈不令人滋疑乎？"考《隋志》於史部霸史類《趙書》十卷下注云："一曰《二石集》，記石勒事，偽燕太傅長史田融撰。"姚振宗《隋書經籍志考證》云："《晉書·載記》曰，石勒據襄，國稱趙，又曰，石勒字世龍，上黨武鄉羯人也，其先匈奴別部羌渠之首，又石季龍，虎。勒之從子也，名犯太祖廟諱，故稱字焉。"《史通·雜説》篇自注云："田融《趙史》謂勒爲前石，虎爲後石。"案《隋志》之中，稱一曰者，僅見於斯，此例雖少，然其體制，則承先啓後，要不可忽，故録出之，以備省覽。

三十、稱疑稱似例

《隋志》之中，凡意有所疑，不能遽定，或涉傳本真偽，書籍宗旨，或關撰人生平，師承淵源者，則多稱疑稱似，是亦守夫子不知蓋闕之義者也。如經部孝經類《古文孝經》一卷下注云："孔安國傳，梁末亡逸，今疑非古本。"史部雜史類《周書》十卷下注云："汲冢書，似仲尼删書之餘。"子部名家類《人物志》三卷下注云："梁有《士緯新書》十卷，[①]姚信撰。又《姚氏新書》二卷，與《士緯》相似。"案此謂《新書》與《士緯》二書宗旨相近也。醫方類《墨子枕内五行紀要》一卷下注云："梁有《神枕方》一卷，疑此即是。"《療馬方》一卷下注云："梁有《伯樂療馬經》一卷，疑與此同。"凡此，皆所以疑此書籍傳本真偽或内容宗旨之大略也。又如經部春秋類《春秋穀梁傳》十四卷下注云："段肅注，疑漢人。"子部儒家類《公孫尼子》一卷下注云："尼似孔子弟子。"

---

① "卷"，原誤作"云"，據清乾隆武英殿刻本《隋書·經籍志》改。

道家類《廣成子》十三卷下注云："商洛公撰，張太衡注，疑近人作。"墨家類《隨巢子》一卷下注云："巢似墨翟弟子。"《胡非子》一卷下注云："非似墨翟弟子。"凡此，皆所以疑此撰人之生平及其師承淵源之大略也。故《隋志》有稱疑稱似之一例，而義皆相若。

三一、夾注所稱卷數異於正文例

孫德謙《漢書藝文志舉例》云："志藝文者，於一書爲若干篇，若干章，及同一刻本，此與彼異者，均須詳注，以闡明之。"今考《隋志》之中，夾注著錄之卷數，有與書名下著錄之卷數相異者，其曰梁有云云者，多爲《七錄》及梁代書目之所有；其曰一本云云者，則所見之本不同，蓋皆後人傳寫，卷數分合不同也；其曰亡或本者，則係前有今亡之卷數也；綜而言之，有此三類。如經部禮類《禮論要鈔》十卷下注云："王儉撰。梁三卷。"《禮答問》十卷下注云："何佟之撰，梁二十卷。"論語類《廣雅》三卷下注云："魏博士張揖撰。梁有四卷。"姚振宗《隋書經籍志考證》云："揖進表稱，分爲上中下，《隋志》三卷，與表所言合，《七錄》作四卷，由後來傳寫，析其篇目，後人又析爲十卷。"《五經通義》八卷下注云："梁九卷。"讖緯類《易緯》八卷下注云："鄭玄注。梁有九卷。"子部五行類《風角要占》三卷下注云："梁八卷，京房撰。"集部別集類《漢膠西相董仲舒》一卷下注云："梁二卷。"《後漢左中郎將蔡邕集》十二卷下注云："梁有二十卷。"凡此，皆是注明梁有者也。如子部兵家類《兵記》八卷下注云："司馬彪撰，一本二十卷。"則屬所見之本有異者也。如史部雜傳類《雜傳》三十六卷下注云："任昉撰。本一百四十七卷，亡。"《雜傳》四十卷下注云："賀蹤撰。本七十卷，亡。"子部醫方類《鍼灸圖經》

十一卷下注云："本十八卷。"《西域名醫所集要方》四卷下注云："本十二卷。"《新錄乾陀利治鬼方》四卷下注云："本五卷,闕。"凡此,則係書有亡闕,今佚不見者也。

三二、一人時代官銜前後不複注例

《隋志》之中,於一人時代官銜,往往既注於前,即略於後,所以避重複而省繁冗也。如經部易類《周易》十卷下既注云："晋散騎常侍干寶注。"而於《周易爻義》一卷下即注云："干寶撰。"又如經部易類《周易》十卷下既注云："魏衛將軍王肅注。"而於書類《尚書》十一卷下及詩類《毛詩》二十卷下即注云："王肅注。"論語類《孔子家語》二十一卷下即注云："王肅解。"又如經部易類《周易》十卷下既注云："魏尚書郎王弼注。"而於子部道家類《老子道德經》二卷下即注云："王弼注。"又如經部禮類《大戴禮記》十三卷下既注云："梁有《諡法》三卷,後漢安南太守劉熙注,亡。"而於論語類《釋名》八卷下及子部儒家類《孟子》七卷下即注云："劉熙注。"又如經部論語類《廣雅》三卷下既注云："魏博士張揖撰。"而於小學類《古今字詁》三卷下即注云："張揖撰。"又如史部正史類《漢書訓纂》三十卷下既注云："陳吏部尚書姚察撰。"而於《漢書集解》一卷及《定漢書疑》二卷下即注云："姚察撰。"凡此,或同部異部,或同類異類,凡已注時代官銜於前者,率皆不複重注於後,此亦《隋志》通例之一也。

三三、書有目錄須注明例

《漢書·藝文志》序云："每一書已,向輒條其篇目,撮其指意,錄而奏之。"案目者篇目,錄者合篇目及序言之,是單言錄者,即可兼包目矣,故録又或稱爲目録。《隋志》之中,其言目者,如史部刑法類《北齊律》十二卷下注云:"目一卷。"《隋開皇令》三十卷下注云:"目一卷。"《魏名臣奏事》四十卷下注云:"目一卷。"子部儒家類《曾子》二卷下注云:"目一卷。"醫方類《論病源候論》五卷下注云:"目一卷。"《西域諸仙所説藥方》二十三卷下注云:"目一卷。"《治馬牛駝騾等經》三卷下注云:"目一卷。"《金匱録》二十三卷下注云:"目一卷。"《養生注》十一卷下注云:"目一卷。"其言録者,如史部刑法類《梁令》三十卷下注云:"録一卷。"子部儒家類《賈子》十卷下注云:"録一卷。"《新序》三十卷下注云:"録一卷。"雜家類《尉繚子》五卷下注云:"梁并録六卷。"《風俗通義》三十一卷下注云:"録一卷。"五行類《光明符》十二卷下注云:"録一卷。"《周易林》十卷下注云:"梁《周易林》三十三卷,録一卷。"醫方類《依本草録藥性》三卷下注云:"録一卷。"集部別集類《魏太子文學劉楨集》四卷下注云:"録一卷。"《魏衛將軍王肅集》五卷下注云:"梁有録一卷。"案稱録者,集部最多,幾每集並皆有録。又其稱目録者,如經部讖緯類《河圖》二十卷下注云:"目録一卷。"史部正史類《史記》一百三十卷下注云:"目録一卷。"錢大昕《十駕齋養新録》云:"古人書目録皆在篇末,太史公之《自序》,班孟堅之《叙傳》,即目録也。令史漢目録出於後人增加。"①考《隋書·經籍志》,《史記》一百三十卷之下注云,目録一卷,則《史記》之有目録,隋時已然。"子部五行類《新撰占夢書》十七卷下注云:"并目録。"集部楚辭類《楚辭》十二卷下注云:"并目録。"要之,《隋志》於書籍之有目録者,均加注出,以備後人稽考,意至善也。

---

① "令",清嘉慶刻本《十駕齋養新録附餘録·餘録卷中》作"今"。

三四、著録書有重出例

　　章學誠《校讎通義》云："古人著録，不徒爲甲乙部次計，如徒爲甲乙部次計，則一掌故令史足矣，何用父子世業，閲年二紀，僅乃卒業乎？蓋部次流別，申明大道，叙列九流百氏之學，使之繩貫珠聯，無少缺逸，欲人即類求書，因書究學，至理有互通，書有兩用者，未嘗不兼收並載，初不以重複爲嫌，其於甲乙部次之下，但加互注，以便稽檢而已。"又云："蓋不知重複互注之法，則遇兩歧牽掣之處，自不覺其牴牾錯雜，百弊叢生。"今案《隋志》之中，輒有重出之書，即據鄭樵《校讎略》，錢大昕《隋書考異》及姚振宗《隋書經籍志考證》所述，即已爲數甚夥，而其體制，則有異於互著之法者。如《周易玄品》二卷，一見於經部易類，一見於子部五行類。晉裴秀客、京相璠所撰《春秋土地名》三卷，一見於經部春秋類，一見於史部地理類。李概《戰國春秋》二十卷，一見於史部古史類，一見於史部霸史類。《正流論》一卷，一見於史部簿録類，一見於集部總集類。《新舊傳》四卷，裴子野《衆僧傳》二十卷，王延秀《感應傳》八卷，皆一見於史部雜傳類，又見於子部雜家類者。《諸葛武侯集誡》二卷，《衆賢誡》十三卷，《女鑑》一卷，《曹大家女誡》一卷，《貞順志》一部，皆一見於子部儒家類，又見於集部總集類。此皆一書而重出於不同之部類者也。又有一書而重出於同一部類者，如鄭玄《駁何氏漢議》二卷，兩見於春秋類。顧夷《吳郡記》二卷，戴延之《西征記》二卷，一題戴祚。兩見於地理類。陶宏景《天儀説要》一卷，兩見於天文類。趙獸《甲寅元曆序》一卷，兩見於曆數類。張衡《黃帝飛鳥曆》一卷，庾季才《地形志》八十七卷，一作八十卷。兩見於五行類。今考鄭樵《校讎略》云："《隋志》最可信，緣分類不考，故亦有重複者。"章學誠《校讐通義》云："自班固併省部次，而後人不復知有家法，乃始以著錄之業，專爲甲乙部次之需爾。"又云："《漢志》以後，既無互注之例，則著錄之重複，大都不關義類，全是編次之錯謬爾。"言雖過當，要亦不無部分道理，蓋即前舉書籍言之，其一書兼載於兩類之中者，謂之互見，或無不可；其一書重出於一類之間者，則必爲編次之疏漏者也；姚氏振宗於此，亦多有考證，可資參稽。

（原刊於《南陽大學學報》第四期）

隋代藝文志簡編

劉 琳 撰　李學玲 整理

底本:《中古泥鴻——劉琳史學論文自選集》,巴蜀書社1999年版

經　部

周易講疏十三卷　何妥撰　《隋志》一、《隋書》本傳。
周易并注音七卷　陸明德撰　《隋志》一。
周易大義二卷　陸明德撰　《隋志》一。兩《唐志》作《周易文外大義》。
周易文句義疏二十四卷　陸明德撰　兩《唐志》。按《隋志》不載，或是入唐後作。
連山易卷缺　劉炫僞造　《隋書》七五本傳。
　　以上易類。

尚書義疏二十卷　劉焯撰　兩《唐志》。
尚書述義二十卷　劉炫撰　《隋志》、《隋書》七五本傳。
尚書義三卷　劉炫撰　《隋志》。原題"劉先生撰"。
尚書百篇義一卷　劉炫撰
尚書孔目一卷　劉炫撰
尚書略義三卷　劉炫撰　以上見宋紹興《四庫闕書目》，清徐松輯。
古文尚書疏二十卷　顧彪撰　《隋志》、《隋書》七五本傳。
古文尚書音義五卷　顧彪撰　兩《唐志》。
今文尚書音一卷　顧彪撰　《隋志》。
尚書文外義一卷　顧彪撰　《隋志》。又《舊唐志》作三十卷，《新唐志》五卷。
尚書注卷缺　宇文敬撰　《隋書》五六本傳。
尚書注卷缺　王孝籍撰　《隋書》七五本傳。
大傳音二卷　顧彪撰　《隋志》。
　　以上書類。

毛詩述義四十卷　劉炫撰　《隋志》，又《隋書》七五本傳。

毛詩序義一卷　劉炫撰　《隋志》作《毛詩集小序》，又《隋書》本傳、兩《唐志》。
毛詩譜二卷　劉炫撰　《隋志》。
毛詩并注音八卷　魯世達撰　《隋志》。
毛詩章句義疏四十二卷　魯世達撰　《隋志》、《隋書》七五本傳。
毛詩音義二卷　魯世達撰　兩《唐志》。
毛詩注卷缺　王孝籍撰　《隋書》七五本傳。
　　以上詩類。

禮疏一百卷　褚暉撰　《隋書》七五本傳。
禮記文外大義二卷　褚暉撰　《隋志》。
禮要卷缺　辛彥之撰　《隋書》七五本傳。
喪服義三卷　張冲撰　《隋書》七五本傳。
喪禮五服七卷　袁憲撰　《隋志》。
明堂圖議二卷　宇文愷撰　《隋書》六八本傳。
釋疑一卷　宇文愷撰　《隋書》六八本傳。原文列《明堂圖議》後，當即《明堂議》之釋疑。
三禮圖十二卷　夏侯伏朗撰　兩《唐志》、《歷代名畫記》二。
　　以上禮類。

春秋左氏傳述議四十卷　劉炫撰　《隋志》、《隋書》本傳。
春秋左傳杜預序集解一卷　劉炫撰　《隋志》。
春秋攻昧十卷　劉炫撰　《隋書》七五本傳、兩《唐志》。
春秋規過三卷　劉炫撰　兩《唐志》。
春秋左氏義略三十卷　張冲撰　《隋志》、《隋書》本傳、兩《唐志》。
集注春秋三傳三十卷　辛德源撰　《隋書》五八本傳。
　　以上春秋類。

論語章句二十卷　劉炫撰　兩《唐志》。

論語述義十卷　　劉炫撰　　《隋志》、《隋書》七五本傳。
論語義疏十卷　　張冲撰　　《隋志》、《隋書》七五本傳。
論語講疏文句義五卷　　徐孝克撰　　《通志·藝文略》一。
孝經述義五卷　　劉炫撰　　《隋志》、《隋書》本傳、兩《唐志》。
古文孝經稽疑一卷　　劉炫撰　　《唐會要》。
孝經去惑一卷　　劉炫撰　　《唐日本國見在書目》。
孝經義疏卷缺　　明克讓撰　　《隋書》五八本傳。
孝經義疏三卷　　何妥撰　　《隋書》七五本傳。
孝經義三卷　　張冲撰　　《隋書》七五本傳。
孝經注卷缺　　宇文㢸撰　　《隋書》五六本傳。
孝經講疏六卷　　徐孝克撰　　《隋志》。
　　以上論語、孝經類。

五經述義卷缺　　劉焯撰　　《隋書》七五本傳。
五經正名十二卷　　劉炫撰　　《隋志》、《隋書》七五本傳。
五經大義五卷　　何妥撰　　《隋志》。
五經大義三十卷　　王頍撰　　《隋書》七六本傳。
五經異義卷缺　　辛彥之撰　　《隋書》七五本傳。
經典釋文三十卷　　陸德明撰　　兩《唐志》。
　　以上經解類。

爾雅圖讚二卷　　江灌撰　　兩《唐志》、《歷代名畫記》。
爾雅音六卷　　江灌撰　　《隋志》、兩《唐志》、《歷代名畫記》。
爾雅音義二卷　　曹憲撰　　兩《唐志》。
廣雅音四卷　　曹憲撰　　《隋志》。兩《唐志》作《博雅》十卷，實一書。
文字指歸四卷　　曹憲撰　　兩《唐志》。
萬字文卷缺　　潘徽撰　　《隋書》七六本傳。

古今字書雜録一卷　曹憲撰　《隋志》。

俗語難字一卷　王劭撰　《隋志》。

俗語難字一卷　李少通撰　兩《唐志》。

雜字要三卷　李少通撰　《隋志》。

今字辯疑三卷　李少通撰　《隋志》。

桂苑珠叢一百卷　諸葛潁撰　兩《唐志》。

四聲指歸一卷　劉善經撰　《隋志》、《隋書》七六本傳。

韻略卷缺　杜臺卿撰　陸法言《切韻序》。

韻纂三十卷　潘徽撰　《隋書》七六本傳。

切韻五卷　陸法言撰　《切韻序》、兩《唐志》。

　以上小學類。

史　部

漢書音義十二卷　蕭該撰　《隋志》、《隋書》八二本傳。
漢書音十二卷　包愷等撰　《隋志》、兩《唐志》。
前漢音義十二卷　張冲撰　《隋書》七五本傳。
漢書刊繁三十卷　于仲文撰　《隋書》六〇本傳。
後漢書音三卷　蕭該撰　《隋志》、兩《唐志》。《隋志》原題《范漢音》。
魏書九十二卷　魏澹撰　《隋書》五八本傳、《隋書》、《史通·古今正史》。
魏記三十三卷　盧彥卿撰　《北史》三十附傳、兩《唐志》。
北齊未修書二十四卷　李德林撰　《隋書》四二本傳、《史通·古今正史》、兩《唐志》。
齊書一百卷　王劭撰　《隋書》六九本傳。
齊志二十卷　王劭撰　《隋書》本傳、《隋書》、《史通·古今正史》。
齊紀三十卷　崔子發撰　《隋志》。
齊記二十卷　杜臺卿撰　《隋書》五八本傳、《史通·敘事》、兩《唐志》。
周史十八卷　未成。　牛弘撰　《隋志》《史通·古今正史》。
梁書帝紀七卷　姚察撰　《隋志》。兩《唐志》作《皇帝紀》。
梁史七十卷　許亨原撰，許善心續成　《隋書》五八《許善心傳》。
隋書八十卷　王劭撰　《隋志》、《隋書》六九本傳、《史通·古今正史》。
元經十五卷　王通撰　《宋史·藝文志》二。

　　以上紀傳、編年類。

開皇起居注六十卷　《隋志》。
隋開皇元年起居注六卷　《新唐志》二。按，蓋六十卷之餘。
文帝起居注二十五卷　趙毅撰　《集古今佛道論衡》丁。
大業起居注卷缺　王胄等撰　《史通·古今正史》。

　　以上起居注類。

隋律十二卷　蘇威、牛弘等撰　《隋書·刑法志》、《隋志》、兩《唐志》。

隋大業律十八卷　《隋書·刑法志》、《隋志》、兩《唐志》。

隋開皇令三十卷　目一卷。　牛弘、裴政等撰　《隋志》、兩《唐志》。

隋大業令三十卷　《隋志》。

隋官序錄十二卷　郎楚之撰　《新唐志》、《通志·藝文略》三、《中興書目》。

隋吏部用人格一卷　《通志·藝文略》三。

　　以上律令類。

隋朝禮儀一百卷　牛弘、辛彥之等撰　《隋書·禮儀志》三、《隋志》、《隋書·辛彥之傳》。

新禮卷缺　辛彥之撰　《隋書》七五本傳。

隋儀注目錄四卷　《通志·藝文略》二。

隋吉禮五十四卷　高熲撰　兩《唐志》。

隋書禮七卷　高熲等撰　《舊唐志》。

大隋封禪書一卷　何妥、沈重等撰　《隋志》《隋書·何妥傳》。

上封禪書二卷　《隋志》。

封禪儀六卷　令狐德棻撰　《隋志》《舊唐志》。

江都集禮一百二十卷　潘徽等撰　《隋志》、《隋書》七六《潘徽傳》、兩《唐志》。

東宮典記七十卷　宇文愷等撰　《隋志》、《隋書》五八《陸爽傳》、兩《唐志》。

隋皇儲故事二卷　《通志·藝文略》二。

隋諸衛左右厢旗圖樣十五卷　《通志·藝文略》二。

　　以上儀注類。

帝王世紀音四卷　虞綽撰　《隋志》。

古今帝代記一卷　明克讓撰　《隋書》五八本傳。

年曆帝紀四十卷　姚恭等撰　釋法琳《辨正論》五《佛道先後》篇、《隋志》、兩《唐志》。

帝王諸侯世略十一卷　《隋志》。
王霸記三卷　潘傑撰　《隋志》。
歷代記三十二卷　庾和之撰　《隋志》、兩《唐志》。
後梁春秋十卷　蔡允恭撰　《史通·雜說》中、兩《唐志》。
鄴都故事十卷　裴矩撰　《史通·書志》《新唐志》。
平賊記三卷　王劭撰　《隋書》六九本傳。
開業平陳記十二卷　裴矩撰　《隋志》、兩《唐志》。
東征記卷缺　崔賾撰　《隋書》七七本傳。
鑾駕北巡記三卷　諸葛潁撰　《隋書》七六本傳。
北伐記七卷　諸葛潁撰　《隋志》。
晉王北伐記十五卷　柳䛒撰　《隋書》五八本傳。
巡撫揚州記七卷　諸葛潁撰　《隋志》、兩《唐志》。
大業略記三卷　趙毅撰　《集古今佛道論衡》丁。
魯史記卷缺　劉炫僞造　《隋書》七五本傳。
　　以上雜史類。

酬德傳三十卷　劉善經撰　《隋書》七六本傳。
八代四科志三十卷　崔賾撰　《隋書》七七本傳。
爾朱家傳二卷　王劭撰　《隋志》、兩《唐志》。
何妥家傳二卷　《隋志》、兩《唐志》。
令狐氏家傳一卷　令狐德棻撰　《隋志》、兩《唐志》。
　　以上雜傳類。

益州譜三十卷　《隋志》。
冀州姓族譜二卷　《隋志》、兩《唐志》。
袁州諸姓譜八卷　《隋志》、兩《唐志》。
江州諸姓譜十一卷　《隋志》。

洪州諸姓譜九卷　《隋志》、兩《唐志》。
吉州諸姓譜八卷　《隋志》。
揚州譜抄五卷　《隋志》。
諸州雜譜八卷　《隋志》。
諸劉譜三十卷　劉善經撰　《隋書》七六本傳。
韋氏譜七卷　韋鼎撰　《隋書》七八本傳、兩《唐志》。
　　以上譜諜類。

隋區宇圖志一千二百卷　虞世基等撰　《隋書》七七《崔賾傳》、《隋志》、《大業拾遺》。
隋州郡縣簿七卷　《隋志》、《通志·藝文略》四、《玉海》十八。
隋諸州圖經集一百卷　郎茂撰　《隋志》、《隋書》六六本傳。
隋諸郡土俗物產記一百五十一卷　《隋志》、兩《唐志》。
方物志二十卷　許善心撰　《隋志》、《隋書》五八本傳。
京兆郡方物志二十卷　兩《唐志》。
方志圖二卷　李播撰　《新唐志》《宋史·藝文志》。
東都圖記二十卷　宇文愷撰　《隋書》六八本傳、《史通·書志》。
洛陽古今記一卷　諸葛潁撰　《隋書》七六本傳、《玉海》十五。
幸江都道里記一卷　諸葛潁撰　《隋書》七六本傳。
揚州記卷缺　曹憲撰　至正《金陵新志》五引。
并州總管內諸州圖一卷　《隋志》。
并州入朝道里記一卷　《隋志》。
益州記三卷　李充撰　《隋志》、新《唐志》、《通志·藝文略》四。
嶺南地圖卷缺　樊子蓋撰　宋孫逢吉《職官分紀》三五、道光《廣東通志》一九三。
西域圖紀三卷　裴矩撰　《隋志》、《隋書》六七本傳。
西域道里記三卷　程士章撰　《隋志》、兩《唐志》。
天竺記卷缺　裴矩、釋彥琮　《續高僧傳》二《釋彥琮傳》。

東蕃風俗記卷缺　《通典》一八五《邊防》一《新羅》。
北蕃風俗記卷缺　《太平寰宇記》七一河北道燕州序。
高麗風俗一卷　裴矩撰　兩《唐志》。
諸蕃國記十七卷　《隋志》。
大隋西國傳十篇　釋彥琮撰　《續高僧傳》二《達摩笈多傳》、唐釋道宣《釋迦方志·序》。
大隋翻經婆羅門法師外國傳五卷　《隋志》。

　　以上地理類。

開皇四年四部目錄四卷　牛弘撰　《隋志》、兩《唐志》。
開皇八年四部書目錄四卷　《隋志》。
七林卷缺　許善心撰　《隋書》五八本傳。
隋開皇二十年書目四卷　王劭撰　兩《唐志》。
香厨四部目錄四卷　《隋志》。
隋大業正御書目錄九卷　《隋志》。
隋朝道書總目四卷　《通志·藝文略》五。

　　以上目錄類。

子 部

老子注卷缺　李播撰　《新唐志》、《舊唐書》七九附傳。
老子疏十五卷　陸德明撰　《新唐志》。
莊子義疏四卷　何妥撰　《隋書》七五本傳。
莊子文句義三十卷　陸德明撰　《隋志》、兩《唐志》。
揚子法言注二十三卷　辛德源撰　《隋書》五八本傳。
治道集十卷　李文博撰　《隋志》、《隋書》五八本傳、兩《唐志》。
中興書五卷　李文博撰　宋紹興《秘省續四庫書目》、《遂初堂書目》。
正訓二十卷　辛德源撰　《隋志》、《隋書》本傳、兩《唐志》。
內訓二十卷　辛德源撰　《隋志》、《隋書》本傳、兩《唐志》。
讀書記三十卷　王劭撰　《隋書》六九本傳、兩《唐志》。
諸書要略一卷　魏澹撰　《隋志》。
諫苑四十一卷　樂運撰　《周書》四十附傳。
洽聞志七卷　崔賾撰　《隋書》七七附傳。
墳典卷缺　辛彥之撰　《隋書》七五本傳。
略覽三十卷　于仲文撰　《隋書》六十本傳。
張仲讓書十卷　張仲讓撰　《隋書》七五《馬光傳》。按，張仲讓，開皇中人，著書十卷，書名及內容均未詳，姑附于此。

　　以上道、儒、雜家類。

孫子兵法注一卷　蕭吉撰　《通志・藝文略》六、《宋史・藝文志》六。
新撰兵書三十卷　楊堅撰注　兩《唐志》、《通志・藝文略》六。
戰略二十六卷　趙煚撰　《隋志》。
陰策二十卷　劉祐撰　《隋志》、《隋書》七八本傳。
金海三十卷　蕭吉撰　《隋志》、《隋書》七八本傳、兩《唐志》。

金韜十卷　劉祐撰　《隋志》、《隋書》本傳、兩《唐志》。
隋朝雜兵圖一卷　《通志·藝文略》六。
　　以上兵家類。

種植法七十七卷　諸葛穎撰　兩《唐志》。
玉燭寶典十二卷　杜臺卿撰　《隋書》五八本傳、《隋志》、兩《唐志》。
荊楚歲時記注二卷　杜公瞻撰　兩《唐志》。
春秋濟世六常擬議五卷　楊瑾撰　《隋志》、《通志·藝文略》六。
相馬經六十卷　諸葛穎等撰　兩《唐志》。
馬名錄二卷　諸葛穎撰　《隋書》七六本傳。
鷹鶻病候一卷　諸葛穎撰　《通志·藝文略》四。
　　以上農家類。

黃帝內經太素三十卷　楊上善注　兩《唐志》。
黃帝內經明堂類成十三卷　楊上善撰　兩《唐志》。
諸病源候論五十卷　吳景賢、巢元方等撰　《隋志》、兩《唐志》、《崇文總目》三、《郡齋讀書志》十五、《直齊書錄解題》十三。
脈經一卷　甄權撰　《舊唐書》一九一本傳、《新唐志》。
脈訣賦一卷　甄權撰　《通志·藝文略》七。
甄氏本草三卷　甄權撰　《隋志》、兩《唐志》、《本草綱目事例》、《通志·藝文略》七。
備急單要方三卷　許澄撰　《隋志》。
經心方八卷　宋俠撰　《隋志》)、兩《唐志》、《舊唐書》一九一本傳。
帝王養生要方二卷　蕭吉撰　《隋書》七八本傳、《隋志》。
四海類聚方二千六百卷　《隋志》、兩《唐志》、《通志·藝文略》七。
四海類聚單要方三百卷　隋煬帝敕撰　《隋志》、兩《唐志》。
明堂人形圖一卷　甄權撰　《舊唐書》本傳、《新唐志》。
鍼方一卷　甄權撰　《舊唐書》本傳、《新唐志》。

鍼經鈔三卷　甄權撰　《新唐志》。
淮南王食經一百六十五卷　諸葛潁等撰　《隋志》、兩《唐志》。
淮南王食經音十三卷　諸葛潁等撰　兩《唐志》。
淮南王食目十卷　兩《唐志》。
粧臺寶鑑集三卷　隋南陽公主撰　《宋史・藝文志》六。
粧臺方六卷　宇文士及撰　《通志・藝文略》七、《宋史・藝文志》六。
　　以上醫藥類。

垂象志一百四十八卷　庾季才等撰　《隋志》、《隋書》七八本傳。
天文大象賦一卷　李播撰　《新唐志》、《通志・藝文略》六。
新造曆法一卷　《隋志》。
隋開皇甲子元曆一卷　張賓等撰　《隋書・律曆志》中、《隋志》。
隋開皇曆一卷　劉孝孫撰　兩《唐志》。
隋開皇曆一卷　張胄玄撰　《隋書・律曆志》中、《隋書》七八本傳。
袁充曆　《隋書・律曆志》上。
隋開皇曆一卷　李德林撰　兩《唐志》。
皇極曆一卷　劉焯撰　《隋書・律曆志》下、又《天文志》上、兩《唐志》。
隋大業曆一卷　張胄玄撰　《隋書・律曆志》中、兩《唐志》。
見行曆一卷　《隋志》。
開皇七曜年曆一卷　《隋志》。
仁壽二年七曜曆一卷　《隋志》。
曆術一卷　張賓撰　《隋志》。
七曜曆經四卷　張賓撰　《隋志》。
七曜雜術二卷　劉孝孫撰　兩《唐志》。
七曜新術　劉焯撰　《隋書・律曆志》中。
七曜曆疏五卷　張胄玄撰　《隋志》、兩《唐志》。
曆書十卷　劉焯撰　《隋書》七五本傳。

稽極十卷　劉焯撰　《隋書》本傳、又《律曆志》下。

玄曆術一卷　張胄玄撰　兩《唐志》。

安曆志十二卷　劉祐撰　《隋書》七八本傳。

律曆術文一卷　劉祐撰　《隋書》七八本傳。

律譜卷缺　毛爽等撰　《隋書·律曆志》上。

九章雜算文二卷　劉祐撰　兩《唐志》。

算術一卷　劉炫撰　《隋書》七五本傳。

　　以上天文曆算類。

地動銅儀經一卷　臨孝恭撰　《隋書》七八、《北史》八九本傳。

欹器圖三卷　臨孝恭撰　《隋書》、《北史》本傳。

魯史欹器圖一卷　劉暉撰　《隋志》、兩《唐志》。"暉"原訛作"徽"。

傳國璽圖一卷　姚察撰　《歷代名畫記》二。

水飾一卷　《隋志》。

水飾圖二十卷　《隋志》。

水飾圖經十五卷　杜寶撰　《太平廣記》二二六引《大業雜記拾遺》。

古鑑記一卷　王勔撰　《通志·藝文略》四。

　　以上器物類。

談藪二卷　陽玠松撰　《史通·雜述》、《崇文總目》、《直齊書錄解題》七、《宋史·藝文志》五。

解頤二卷　陽玠松撰　《隋志》。姚振宗謂即《談藪》之異名。

笑苑四卷　魏澹撰　《隋志》、《隋書》五八本傳。

啓顏錄十卷　侯白撰　兩《唐志》。

酒孝經一卷　劉炫撰　兩《唐志》。

　　以上小説家類。

樂典十卷　斛斯徵撰　《北史》四九附傳。

樂志十卷　蘇夔撰　《隋書》四一附傳、兩《唐志》。
樂要一卷　何妥等撰　《隋書》七五本傳、《隋志》。
樂論一卷　蕭吉撰　《隋志》。
樂府聲調六卷　鄭譯撰　《隋志》、《隋書・音樂志》中。
樂府聲調三卷　鄭譯撰　《隋志》、《隋書》三八本傳。
律呂五法圖一卷　蕭吉撰　《通志・藝文略》二。
樂譜六十四卷　萬寶常撰　《隋書》七八本傳。
樂譜集解二十卷　蕭吉撰　《隋志》、《隋書》七八本傳、兩《唐志》。
大隋總曲簿一卷　《隋志》。
樂部一卷　《隋志》。
古今藝術圖五十卷　隋煬帝撰　《歷代名畫記》三。按,《隋志》有《古今藝術》二十卷、兩《唐志》又作《古今術藝》十五卷,當是一書。
後畫錄　釋彥悰撰　《歷代名畫記》一。今存。
　　以上音樂繪畫類。

二儀十博經一卷　隋煬帝撰　《隋志》、兩《唐志》。
博賽經一卷　鮑宏撰　兩《唐志》。
小博經一卷　鮑宏撰　兩《唐志》。
　　以上藝術類。

五行記五卷　蕭吉撰　兩《唐志》。
五行大義五卷　蕭吉撰　《宋史・藝文志》五。
金書四字五行一卷　蕭吉撰　《宋史・藝文志》五。
四季觀五行論一卷　蕭吉撰　《宋史・藝文志》五。
洪範五行消息訣一卷　蕭吉撰　《通志・藝文略》六、宋紹興《秘書省續四庫書目》。
皇隋靈感誌三十卷　王劭撰　《隋書》六九本傳。
皇隋瑞文十四卷　許善心撰　兩《唐志》。

符瑞記十卷　許善心撰　《隋志》。

靈異記十卷　許善心等撰　《隋書》五八本傳、《隋志》。

三十六科鬼神感應等大義九卷　何妥等撰　《隋書》七五《何妥傳》。

玄象要記五卷　劉祐撰　《隋書》七八本傳。

百怪書十八卷　臨孝恭撰　《隋書》七八本傳、兩《唐志》。

歸正易十卷　劉祐撰　《隋書》七八本傳。

孔子馬頭易卜書一卷　臨孝恭撰　《隋書》七八本傳。

四時立成法一卷　劉祐撰　《隋書》七八本傳。

太一立成法一卷　蕭吉撰　《隋書》七八本傳。

太一式經三十卷　臨孝恭撰　《隋書》七八本傳。

式經四卷　劉祐撰　《隋書》七八本傳。

觀臺飛候六卷　劉祐撰　《隋書》七八本傳。

九宮龜經一百一十卷　臨孝恭撰　《隋書》七八本傳。

九宮五墓一卷　臨孝恭撰　《隋書》七八本傳。

元辰厄一百九卷　臨孝恭撰　《隋書》七八本傳。

元辰經十卷　臨孝恭撰　《隋書》七八本傳。

遁甲月令十卷　臨孝恭撰　《隋書》本傳。又《北史》本傳作《遁甲錄》。

遁甲立成法一卷　臨孝恭撰　《隋志》。

陽遁甲用局法一卷　臨孝恭撰　《隋志》。

風角十卷　章仇太翼撰　《隋志》、兩《唐志》。

風角要候一卷　章仇太翼撰　《隋志》。

風角鳥情二卷　臨孝恭撰　《隋志》、兩《唐志》。

鳥情占一卷　耿詢撰　《隋書》七八本傳。

婚姻志三卷　劉祐撰　《隋書》七八本傳。

產乳志二卷　劉祐撰　《隋書》本傳，《隋志》作《產乳書》。

宅經八卷　蕭吉撰　《隋書》七八本傳。

五姓宅經二卷　蕭吉撰　兩《唐志》、《通志・藝文略》六。

地形志八十七卷　庾季才等撰　《隋書》七八本傳、《隋志》。
葬經六卷　蕭吉撰　《隋書》七八本傳、兩《唐志》。
禄命書二十卷　臨孝恭撰　《隋書》七八本傳、兩《唐志》。
三命訣三卷　孟遇撰　《通志·藝文略》六。
考評三命訣一卷　孟遇撰　《通志·藝文略》六。
驛馬四位法一卷　虞綽撰　《通志·藝文略》六、宋《秘書省續四庫書目》。
相經四十卷　來和撰　《隋書》七八、《北史》八九本傳。
相經要錄二卷　蕭吉撰　《隋書》七八本傳、《隋志》。
相手版經一卷　蕭吉撰　《隋書》本傳。
　　以上陰陽五行類。

長洲玉鏡四百卷　虞綽等撰　杜寶《大業雜記》、《隋書》七六《虞綽傳》、《隋志》。
玄門寶海一百二十卷　諸葛潁撰　《隋志》、兩《唐志》。
北堂書鈔一百七十四卷　虞世南撰　《隋志》、兩《唐志》。
編珠五卷　杜公瞻撰　《通志·藝文略》七、《宋志》六。
　　以上類書類。

集　部

庾信集注卷缺　　魏澹撰　《隋書》五八本傳。

隋煬帝集五十五卷　《隋志》、兩《唐志》。

牛弘集十三卷　《隋書》四九本傳、《隋志》、兩《唐志》。

楊素集十卷　《隋書》四八本傳、《隋志》。

李德林集八十卷　《隋書》四二本傳、《隋志》。

鮑宏集十卷　《隋書》六六本傳。

虞士基　茂世。集五卷　兩《唐志》。

宇文敱集　《隋書》五六本傳。

盧思道集三十卷　《隋書》五七本傳、《隋志》。

李孝貞　元操。集三十卷　《隋書》五七、《北史》三三本傳、《隋志》、兩《唐志》。

薛道衡集七十卷　《隋書》五七本傳、《隋志》、兩《唐志》。

薛德音集　《隋書》五七附傳。

明克讓集二十卷　《隋書》五八本傳。

魏澹集三十集　《隋書》五八本傳、《隋志》、兩《唐志》。

杜臺卿集十五卷　《隋書》五八本傳。

辛德源集三十卷　《隋書》五八本傳、《隋志》兩《唐志》。

柳䛒　顧言。集十卷　《隋書》五八本傳、《隋志》、兩《唐志》。

侯白　君素。集卷缺　《法苑珠林·智慧篇》。

崔賾集卷缺　《隋書》八八附傳。

何妥集十卷　《隋書》七五本傳、《隋志》、兩《唐志》。

劉炫集卷缺　《北史》八二本傳。

劉臻集十卷　《隋書》七六本傳。

王頍集十卷　一作二十卷。《隋書》七六本傳、《北史》八四附傳。

諸葛潁集二十卷　《隋書》七六本傳、《隋志》、兩《唐志》。

孫萬壽集十卷　《隋書》七六本傳。

王貞集三十三卷　《隋書》七六、《北史》八三本傳。

虞綽集卷缺　《隋書》七六本傳。

王胄集十卷　《隋書》七六本傳、《隋志》、兩《唐志》。

王祐集一卷　《隋志》。

庾自直集十卷　《隋書》七六本傳。

杜正藏集卷缺　《隋書》七六附傳。

尹式集五卷　兩《唐志》。

蕭琮集七卷　兩《唐志》。

蕭愨集九卷　《隋志》、兩《唐志》。

江總集三十卷　《隋志》、兩《唐志》。

江總後集二卷　《隋志》。

姚察集二十卷　《陳書》本傳、兩《唐志》。

殷英童集三十卷　兩《唐志》。

劉興宗集三卷　兩《唐志》。

李播集十卷　《舊唐書》七九《李淳風傳》、兩《唐志》。

道士江旻集三十卷　兩《唐志》、《通志·藝文略》八。

釋靈裕集八卷　《隋志》、《大唐內典錄》十、兩《唐志》。

釋彥琮集十卷　《大唐內典錄》十。

釋明則集十卷　《大唐內典錄》十。

釋法論集八卷　《續高僧傳》九本傳。

釋道莊集數十卷　《續高僧傳》九本傳。

釋海順集數卷　《續高僧傳》十三本傳。

釋神迥集四十餘卷　《續高僧傳》十三本傳。

釋法純集十卷　《續高僧傳》十八本傳。

劉子政母祖氏集九卷　《隋志》。
　　以上別集類。

楚辭音一卷　釋道騫撰　《隋志》、兩《唐志》。
文選音十卷　蕭該撰　《隋書》七五本傳、《隋志》、兩《唐志》。
文選音義卷缺　曹憲撰　《新唐志》。
皇朝詔集九卷　《隋志》。
皇朝陳事詔十三卷　《隋志》。
霸朝雜集五卷　李德林撰　《隋書》四二本傳、《隋志》、兩《唐志》。
梁魏周齊陳皇朝聘使雜啓九卷　《隋志》。
類文三百七十七卷　庾自直編　兩《唐志》、《宋志》七。
詞林五十八卷　魏澹撰　《隋書》五八本傳、《隋志》。
文章體式卷缺　杜正藏撰　《隋書》七六附傳。
文類四卷　明克讓撰　《隋書》五八本傳。
樂府歌辭八卷　鄭譯撰　《新唐志》。
樂府新歌十卷　崔子發撰　《隋志》、兩《唐志》作《樂府歌詩》。
樂府新歌二卷　殷僧首撰　《隋志》、《通志·藝文略》二。
類集一百一十三卷　虞綽撰　兩《唐志》。
　　以上總集類。

釋　典

業報差別經一卷　　瞿曇法智譯，開皇二年三月。　《歷代三寶記》十二、《開元釋教錄》七。

象頭精舍經一卷　　毗尼多流支譯，開皇二年二月。　《三寶紀》十二。

大乘方廣總持經一卷　　毗尼多流支譯，開皇二年七月。　《三寶紀》十二。

百佛名經一卷　　那連提耶舍譯，開皇二年十二月出。　《三寶紀》十二。

牢固女經一卷　　那連提耶舍譯，開皇二年十二月出。　《三寶紀》十二。

大莊嚴法門經二卷　　那連提耶舍譯，開皇三年正月出。　《三寶紀》十二。

德護長者經二卷　　那連提耶舍譯，開皇三年六月出。　《三寶紀》十二。

蓮華面經二卷　　那連提耶舍譯，開皇四年三月出。　《三寶紀》十二。

大方等日藏經十五卷　　那連提耶舍譯，開皇五年二月出。　《三寶紀》十二。

大雲輪請雨經二卷　　那連提耶舍譯，開皇五年正月出。　《三寶紀》十二、《開元錄》七。

力莊嚴三昧經三卷　　那連提耶舍譯　開皇五年十月出。　《三寶紀》十二。

新合大集經六十卷　　釋僧就合，開皇六年合。　《三寶紀》十二。

大威燈光仙人問疑經一卷　　闍那崛多譯，開皇六年二月訖。　《三寶紀》十二。

文殊師利行經一卷　　闍那崛多譯，開皇六年四月訖。　《三寶紀》十二。

八佛名號經一卷　　闍那崛多譯,開皇六年六月訖。　《三寶紀》十二。

希有較量功德經一卷　　闍那崛多譯,開皇六年六月訖。　《三寶紀》十二。

善恭敬師經一卷　　闍那崛多譯,開皇六年八月訖。　《三寶紀》十二。

如來方便善巧咒經一卷　　闍那崛多譯,開皇七年二月訖。　《三寶紀》十二。

虛空孕菩薩經二卷　　闍那崛多譯,開皇七年三月訖。　《三寶紀》十二。

不空羂索觀世音心呪經二卷　　闍那崛多譯,開皇七年五月訖。　《三寶紀》十二。

十二佛名神咒除障滅罪經一卷　　闍那崛多譯,開皇七年五月訖。　《三寶紀》十二。

金剛場陀羅尼經一卷　　闍那崛多譯,開皇七年八月訖。　《三寶紀》十二。

佛本行集經六十卷　　闍那崛多譯,開皇十一年二月訖。　《三寶紀》十二。

月上女經三卷　　闍那崛多譯,開皇十一年六月訖。　《三寶紀》十二。

善思童子經二卷　　闍那崛多譯,開皇十一年九月訖。　《三寶紀》十二。

移識經二卷　　闍那崛多譯,開皇十一年十二月訖。　《三寶紀》十二。

法炬陀羅尼經二十卷　　闍那崛多譯,開皇十四年六月訖。　《三寶紀》十二。

四童子經三卷　　闍那崛多譯,開皇十三年七月訖。　《三寶紀》十二。

五千五百佛名經八卷　　闍那崛多譯,開皇十四年九月訖。　《三寶紀》十二。

諸佛護念經十卷　闍那崛多譯，開皇十四年十二月訖。《三寶紀》十二。

賢護菩薩經六卷　闍那崛多譯，開皇十五年二月訖。《三寶紀》十二。

觀察諸法行經四卷　闍那崛多譯，開皇十五年五月訖。《三寶紀》十二。

聖善住意天子所問經四卷　闍那崛多譯，開皇十五年九月訖。《三寶紀》十二、《開元錄》七。

譬喻王經二卷　闍那崛多譯，開皇十五年六月訖。《三寶紀》十二。

諸法最上王經一卷　闍那崛多譯，開皇十五年七月訖。《三寶紀》十二。

諸法本無經二卷　闍那崛多譯，開皇十五年七月訖。《三寶紀》十二。

入法界經一卷　闍那崛多譯，開皇十五年八月訖。《三寶紀》十二。

一向出生菩薩經一卷　闍那崛多譯，開皇十五年十二月訖。《三寶紀》十二。

威德陀羅尼經二十卷　闍那崛多譯，開皇十六年二月訖。《三寶紀》十二。

商主天子問經一卷　闍那崛多譯，開皇十五年九月訖。《三寶紀》十二。

發覺净心經二卷　闍那崛多譯，開皇十五年十月訖。《三寶紀》十二。

出生菩提經一卷　闍那崛多譯，開皇十五年十月訖。《三寶紀》十二。

金光明經囑累品銀主品　合一卷　闍那崛多譯，開皇十五年十二月出。《三寶紀》十二。

種種雜經咒經一卷　闍那崛多譯　《大正藏》二一。

無所有菩薩經四卷　闍那崛多、達摩笈多譯，開皇末或仁壽中出，下同。　《大唐内典録》五。
護國菩薩經二卷　闍那崛多、達摩笈多譯。　《内典録》五。
佛華嚴入如來不思議境界經二卷　闍那崛多、達摩笈多譯。《内典録》五。
大雲請雨經一卷　闍那崛多、達摩笈多譯。　《内典録》五。
東方最勝燈王如來經一卷　闍那崛多、達摩笈多譯。　《内典録》五。
大乘三聚懺悔經一卷　闍那崛多、達摩笈多譯。　《内典録》五。
起世經一卷　闍那崛多、達摩笈多譯。　《開元録》七。
妙法蓮華經添品七卷　闍那崛多、達摩笈多譯。　《開元録》七。
新合金光明經八卷　釋寶貴合，開皇十七年合。　《三寶紀》十二。
大方等善住意天子所問經四卷　達摩笈多譯，大業中翻。《内典録》五。
大方等大集菩薩念佛三昧經十卷　達摩笈多譯，大業中翻。
《内典録》五。
金剛能斷般若波羅密經一卷　達摩笈多譯　《開元録》。
起世因本經十卷　達摩笈多譯　唐静泰《大敬愛寺衆經目録》。
緣生經二卷　達摩笈多譯，大業十三年九月訖。　《内典録》五、《開元録》七。
藥師如來本願經一卷　達摩笈多譯，大業十二年十一月訖。
《内典録》五、《開元録》七。
金剛般若論二卷　達摩笈多譯，大業中翻。　《内典録》五。
菩提資糧論六卷　達摩笈多譯，大業中翻。　《内典録》五。
攝大乘論十卷　達摩笈多譯，大業中翻。　《内典録》五。
緣生論一卷　達摩笈多譯，大業中翻。　《内典録》五。
東都起世經十卷　達摩笈多譯，大業中翻。　《内典録》五。
占察善惡業報經二卷　菩提燈譯　《大正藏》一七。

　　以上譯經類。

寶性論義疏卷缺　釋曇延撰　《續高僧傳》八本傳。
勝鬘經義疏卷缺　釋曇延撰　《續高僧傳》八本傳。
仁王經義疏卷缺　釋曇延撰　《續高僧傳》八本傳。
起信論義疏卷缺　釋曇延撰　《續藏經》壹編七十一套。
地持經疏五卷　釋慧遠撰　《續高僧傳》八本傳。
地持論義記十卷　釋慧遠撰　《續藏經》壹編六十一套。
維摩義記八卷　釋慧遠撰　《大正藏》三八。
無量壽經義疏二卷　釋慧遠撰　《續高僧傳》八本傳、《大正藏》三七。
勝鬘經義記二卷　釋慧遠撰　《續高僧傳》八本傳。
觀無量壽經義疏二卷　釋慧遠撰　《大正藏》三七。
溫室經疏卷缺　釋慧遠撰　《續高僧傳》八本傳。
溫室經義記一卷　釋慧遠撰　《大正藏》三九。
涅槃疏十卷　釋慧遠撰　《續高僧傳》八本傳。
大般涅槃經義記十卷　釋慧遠撰　《大正藏》三七。
涅槃經義記二十卷　釋慧遠撰　《續藏經》壹編五十五套。
十地疏十卷　釋慧遠撰　《續高僧傳》八本傳。
十地經論義記八卷　釋慧遠撰　《續藏經》壹編七十一套。
華嚴疏七卷　釋慧遠撰　《續高僧傳》八本傳。
大乘起信論義疏四卷　釋慧遠撰　《大正藏》四四。
大乘義章二十五卷　釋慧遠撰　《大正藏》四四。《續高僧傳》八本傳作十四卷。
十地疏四卷　釋靈裕撰　《續高僧傳》九本傳。
地持疏二卷　釋靈裕撰　《續高僧傳》九本傳。
維摩疏二卷　釋靈裕撰　《續高僧傳》九本傳。
波若疏二卷　釋靈裕撰　《續高僧傳》九本傳。
華嚴疏并指歸　合九卷　釋靈裕撰　《續高僧傳》九本傳。
涅槃疏六卷　釋靈裕撰　《續高僧傳》九本傳。
大集疏八卷　釋靈裕撰　《續高僧傳》九本傳。

四分律疏五卷　　釋靈裕撰　　《續高僧傳》九本傳。
大乘義章四卷　　釋靈裕撰　　《續高僧傳》九本傳。
勝鬘疏卷缺　　釋靈裕撰　《續高僧傳》九本傳。
央崛疏卷缺　　釋靈裕撰　《續高僧傳》九本傳。
壽觀疏卷缺　　釋靈裕撰　《續高僧傳》九本傳。
仁王疏卷缺　　釋靈裕撰　《續高僧傳》九本傳。
毗尼母疏卷缺　　釋靈裕撰　《續高僧傳》九本傳。
往生論疏卷缺　　釋靈裕撰　《續高僧傳》九本傳。
上下生疏卷缺　　釋靈裕撰　《續高僧傳》九本傳。
遺教疏卷缺　　釋靈裕撰　《續高僧傳》九本傳。
成實抄五卷　　釋靈裕撰　《續高僧傳》九本傳。
毗曇抄五卷　　釋靈裕撰　《續高僧傳》九本傳。
智論抄五卷　　釋靈裕撰　《續高僧傳》九本傳。
受菩薩戒法并戒本首尾注卷缺　　釋靈裕撰　　《續高僧傳》九本傳。
淨名疏十卷　　釋智脫撰　《續高僧傳》九本傳。
成實論疏四十卷　　釋智脫撰　《續高僧傳》九本傳。
成論玄義刪正十七卷　　釋智脫撰　《續高僧傳》九本傳。
法華疏三卷　　釋道莊撰　《續高僧傳》九本傳。
攝論疏六卷　　釋靖嵩撰　《續高僧傳》十本傳。
雜心疏五卷　　釋靖嵩撰　《續高僧傳》十本傳。
舍利毗曇疏十卷　　釋淨願撰　《續高僧傳》十本傳。
攝論疏卷缺　　釋智凝撰　《續高僧傳》十本傳。
迦延經疏九卷　　釋智念撰　《續高僧傳》十一本傳。
雜心論疏九卷　　釋智念撰　《續高僧傳》十一本傳。
雜心論廣抄九卷　　釋智念撰　《續高僧傳》十一本傳。
中論疏卷缺　　釋智矩撰　《續高僧傳》十一本傳。
無量壽經義疏一卷　　釋吉藏撰　《大正藏》三七。

勝鬘經寶窟六卷　　釋吉藏撰　　《大正藏》三七。
净名玄論八卷　　釋吉藏撰　　《大正藏》三八。
維摩經義疏六卷　　釋吉藏撰　　《大正藏》三八。
維摩經略疏五卷　　《續藏經》壹編二十九套。
大品經游意一卷　　釋吉藏撰　　《大正藏》三三。
大品經義疏十卷　　釋吉藏撰　　《續藏經》壹編三十八套。
金剛經義疏四卷　　釋吉藏撰　　《續藏經》壹編三十八套。
華嚴游意一卷　　釋吉藏撰　　《大正藏》三五。
彌勒經游意一卷　　釋吉藏撰　　《大正藏》三八。
觀無量壽經義疏一卷　　釋吉藏撰　　《大正藏》三七。
涅槃經游意一卷　　釋吉藏撰　　《大正藏》三八。
金光明疏一卷　　釋吉藏撰　　《大正藏》三九。
法華玄論十卷　　釋吉藏撰　　《大正藏》三四。
法華游意二卷　　釋吉藏撰　　《大正藏》三四。
法華義疏十二卷　　釋吉藏撰　　《大正藏》三四。
法華論疏三卷　　釋吉藏撰　　《大正藏》四十。
三論玄義二卷　　釋吉藏撰　　《大正藏》四五。
中觀論疏十卷　　釋吉藏撰　　《大正藏》四二。
十二門論疏三卷　　釋吉藏撰　　《大正藏》四二。
百論疏九卷　　釋吉藏撰　　《大正藏》四二、《續藏經》壹編七十三套。
仁王般若經疏六卷　　釋吉藏撰　　《大正藏》三三。
二諦義三卷　　釋吉藏撰　　《大正藏》四五。
攝論疏十卷　　釋曇遷撰　　《續高僧傳》十八本傳。
楞伽經疏卷缺　　釋曇遷撰　　《續高僧傳》十八本傳。
起信論疏卷缺　　釋曇遷撰　　《續高僧傳》十八本傳。
唯識論書卷缺　　釋曇遷撰　　《續高僧傳》十八本傳。
如實論疏卷缺　　釋曇遷撰　　《續高僧傳》十八本傳。

九識章卷缺　　釋曇遷撰　　《續高僧傳》十八本傳。
四明章卷缺　　釋曇遷撰　　《續高僧傳》十八本傳。
華嚴明難品玄解卷缺　　釋曇遷撰　　《續高僧傳》十八本傳。
仁王護國般若經疏五卷　　釋智顗撰　　《大正藏》三三。
金剛般若經疏一卷　　釋智顗撰　　《大正藏》三三。
妙法蓮華經玄義二十卷　　釋智顗撰　　《大正藏》三三。
法法蓮華經文句二十卷　　釋智顗撰　　《大正藏》三四。
觀音玄義二卷　　釋智顗撰　　《大正藏》三四。
觀音義疏二卷　　釋智顗撰　　《大正藏》三四。
佛說觀無量壽佛經疏一卷　　釋智顗撰　　《大正藏》三七。
阿彌陀經義記一卷　　釋智顗撰　　《大正藏》三七。
維摩經玄疏六卷　　釋智顗撰　　《大正藏》三八。
金光明經玄義二卷　　釋智顗撰　　《大正藏》三九。
金光明經文句六卷　　釋智顗撰　　《大正藏》三九。
請觀音經疏一卷　　釋智顗撰　　《大正藏》三九。
菩薩戒義疏二卷　　釋智顗撰　　《大正藏》四十。
維摩經文疏二十八卷　　釋智顗撰　　《續藏經》壹編二十七套。
大般涅槃經玄義二卷　　釋灌頂撰　　《大正藏》三八。
觀心論疏五卷　　釋灌頂撰　　《大正藏》四六。
十地疏卷缺　　釋慧覺撰　　《續高僧傳》十二本傳。
維摩疏卷缺　　釋慧覺撰　　《續高僧傳》十二本傳。
華嚴疏卷缺　　釋慧覺撰　　《續高僧傳》十二本傳。
義章十三卷　　釋慧覺撰　　《續高僧傳》十二本傳。
華嚴義疏卷缺　　釋智琚撰　　《續高僧傳》十二本傳。
大品經義疏卷缺　　釋智琚撰　　《續高僧傳》十二本傳。
涅槃義疏卷缺　　釋智琚撰　　《續高僧傳》十二本傳。
釋論義疏卷缺　　釋智琚撰　　《續高僧傳》十二本傳。

三論義疏卷缺　釋慧因撰　《續高僧傳》十三本傳。
雜心玄章并抄八卷　釋道基撰　《續高僧傳》十四本傳。
涅槃義章四卷　釋玄會撰　《續高僧傳》十五本傳。
三論游意義一卷　釋□碩撰　《大正藏》四五。
地論疏卷缺　釋法楞撰　《續高僧傳》十二《釋敬脫傳》。
涅槃疏卷缺　釋善冑撰　《續高僧傳》十二本傳。
法華玄宗二十卷　柳㫖撰　《隋書》五八本傳。
律大本羯磨諸經疏三十六卷　釋道成撰　《續高僧傳》二一本傳。
律義疏十二卷　釋智文撰　《續高僧傳》二一本傳。
羯磨疏四卷　釋智文撰　《續高僧傳》二一本傳。
菩薩戒疏二卷　釋智文撰　《續高僧傳》二一本傳。
大純鈔五卷　釋洪遵撰　《續高僧傳》二一本傳。
五部區分鈔二十一卷　釋智首撰　《續高僧傳》二二本傳。
　　以上章疏類。

安民論十二卷　釋靈裕撰　《三寶紀》十二。
陶神論十卷　釋靈裕撰　《三寶紀》十二。《隋志》《舊唐志》作五卷。
因果論二卷　釋靈裕撰　《三寶紀》十二。
僧尼制一卷　釋靈裕撰　《三寶紀》十二。
大小乘同異論卷缺　釋靈裕撰　《續高僧傳》九本傳。
勸信釋宗論卷缺　釋靈裕撰　《續高僧傳》九本傳。
穀卵成殺論卷缺　釋靈裕撰　《續高僧傳》九本傳。
通學論一卷　釋彥琮撰　《三寶紀》十二。
辯教論一卷　釋彥琮撰　《三寶紀》十二。
通極論一卷　釋彥琮撰　《三寶紀》十二。
崇正論六卷　釋彥琮撰　兩《唐志》。
辯正論一卷　釋彥琮撰　《內典錄》五。

福田論一卷　　釋彥琮撰　　《内典錄》五、《廣弘明集》二八。
僧官論一卷　　釋彥琮撰　　《内典錄》五。
慈悲論卷缺　　釋彥琮撰　　《續高僧傳》二本傳。
默語論卷缺　　釋彥琮撰　　《續高僧傳》二本傳。
辯聖論卷缺　　釋彥琮撰　　《續高僧傳》二本傳。
沙門名義論卷缺　　釋彥琮撰　　《續高僧傳》二本傳。
唱導法卷缺　　釋彥琮撰　　《續高僧傳》二本傳。
傷學論一卷　　釋慧影撰　　《三寶紀》十二。
存廢論一卷　　釋慧影撰　　《三寶紀》十二。
厭修論一卷　　釋慧影撰　　《三寶紀》十二。
述釋道安智度論解二十四卷　　釋慧影撰　　《三寶紀》十二。
十種大乘論一卷　　釋僧粲撰　　《三寶紀》十二。
十地論二卷　　釋僧粲撰　　《續高僧傳》九本傳。
論場三十一卷　　釋僧琨撰　　《三寶紀》十二。
凡聖六行法二十卷　　釋道正撰　　《内典錄》五。
六行法十卷　　釋道正撰　　《内典錄》十。
六行門七卷　　釋道正撰　　《内典錄》十。
六行要五卷　　釋道正撰　　《内典錄》十。
六行略二卷　　釋道正撰　　《内典錄》十。
六行錄一卷　　釋道正撰　　《内典錄》十。
九識玄義卷缺　　釋靖嵩撰　　《續高僧傳》十本傳。
三藏玄義卷缺　　釋靖嵩撰　　《續高僧傳》十本傳。
三聚戒玄義卷缺　　釋靖嵩撰　　《續高僧傳》十本傳。
二生死玄義卷缺　　釋靖嵩撰　　《續高僧傳》十本傳。
十種不敢斟量論六卷　　釋本濟撰　　《續高僧傳》十八本傳。
頓教一乘二十卷　　釋善智撰　　《續高僧傳》十八本傳。
釋二乘名教四卷　　釋智脫撰　　《續高僧傳》九本傳。

摩訶止觀二十卷　釋智顗撰　《大正藏》四六。
修習止觀坐禪法要　小止觀。一卷　釋智顗撰　《大正藏》四六。
釋禪波羅密次第法門十二卷　釋智顗撰　《大正藏》四六。
六妙法門一卷　釋智顗撰　《大正藏》四六。
四念處四卷　釋智顗撰　《大正藏》四六。
天台智者大師禪門口訣一卷　釋智顗撰　《大正藏》四六。
觀心論一卷　釋智顗撰　《大正藏》四六。
釋摩訶般若波羅蜜經覺意三昧一卷　釋智顗撰　《大正藏》四六。
法界次第初門六卷　釋智顗撰　《大正藏》四六。
四教義十二卷　釋智顗撰　《大正藏》四六。
方等三昧行法一卷　釋智顗撰　《大正藏》四六。
法華三昧懺儀一卷　釋智顗撰　《大正藏》四六。
净土十疑論一卷　釋智顗撰　《大正藏》四七。
五方便念佛門一卷　釋智顗撰　《大正藏》四七。
禪門章一卷　釋智顗撰　《續藏經》貳編四套。
三觀義二卷　釋智顗撰　《續藏經》貳編四套。
禪門要略一卷　釋智顗撰　《續藏經》貳編四套。
觀心食法一卷　釋智顗撰　《續藏經》貳編四套。
四悉檀義一卷　釋智顗撰　《內典錄》五。
如來壽量義一卷　釋智顗撰　《內典錄》五。
請觀音行法一卷　釋智顗撰　《內典錄》五。
般舟證相行法一卷　釋智顗撰　《內典錄》五。
金光明行法一卷　釋灌頂撰　《內典錄》五。
修禪證相口訣一卷　釋灌頂撰　《內典錄》五。
天台八教大意一卷　釋灌頂撰　《大正藏》四六。
翻經法式論十卷　釋明則撰　《內典錄》五。
別內法一卷　釋行矩撰　《內典錄》五。

內訓一卷　　釋行矩撰　　《內典錄》五。
通命論二卷　　徐同卿撰　　《三寶紀》十二。
外內傍通比較數法一卷　　劉憑撰　　《三寶紀》十二。
　　以上論著類。

經法東流記一卷　　釋靈裕撰　　《三寶紀》十二。
十德記一卷　　釋靈裕撰　　《三寶紀》十二。
聖迹記二卷　　釋靈裕撰　　《三寶紀》十二。
塔寺記一卷　　釋靈裕撰　　《三寶紀》十二。
衆經宗要卷缺　　釋靈裕撰　　《續高僧傳》九本傳。
譯經體式卷缺　　釋靈裕撰　　《續高僧傳》九本傳。
華嚴等經論序卷缺　　釋靈裕撰　　《續高僧傳》九本傳。
舍利目連傳卷缺　　釋靈裕撰　　《續高僧傳》九本傳。
御衆法卷缺　　釋靈裕撰　　《續高僧傳》九本傳。
字本卷缺　　釋靈裕撰　　《續高僧傳》九本傳。
對根起行雜錄集三十二卷　　釋信行撰　　《三寶紀》十二。
三階位別錄集三卷　　釋信行撰　　《三寶紀》十二。
善財童子諸知識錄一卷　　釋彥琮撰　　《三寶紀》十二。
新譯衆經序一卷　　釋彥琮撰　　《三寶紀》十二。
達摩笈多傳四卷　　釋彥琮撰　　《三寶紀》十二。
西域玄志十卷　　釋彥琮撰　　《內典錄》五。
內典文會集卷缺　　釋彥琮撰　　《續高僧傳》十二本傳。
舍利瑞圖經、大隋祥瑞錄　合十卷　　釋彥琮譯隋爲梵　　《續高僧傳》二本傳。
信心銘一卷　　釋僧燦撰　　《大正藏》四八。
南岳思禪師傳一卷　　釋智顗撰　　《內典錄》五。
普賢菩薩發願文一卷　　釋智顗撰　　《續藏經》貳編四套。
天台智者大師發願文一卷　　釋智顗撰　　《續藏經》貳編四套。

天台山國清寺百録五卷　釋灌頂撰　《内典録》五。今大藏内《國清百録》
爲四卷。
隋天台智者大師別傳一卷　釋灌頂撰　《内典録》五。
杭州真觀法師別傳一卷　釋灌頂撰　《内典録》五。
諸寺碑銘三卷　釋明則撰　《内典録》五。
真言要集十卷　釋賢明撰　《隋志》、兩《唐志》。
衆經法式十卷　隋文帝敕撰　《三寶紀》十二、《續高僧傳》二。
續名僧記一卷　明克讓撰　《隋書》五八本傳。
旌異記十五卷　侯白撰　《隋書》五八本傳、《隋志》。《三寶紀》十二作《積異
傳》十卷,《内典録》五作《旌異傳》二十卷。
舍利感應記三卷　王劭撰　《隋志》、《廣弘明集》十九。
靈異志二十卷　王劭撰　《内典録》十。
　　以上雜著類。

衆經目録七卷　釋法經等撰,開皇十四年。　《三寶紀》十二、《開元
録》七。
歷代三寶記十五卷　費長房撰,開元十七年。　《内典録》五、《開元
録》七。
譯經録一卷　釋靈裕撰　《三寶紀》十五。
衆經目録五卷　釋彦琮等撰,仁壽二年。　《續高僧傳》二、《開元
録》七。
寶臺四法藏目録一百卷　隋煬帝敕撰,大業中。　《隋志》。
林邑所獲佛經目録五卷　釋彦琮撰　《續高僧傳》二本傳。
　　以上目録類。

舊唐書經籍志校勘記

[清] 羅士琳 劉文淇 劉毓崧 陳立 撰 由墨林 整理

底本：清道光二十六年(1846)岑氏懼盈齋刻《舊唐書校勘記》本

總　序

鳥迹分形

沈本"鳥"作"烏"，誤。① 《易》曰："人文，以化成天下。"按，下文云，《禮》曰："君子如欲化民成俗，其必由學乎。"係引《學記》之全文，不應此句引《易》獨删"觀乎"二字，當據經文補入。

及漢末還都

沈本"還"作"遷"。按，此指董卓劫愍帝西幸之事，長安雖西漢舊都，然在東漢時，則非京師之地。秖可謂之"遷"，不得謂之"還"矣。當從沈本爲是。

祖暅

按，據《梁書》及《南史》，"暅"當作"暅"。

開元三年，左散騎常侍褚无量、馬懷素侍宴

《會要》三十五。"左"作"右"。按《无量傳》云："玄宗即位，遷郯王傅，兼國子祭酒。尋以師傅恩，遷左散騎常侍。"據此則"左"字是也。然《通鑑》言无量以開元三年官右散騎常侍。疑其甫爲右，而旋轉左，故《傳》略之耳。《懷素傳》云"開元初爲户部侍郎，三遷秘書監"，而不言曾官散騎常侍。《玄宗紀上》云："開元三年冬十月，以光禄卿馬懷素爲左散騎常侍。"蓋即秘書監以前之官也。

---

① 沈本，即清沈炳震撰《新舊唐書合鈔》。此書現存兩个版本，其一爲清嘉慶十八年（1813）海寧查世倓刻本（附：清丁復《唐書合鈔補正》），其二爲清同治十年（1871）吴氏清來堂重校補刊本。本書整理參以清嘉慶十八年（1813）海寧查世倓刻本《新舊唐書合鈔》（以下簡稱《新舊唐書合鈔》），但在整理中，出現數處與《〈舊唐書·經籍志〉校勘記》所言"沈本"不合的情况，《〈舊唐書·經籍志〉校勘記》所據"沈本"或是其他版本，見下文。

言及經籍

《會要》作"言及秘書墳籍"。

內庫皆是太宗、高宗先代舊書

《會要》"庫"下有"書"字,"先"作"前"。

常令宮人主掌

《會要》"常"上有"整比日"三字。

未遑補緝

《會要》"遑"作"能"。

難於檢閱

《會要》作"檢閱甚難"。

王悏

《會要》三十六。"悏"作"恢"。按《新書·馬懷素傳》亦作"悏"。①

母煚

沈本"母"作"毋",②下同。按《元行冲傳》及《新書·馬懷素傳》作"毋",《全唐文》三百七十三。作"毋",《會要》"煚"作"照"。

劉彥真

《會要》"真"作"直"。按《新書·馬懷素傳》亦作"直"。

右散騎常侍元行冲奏上之

《會要》"右"作"左"。按《行冲傳》云:"開元初,自太子詹事出爲岐州刺史,俄復入爲右散騎常侍,四遷大理卿,七年復轉左散騎常侍。"此志紀行冲奏上之事,既在九年,則當作"左",不得作"右"矣。《玄宗紀上》云:"開元九年冬十一月丙辰,左散騎常侍元行冲上《羣書目錄》二百卷。"尤其明證。

自後母煚又略爲四十卷

《會要》"自"作"其"。

---

① 《新書》,即《新唐書》,下同。
② "母",《新舊唐書合鈔》作"毋",非作"毌"。

當省元掌四部御書十二庫

聞本"當"作"常"。① 按,下文云:"其書籍並望付當省。"此句若作"常"字,則前後不符,且文義亦屬難解,《全唐文》九百六十八正作"當"。

九曰圖緯,以紀六經讖候,十曰經解,以紀六經讖候,十一曰詁訓,以紀六經讖候

殿本《考證》引沈氏德潛云:"按,圖緯乃紀讖候之書,經解訓詁,不得亦云讖候也,應訛。"按,沈氏炳震云:"讖候字訛,下同。"《考證》蓋用其說。錢氏大昕云:"按,經解詁訓,與圖緯各自爲類,何得蒙上六經讖候之文,考《唐六典》:'秘書郎掌四部之圖籍:甲部其類有十,乙部其類十三,景部其類十四,丁部其類三。'此志全采其文,惟《六典》甲部祇有易、書、詩、禮、樂、春秋、孝經、論語、圖緯、小學十門。其《五經異義》等部并入論語類,此志增入經解、詁訓二門,當闕其文,而校書者妄益之耳。"其說尤爲精確。

一曰正史,以紀紀傳表志

聞本脫去"一"字及下"紀"字。

其類一十有四

沈本無"一"字。按,上文"其類十二""其類十有三","十"字上無"一"字,則此句亦可類推。故沈氏據例以刪之也。

何暇重屋複牀

沈本"暇"作"假",是也。

何獲宴寧

沈本"宴"作"晏"。

---

① 聞本,即明嘉靖十八年(1539)聞人詮刊本《舊唐書》。

頗觀阙文

聞本"文"作"又",誤。沈氏炳震云:"'觀'下闕一字。"

或取魏文貞

聞本、沈本"或"作"咸"。按《全唐文》三百七十三。亦作"咸"。

乃與類同契

沈氏炳震云:"'與'下闕一字。"

亦具翻釋名氏

《全唐文》"釋"作"譯"。

不其愈已

聞本"愈"在"其"上。按《全唐文》與聞本同。

甲　部

經録十二家

殿本《考證》云："《新書》：十一家。"按《新書》以詁訓并入小學，故較此志少一家。

五百七十五部，六千二百四十一卷

殿本《考證》引沈氏德潛云："按，止五百七十一部，六千二百二卷。"按沈氏炳震説同。又按顔師古《漢書・藝文志》注云："其每略所條家及篇數，有與總凡不同者，轉爲當作"寫"。脱誤，年代久遠，無以詳知。"此志之總數散數，多不相符，與《漢志》正同，今就其可考者考之，其不可考者，闕疑而已。《六典》卷十所載四庫書之部數、卷數，與舊志迥殊，疑别有所據。

歸藏十三卷

聞本此條前有"《易》類一"三字。按，甲部自《書》類二至小學類十二，皆彙叙於前，而後不複見。下文乙部及下卷丙部、丁部，其例並同，不應此條獨異。蓋《易》類之末既言右《易》，則不必更言之於前也。其爲衍文無疑。

殷易　司馬膺注

聞本"注"作"撰"，誤。沈本此條前有"《連山》十卷，司馬膺注"八字，云："從《新書》增。"按《舊書》闕《連山》，而以膺注《歸藏》，疑誤。按《隋書・經籍志》云："《歸藏》十三卷，晉太尉參軍薛貞注。"疑此志"殷易"之下，本有"晉太尉參軍薛貞注"八字①，系《歸藏》之注，"司馬膺注"之上本有"夏易"二字，系《連山》之注，傳寫者脱佚舛錯，遂致不可通耳。

---

① "八字"原作"七字"，"晉太尉參軍薛貞注"爲八字。

又十卷　孟喜章句

聞本"又"作"周易"。按,上文既云"《周易》二卷,卜商傳",則此句從省文作"又"者是也。

荀氏九家集解

聞本"荀"作"葛",誤。

荀暉注

沈本"暉"作"煇"。按《隋志》云"魏散騎常侍荀煇注《周易》十卷"。① 與此志卷數正合。《新志》"暉"作"惲",②考《三國志》,惲爲彧之子,官至虎賁中郎將,未知孰是。③

黃穎注

聞本、沈本"頴"作"穎"。按《隋志》作"頴",《釋文》作"穎"。

任希古注

聞本"任"作"王"。按《新志》亦作"任"。

周易發題義一卷

沈氏炳震云:"《新書》無'題'字,蕭偉撰。"

周易正義十四卷

殿本《考證》云:"《新書》十六卷。"按沈氏炳震説同。考孔穎達之序,但云十四卷。

陰弘道撰

聞本脱"撰"字。

周易開題論序十卷

沈本"序"下有"疏"字,"卷"下有"梁蕃撰"三字。按《新志》與沈本同,《隋志》云:"《周易開題義》十卷,梁蕃撰。"疑即此書。

---

① 《隋志》,即《隋書·經籍志》,下同。
② 《新志》,即《新唐書·藝文志》,下同。
③ 按,殿本《新唐書·藝文志》作"輝",非作"煇"。

已上卷梁武撰

沈本"武"作"蕃",無"已上卷"三字。按,上文之《周易開題論序》,既是梁蕃所撰,則此句之"卷"字,疑是"並"字之誤;"已"字、"上"字,似非衍文,上文之"梁蕃撰"三字,即不補亦可。

周易大演論一卷

沈本"演"作"衍"。按《新志》同。

宋睿宗撰

閣本"睿"作"處",[①]《考證》云:"刊本'處'訛'睿',據《新唐書》改。"按,沈本亦作"處"。

宣馺撰

沈本"馺"作"聘"。按《新志》同。

周易繫辭義二卷　劉向撰

沈本"義"下有"疏"字,"向"作"瓛"。按《隋志》及《新志》皆與沈本同,當從之。

周易文義一卷

沈本"文"作"爻"。按《隋志》《新志》同。

周易譜一卷

沈本"譜"上有"略"字。按《新志》同。

周易雜音三卷

沈本"卷"下有"沈熊撰"三字。按,此亦據《新志》補,然考《新志》之例,凡二書爲一人所作者,則加"又"字於第二書之上。此書雖列於《周易譜》之後,然《雜音》上無"又"字,疑是失姓名,非蒙上文,而以爲沈熊作也。

梁蕃撰

聞本"撰"上衍"注"字。

---

① 閣本,即清文淵閣《四庫全書》本《舊唐書》。

右易七十八部，凡六百七十三卷

殿本《考證》云："今按上止七十七部，六百七十一卷。"按沈氏炳震説同。又按，從沈本補入《連山》十卷，正合七十八部之數；惟卷數爲六百八十一，尚多八卷耳。

右易類。

古文尚書十三卷　孔安國撰

沈本"撰"作"傳"，是也。

孔安國傳范寧注

沈本無上四字。按《隋志》《新志》同。

又十卷　王肅注

聞本"又"作《古文尚書》。按，上文既言"《古文尚書》十三卷"，則此條蒙上而言，無庸複見。

又十三卷　謝沈注

聞本"又"作《尚書》。

尚書釋問四卷　王粲問、田瓊、韓益正、鄭玄注

聞本"鄭玄注"三字在"王"字上，無"韓益正"三字。按《新志》云："鄭玄注《古文尚書》九卷，又注《釋問》四卷，王粲問，田瓊、韓益正。"據此，則沈本補"韓益正"三字者，是也。而移"鄭玄注"三字於後，非也。《隋志》但云"魏侍中王粲撰"，未免太略。《元行沖傳》載其所作《釋疑》云："自此之後，唯推鄭公。王粲稱伊、洛已東，淮、漢之北，一人而已，莫不宗焉？咸云先儒多闕，鄭氏道備，粲竊嗟怪，因求其學，得《尚書注》，退而思之，以盡其意，意皆盡矣。所疑之者，猶未喻焉。凡有兩卷，列於其集。"蓋即指是書而言。彼言兩卷，此言四卷者，當是王粲疑鄭君之注，而作《尚書問》四卷，田瓊、韓益皆爲鄭學之人，復作《釋問》四卷，以正粲之失，猶王基、馬昭之駁王肅也。惜《三國志・粲傳》不載此事，其詳不可知矣。

尚書要略二卷　李顒撰

聞本無"李顒撰"三字。按，沈本蓋據《新志》補。①

尚書新釋二卷　李顒撰

聞本無"李顒撰"三字。按，沈本蓋據《隋志》及《新志》補。②

尚書百釋三卷

沈本此條及下文《古文尚書大義》《尚書文外義》二條，皆在劉焯撰之後。按，《百釋》爲巢猗所撰，據《隋志》，猗乃梁人。《大義》爲任孝恭所撰，據《南史》，孝恭亦梁人，皆在劉焯之前。《文外義》爲顧彪所撰，據《北史》，彪爲隋人，與焯同時。而孔穎達《尚書正義・序》述爲疏義，諸人彪尚在焯之前，而沈本必移此三書於焯書之後者，蓋因此志之例，每以書名同異爲序，不盡以時代先後爲序，故費甝、蔡大寶、劉焯之《尚書義疏》與巢猗之《尚書義疏》，其名既同，當彙叙之，既移彼三書於前，則此三書自不得不在後矣。下文及下卷，凡沈本移易次第者，大率類此。

尚書義疏十卷

沈本作"又十卷"。下文"《尚書義疏》三十卷"作"又三十卷"，"《尚書義疏》二十卷"作"又二十卷"。按，沈本既移此三條次於巢倚《尚書義疏》之後，則蒙上而用省文，亦勢之不得不然者也。下文及下卷，凡沈本改書名爲"又"字者，亦大率類此。

凡二百七十二卷

殿本《考證》云："今按上凡二百九十五卷。"沈氏炳震云："今按上止二百六十六卷。"按，今以散數核之，總數實少二十三卷，沈氏以爲多六卷，非是。

右書類。

---

① "李顒"，殿本《新唐書・藝文志》作"李顥"。
② "李顒撰"，殿本《隋書・經籍志》同。"李顒"，殿本《新唐書・藝文志》作"李顥"。

葉詩二十卷　葉遵注

聞本二"葉"字皆作"業"。按《隋志》及《釋文》與聞本同，《新志》與今本同；考《古今姓氏辨證》列其人於業姓之下，則作"葉"者，非也。

韓詩翼要十卷　卜商撰

殿本《考證》引沈氏德潛云："按，韓嬰漢人，安得卜商爲撰《翼要》乎？《新書》無'韓詩'字爲合。"按，沈氏炳震亦引《新書》，然考《隋志》云："《韓詩翼要》十卷，漢侯苞傳。"是"卜商"二字誤，而"韓詩"二字，固非衍也。

毛詩義注五卷

沈氏炳震云："《新書》：崔靈恩撰。"按《新志》此書雖列於《集注》之後，然"毛"字上無"又"字，蓋亦以爲失姓名，非蒙上文而以爲崔靈恩作也。《隋志》有《毛詩雜義注》三卷，亦無撰人名氏。

毛詩駁五卷　王伯興撰

殿本《考證》云："《新書》：王基撰。"按《隋志》與《新志》同，沈氏炳震亦引《新志》，今考《三國志·王基傳》："基，字伯興。""興"與"輿"字形相似而誤，唐人避玄宗之諱，故稱其字耳。朱氏彝尊《經義考》既載基書，又載伯興書，似有未核。

毛詩雜荅問五卷

按《隋志》云："《毛詩荅雜問》七卷，吳侍中韋昭、侍中朱育等撰。"雖書名"荅"在"雜"上，卷數"五"作"七"，似有微異，然大約即此書也。

毛詩雜義難十卷

按《隋志》云："漢侍中賈逵撰。"

毛詩序義一卷　劉氏撰

聞本"氏"下有"志"字。按《新志》亦無"志"字。

毛詩表隱二卷

沈氏炳震云："《新書》：陳統撰。"按《隋志》及《釋文》與《新書》同。

毛詩草木鳥獸魚蟲疏二卷　陸機撰

沈本無"毛詩"二字，"機"作"璣"。按《新志》及《釋文》與沈本同，《崇文總目》及晁公武、陳振孫皆以"璣"字爲是，"機"字爲非。

毛詩音義二卷　魯世達撰

聞本無"世"字。按《隋志》及《新志》皆有"世"字。

凡三百十三卷

殿本《考證》云："今按上止三百十卷。"

　　右詩類。

周官十二卷　馬融傳

聞本"傳"作"撰"，誤。

儀禮音二卷

沈氏炳震云："《新書》：王肅撰。"

又一卷

沈氏炳震云："《新書》：孔倫撰。"①按《新志》作"注"，非作"撰"；《隋志》"袁準注"後，"陳銓注"前，亦有《集注喪服經傳》一卷，孔倫撰。

喪服變除一卷　戴德撰

聞本"德"上有"至"字。按，戴德爲漢人，曾著此書，戴至德爲唐高宗時人，未聞著此書，《新志》亦無"至"字，其爲衍文無疑。

---

①　"撰"，《新舊唐書合鈔》作"注"。

喪服要集議三卷

沈本此條在下文"庾蔚之注"後。

喪服要紀五卷

沈本作"又五卷",在上文"王肅注"後。

儀禮疏五十卷　賈彥撰

沈本"彥"上有"公"字,在下文《喪服要難》條後。按自《喪服變除》至《喪服要難》,皆專言喪服,惟公彥此書通釋《儀禮》,故沈氏移之於後耳。

喪服變除一卷

沈氏作"又一卷",在上文"戴德撰"後。

喪服要紀十卷

沈本作"又十卷",上文"謝微注"後。

喪服譜一卷　賀循撰

沈本上三字作"又"。

仇祈荅

殿本《考證》云:"《新書》作'袁祈'。"按,沈氏炳震以《新書》爲誤,然《隋志》亦作"袁祈"。

戴勝撰、鄭玄注

沈本"勝"作"聖",是也。

葉遵注

按《隋志》"葉"作"業",當從之。

禮記中庸傳一卷

聞本、沈本"一"作"二"。按《隋志》及《新志》同。

鄭玄注、曹耽解

聞本"解"作"撰",誤。

又二卷　謝慈撰

沈本此條在下文"李軌撰"之後。按,據《隋志》及《新志》,

"謝"當作"射"。據《吳志》及《釋文》,慈爲吳人,據《隋志》,軌爲晉人,慈當在軌之前。

禮記隱二十六卷

按《新志》亦無撰人姓名。《經義考》云:"陸氏《釋文》每引《禮記隱義》,考《隋志》不載,惟《唐志》有《禮記隱》二十六卷,疑其脫去'義'字,即是書也。"其説似亦可存。

禮記義疏五十卷　皇侃撰

沈本上四字作"又",下條同。①

劉方撰

沈本"方"作"芳"。按《隋志》及《新志》同。

禮記類聚十卷

《新志》無"記"字,亦無撰人姓名。

禮記正義七十卷

聞本"七"作"二",誤。

禮義二十卷　戴勝等撰

沈本"義"作"議","勝"作"聖",是也。

禮義雜記故事十一卷

按《隋志》"義"作"議","一"作"三";《新志》"義"作"儀",皆無撰人姓名。

禮論問荅九卷　徐廣撰

沈本上四字作"又"。按《隋志》云:"《禮論荅問》八卷,宋中散大夫徐廣撰。"又云:"《禮論荅問》十三卷,徐廣撰。"據此則"荅"字當在"問"字之上,與上文范寧之書,其名正同。

禮論降議三卷

沈本"降"上有"逆"字。按《隋志》及《新志》同。②

---

① "禮記義疏",《新舊唐書合鈔》同,非作"又"。
② "禮論降議",殿本《新唐書・藝文志》作"禮逆降議"。

禮論抄六十六卷

沈本"抄"作"鈔",下文諸"抄"字同。按,此據《新志》。

禮論抄二十卷

沈本上三字作"又"。

禮儀荅問十卷

沈本"儀"作"雜"。按《新志》與今本同,《隋志》"儀"作"義",沈本未知何據。

禮統郊祀六卷

《新志》亦無撰人姓名,下三條同。

禮論要抄一百卷

沈本上四字作"又",在上文《禮記區分》條前。

江都集禮一百二十卷

聞本"二十卷"三字,誤作小注。按,沈本已改正,下文各條並仿此。

大聖天后撰

沈本無"大聖"二字。

右禮一百四部,周禮十三家,儀禮喪服二十八家,禮論答問三十五家,凡一千九百四十五卷

殿本《考證》云:"今按上止一百三部,凡二千二十二卷。按沈氏炳震說同,今以散數核之,止得七十六家,考上文自《周官》至《周官音》,凡十二家,自《儀禮》至《喪服要難》,凡二十七家,自《禮論》至《紫宸禮要》凡三十六家。其中尚有自《大戴禮記》至《禮記疏》,凡二十八家,疑《喪服》下本有"二十七家《禮記》"六字,今本脫去,而前後復有誤字,遂更覺不合耳。

右禮類。

信都芳注

聞本"注"上有"彩"字。按《隋志》"注"作"撰",無"彩"字,《新書》"注"上有"刪"字,"彩"字疑誤。

季玄楚撰

沈本"季"作"李"。按《新志》同。

大聖天后撰

沈本無"大聖"二字。

樂略四卷

沈本卷下有"元懃撰"三字。按,此據《新志》:"《樂元起》二卷"。沈本"卷"下有"桓譚撰"三字。按,此據《新志》。

琴譜二十一卷

聞本、沈本此條在下條之後。

琴集歷頭拍簿一卷

《新志》亦無撰人姓名,下七條同。《外國伎曲名》一卷。《新志》作"又一卷",在《論樂事》一卷前。

右樂類。

春秋左氏傳三十卷

沈本作"又三十卷"。

杜預注

沈本"注"作"撰",誤。

春秋左氏音四卷

沈本作"又四卷"。

春秋左氏音隱一卷

沈本此條在下文"又十二卷"條後。

春秋左氏傳音三卷

沈本作"又三卷"。

杜預注

沈本"注"作"撰"，誤。

李洪範撰

殿本《考證》云："《新書》：李軌撰。"按沈氏炳震説同，《隋志》亦作"李軌"，據《釋文》及《隋志》，軌字弘範，此志"弘"作"洪"者，避孝敬皇帝諱耳。

孫邈撰

按《新志》與此志同，然孫邈之名，他書無考，《隋志》作"徐邈"，疑"孫"字乃"徐"字之誤。

又十二卷

《新志》亦無撰人姓名。

春秋左氏傳條例二十卷　劉歆撰

沈本"歆"作"寔"，云："《新書》'條'作'牒'。"按《晉書·劉寔傳》云："又撰《春秋條例》二十卷。"今考下文云"《春秋左氏條例》十卷，劉寔撰"，若此處亦作"劉寔"，則是一書前後兩見，而卷數又復互岐，恐不應如是之疏。《新志》既載劉寔《條例》十卷，又載劉寔《左氏牒例》二十卷，又似寔有二書，故沈氏欲改"條"爲"牒"，以免重複。然《隋志》但言"《春秋條例》十一卷，晉太尉劉寔撰"，而不言更有《牒例》，未知《新志》何據。竊疑下文之《條例》十卷，乃劉寔所撰，故列於杜預之後；此處之《條例》二十卷，乃劉歆所撰，故列於鄭衆之前，正不必據《新志》以改此志也。

春秋左氏傳例七卷

沈本"傳"下有"釋"字，注云："《新書》：潁容撰。"按《隋志》與《新志》同。惟"潁"作"穎"，爲傳寫之誤。下文云："又十五卷，杜預撰。"預書既有"釋"字，則此書亦必有"釋"字無疑。《隋志》作"《春秋釋例》十卷"，《新志》作"《釋例》七卷"。

春秋左氏膏肓釋痾五卷

　沈本此下有"服虔撰"三字。按《隋志》及《新志》與沈本同。《隋志》"五"作"十"。

春秋左氏傳賈服異同略五卷

　沈本此條在下條之後。

春秋左氏抄十卷

　《新志》"抄"作"鈔",亦無撰人姓名。

左氏杜預評二卷

　按《新志》同,《隋志》云:"《左氏傳評》二卷,杜預撰。"此則"杜預"二字,當改作"傳",卷下當補"杜預撰"三字。

春秋辭苑五卷

　《新志》亦無撰人姓名。

春秋雜義五卷

　沈本"義"下有"難"字。按《新志》與沈本同,亦無撰人姓名。《隋志》云:"《春秋雜議難》五卷,漢少府孔融撰。"疑"義"與"議"通,卷下本有"孔融撰"三字。

春秋土地名三卷

　沈氏炳震云:"《新書》:京相璠撰。"按《隋志》同。

春秋正義三十七卷

　殿本《考證》云:"《新書》:三十六卷。"按,沈氏炳震亦引《新志》,考今本係三十六卷,孔穎達自序亦云"凡三十六卷",則"七"字必"六"字之訛。

公羊高傳、嚴彭祖述

　沈本無上四字。

春秋公羊經傳十三卷

　沈本作"又十三卷"。

春秋公羊經傳集解十四卷

　沈本無"經傳"二字,在下條之後。

孔氏注

沈本"注"作"撰"。按,據《隋志》"氏"當作"衍"。

春秋公羊十二卷

沈本作"又十二卷"。

王愆期撰

聞本"愆"字作"彦"。按《隋志》及《釋文》俱作"愆",《晋書·王接傳》云:"長子愆期,更注《公羊》。"則"彦"爲誤字無疑。

高襲注

沈本"注"作"撰"。

何氏春秋漢記十一卷　服虔注

沈本作"又十一卷,服虔駁"。按,據《隋志》及《新志》,當從沈本。

何休注

沈本"注"作"撰"。

春秋公羊墨守二卷

聞本"卷"作"本",誤。

翼康難、王愆期荅

沈本"翼康"作"庾翼"。按《隋志》《新志》與沈本同。[①] 蓋"康"與"庾"字形相近,"庾"訛爲"康",復誤移於"翼"下耳。

段氏注

沈本"氏"作"肅"。按《隋志》《新志》《釋文》並同。

春秋穀梁章句十五卷

聞本"章"上有"傳"字,沈本作"又十五卷"。

穀梁俶解　尹更始注

沈本無上四字。

---

① "翼康",殿本《新唐書·藝文志》作"庾翼"。

春秋穀梁傳十二卷

沈本作"又十二卷"。

又十一卷　張靖集解

沈本作"《春秋穀梁集解》十一卷，張靖撰"，在下文"徐邈注"條後。

春秋公羊違義三卷　劉晏注

沈本無此條。按，上文云"《春秋公羊違義》三卷，劉寔撰，劉晏注"，則此處不應重出，且前後諸條皆《穀梁》之書，不應此條忽雜以《公羊》之書也。當從沈本爲是。

春秋穀梁經傳十六卷

聞本"十"上有"一"字，沈本"十"上有"集注"二字。

程闡集注

沈本"集注"作"撰"。

春秋穀梁傳十三卷　孔衍訓注

聞本"十"上有"一"字，沈本上五字作"又"，以下三條，皆在上文"麋信注"條後。

范寧集注

沈本"集注"作"撰"。

春秋穀梁十二卷　徐邈注

沈本上四字作"又"。

春秋穀梁經集解十卷

沈本上七字作"又"，在上文"張靖撰"條後。

何休作

沈本"作"作"撰"。

張靖成箋

聞本無"箋"字，沈本無"成"字。按《新志》與聞本同，《隋志》作"張靖箋"。

蕭邕注

　　沈本"注"作"問"。按《新志》同。

春秋穀梁傳義十二卷

　　沈本上六字作"又"字。

春秋穀梁音一卷

　　沈本此條在下條後。

春秋穀梁傳疏十三卷

　　沈本無"傳"字。

春秋公羊穀梁左氏集解

　　沈本作《春秋三傳集解》。

春秋三傳論十卷

　　沈本無"論"字。按《隋志》《新志》皆有"論"字。

楊翼撰

　　聞本、沈本"楊"作"韓"。按《隋志》《新志》同。

胡訥集撰

　　沈本無"集"字。①

春秋辨證明經論六卷

　　《新志》亦無撰人姓名。《春秋》二傳聞本連上文爲一條，誤；沈本連下文"《異同》十一卷，李鉉撰"爲一條，云《新書》十二卷。

潘叔度注

　　沈本"注"作"撰"，下條同。按《隋志》與沈本同。

春秋外傳國語章句

　　沈本無上四字。

------

　　① 按，此條殿本《舊唐書·經籍志》原文作"春秋三傳經解十一卷胡訥集撰"，殿本《新唐書·經籍志》作"胡訥集撰三傳經解十一卷"，《新舊唐書合鈔》作"春秋三傳經解十二卷胡訥撰"。

春秋外傳國語二十一卷

沈本上六字作"又"。

虞翻撰

沈本"撰"作"注"。按《隋志》《新志》同。

又二十一卷

沈本在下條後，注云："《新書》：孔鼂解。"按《隋志》"解"作"注"，無"一"字。

右春秋一百二部

殿本《考證》云："今按上一百四部。"沈氏炳震云："今按上凡一百三部。"按，上文"春秋二傳"條分爲二書，則一百四部；合爲一書，則一百三部。

一千一百八十四卷

殿本《考證》云："今按上一千一百七十六卷。"按，沈氏炳震說同。

右春秋類。

孔子説、曾參受、孔安國傳

沈本無上六字。

鄭玄注

聞本"注"作"著"，誤。

古文孝經一卷

沈本作"又一卷"，在上文孔安國條後。

孝經一卷

沈本作"又一卷"，下條同。

孝經默注二卷　徐整注

沈本此條在下文"魏克己注"條後。按注《孝經》而名《默注》者，惟徐整此書，下文謝萬至魏克己六人之書，據《隋志》及

《新志》皆但名《孝經注》，而無"默"字，其云"又一卷"者，承《孝經》一卷而言之，非承《孝經默注》二卷而言之也，當從沈本爲是。

又一卷　玄宗注

沈本作"《孝經制旨》一卷，玄宗御製"。按《新志》與沈本約同，惟"孝"上有"今上"二字，無"御制"二字。

車胤等注

沈本"注"作"撰"。

皇偘撰

沈本"偘"作"侃"，按，據《廣韻》《集韻》，"偘"即"侃"之別體，然《梁書·皇侃傳》及《隋志》《新志》皆不作"偘"，即此志上文《禮記講疏》。《禮記義疏》亦云"皇侃撰"，則當以沈本爲是。

何約之執經

聞本"何"字作"向"。按《新志》亦作"何"。

孝經疏五卷

沈本作"又五卷"，在上文"梁武帝撰"條後。

孝經應瑞圖一卷

《新志》亦無撰人姓名。

孝經疏三卷　元行沖撰

沈本"元"上有"玄宗注"三字。按《新志》"孝"上有"御注"二字。所謂"御注"者，即玄宗注也。

又十卷　鄭玄注

沈本此條在上文"何晏集解"條後。按，上文云："又十卷，鄭玄注，虞喜贊。"此條係鄭注原本，自應列於虞喜所撰之前，《隋志》《新志》皆與沈本合，當從之。

又十卷　宋明帝撰、衛瓘注

聞本"宋"作"漢"，沈本"撰"作"補"。按，漢明帝注《論語》事，他書無考，而宋明帝續衛瓘注事，見於《南史》，且《隋志》《新志》皆與沈本合，聞本非也。

論語集義十卷

沈本作"又十卷"。

盈氏撰

沈本"撰"作"集義"。

論語九卷

沈本作"又九卷"。

論語十卷

沈本作"又十卷"。

又十卷　孫氏注

沈本"孫"作"張"。按《新志》同。

次論語五卷

殿本《考證》云："《新書》：十卷。"按沈氏炳震說同。

論語釋義十卷

殿本《考證》云："《新書》：一卷。"按沈氏炳震說同。

暢惠明撰

聞本脫去"撰"字。

論語義注隱三卷

《新志》亦無撰人姓名。

論語篇目弟子一卷

聞本"弟"作"第"，誤。

論語釋十卷

沈本卷下有"欒肇撰"三字，《隋志》《新志》皆與沈本同。惟《隋志》"釋"下有"疑"字，當據以補入。

郭象撰

聞本"撰"作"注"。按《隋志》亦作"撰"。

論語雜義十三卷

《新志》亦無撰人姓名。

論語別義十卷

《新志》亦無撰人姓名,《隋志》無此書,而有"《論語別義》十卷,范廙撰",疑"剔"字乃"別"字之訛。

皇侃撰

沈本"侃"作"偘",是也。

論語疏十五卷

沈本作"又十五卷",在上文"皇侃撰"後。

賈公彥撰

聞本"撰"下衍"志"字。

凡三百八十七卷

殿本《考證》云:"今按上凡三百九十七卷。"按沈氏炳震説同。
　右孝經類、論語類。

六經緯五卷　宋均注

沈本"六"作"孝",按《新志》同。

六藝論一卷　鄭玄注

沈本"注"作"撰",按《隋志》同。

鄭志九卷

沈本"卷"下有"鄭玄撰"三字,按《新志》無撰人姓名,《隋志》云"魏侍中鄭小同撰",是也。

鄭記六卷

沈本"卷"下有"鄭玄撰"三字。按《新志》無撰人姓名,《隋志》云:"鄭玄弟子撰。"是也。

聖證論十一卷

沈氏炳震云:"《新書》:王肅撰。"按《隋志》同。

五經咨疑八卷　楊思撰

聞本"思"作"同"。沈氏炳震云："《新書》：楊思。"按《隋志》作"周楊"，與二志迥異，當存以俟考。

長春秋義記一百卷

沈本無"春"字。按，錢氏大昕亦謂"春"字爲衍，然考《隋志》及《新志》皆有"春"字，而無"秋"字，《梁簡文本紀》亦同，又似"秋"字衍，而"春"字非衍矣。

經典大義十卷

殿本《考證》云："《新書》作《經典元儒大義序錄》。"按沈氏炳震說同。

樊文深撰

聞本無"文"字，下條同。按《隋志》《新志》皆有"文"字。

游玄桂林二十卷

聞本無"游"字。按《隋志》《新志》皆有"游"字。

劉炫注

聞本"炫"作"玄"，"注"作"撰"，沈本"注"亦作"撰"。按《隋志》《新志》與沈本合。

又諡例十卷

沈本無"又"字，在下條之後。

諡法三卷

沈本《諡法》作"又"，在上條之前。

集天名稱三卷

《新志》亦無撰人姓名。

右三十六部，經緯九家，七經雜解二十七家，凡四百七十四卷

殿本《考證》云："今按上止三十五部，四百六十八卷。"按沈氏炳震說同。考上文，自《易緯》至《六經緯》正合經緯九家之數；自《白虎通》至《集天名稱》三卷止二十七家，故少一部六卷也。

右圖緯類。

集註爾雅十卷　沈璇注

沈本作"又十卷，沈璇集注"。

爾雅音義一卷　郭璞注

沈本"注"作"撰"，下文《爾雅圖》條亦同。按《隋志》與沈本合。

爾雅圖贊二卷　江灌注

聞本"注"作"法"，誤。

續爾雅一百卷

殿本《考證》云："《新書》一卷，此'百'字疑衍文。"按，沈本無"一"字，云："《新書》：一卷。"此"百"字疑誤。

別國方言十三卷

沈本"卷"下有"揚雄撰"三字。按《隋志》《新志》同。《隋志》無"別國"二字。

李軌撰

按，《小爾雅》乃孔鮒所撰，當從《隋志》，《新志》作"李軌解"。

李軌等撰、郭璞解

沈本"解"作"注"。按《隋志》作"注"，《新志》作"解"，均屬可通；惟"李軌"二志皆作"李斯"，與《漢志》相合，當據以改正，否則李軌爲東晉時人，較郭璞稍後，安得謂《三蒼》乃軌所撰，而璞爲之注解耶？

張揖撰

沈本"揖"作"挹"，按《新志》亦作"揖"。①

張挹撰

沈本"挹"作"揖"。按《隋志》《新志》皆作"揖"，王氏鳴盛亦以

---

① "揖"，《新舊唐書合鈔》作"揖"，非作"挹"；殿本《新唐書・藝文志》同。

"挹"字爲誤。
説文音隱四卷
聞本"音"作"意",沈氏炳震云:"《新書》無'説文'二字。"按《隋志》亦作《説文音隱》,與《新志》皆無撰人姓名。
天聖太后撰
沈本無"聖太"二字。
郭玄撰
沈本"玄"作訓。按《新志》同。
古文字詁二卷　張揖撰
聞本"揖"作"挹",沈氏炳震云:"《新書》'詁'作'訓'。"按《隋志》《新志》皆作"揖"。
王氏注
沈本"注"作"撰"。
字書十卷
按《新志》亦無撰人姓名,下條同。
難要三卷
《新書》亦無撰人姓名。
叙同音三卷
《新志》亦無撰人姓名,下條同。
彭立撰
聞本無此三字,沈本"彭"上有"新書"二字。按《隋志》與《新書》同。
桂苑珠叢略要二十卷
《新志》"二"作"三",[①]亦無撰人姓名。

[①] "二",殿本《新唐書·藝文志》亦作"二",非作"三"。

史游撰、曹壽解

聞本"撰"作"傳","壽"作"受",沈本同,云:"《新書》作'曹壽'。"

黄初章一卷

《新志》"章"作"篇",亦無撰人姓名。

吳章一卷

《新志》"章"下有"篇"字,亦無撰人姓名。

小學集十卷

聞本、沈本"小"作"少"。按《隋志》《新志》同。

王羲之撰

聞本"撰"作"作"。

古來篆隸詁訓名録一卷

《新志》亦無撰人姓名。

李嗣貞撰

沈本"貞"作"真"。按《新志》同。

筆墨法一卷

《新志》亦無撰人姓名,下條同。

篆書千字文一卷

《新志》亦無撰人姓名,以下十條並同。《今字石經尚書》《新志》"書"下衍"本"字,《左傳》經十卷,《新志》"卷"誤作"傳"。

三字石經左傳古篆書十三卷

聞本、沈本"十三"作"十二"。按《隋志》《新志》同。又按沈本此條在下條後。

蔡邕注

沈本"注"作"撰"。

右小學一百五部

殿本《考證》云:"今按上一百二部。"按沈氏炳震説同。今考下文云："《爾雅》《廣雅》十八家，偏傍音韻雜字八十六家，止有一百四部。"上文自《纂文》至《雜字書》八卷適合八十六部之數，自《爾雅》至《小爾雅》止有十六部，合之正得一百二部，疑此處之總數有訛，非上文之書目有脱也。

凡七百九十七卷

殿本《考證》云："今按上八百卷。"沈氏炳震云："今按上止七百九十六卷。"按，以上文散數考之，正得八百卷，沈説非是。

右小學類。

乙　部

八百四十四部，一萬七千九百四十六卷
　　殿本《考證》云："今止七百七十三部，一萬五千七百五十一卷。"按沈氏炳震説同。

起居注類五
　　沈本脱去"類"字。

司馬遷作
　　沈本"作"作"撰"。

又八十卷
　　聞本"又"作"史記"。

史記音義三卷
　　沈本作"又三卷"。

邵鄒生撰
　　閣本作"鄒誕生注"，《考證》云："刊本'鄒誕生'訛'邵鄒生'，據《隋書》改。"按，聞本作"邵誕生"，"邵"字即"鄒"字之訛，沈本已改作"鄒"，《新志》亦同。

班固作
　　沈本"作"作"撰"。

郝處俊等撰
　　聞本"郝"作"黑"。按，郝處俊乃高宗時人，作"黑"者，非也。

漢書叙傳五卷
　　沈本此條在上文"服虔撰"條後。

漢書音義九卷
　　沈本此條在下文"姚察撰"條後。

晉灼注
聞本"灼"作"治",誤。

漢書音義七卷　韓韋撰
聞本"韋"作"昭",沈本作"又七卷,韋昭撰",在"孟康撰"條後。按《隋志》《新志》皆作"韋昭"。

漢書駁義二卷
聞本"駁"作"駮",沈本此條在下文"孔文詳撰"條後。

孔氏漢書音義抄二卷
聞本"音"作"集",沈本同,云:"《新書》:'集'作'音'。"

孔文詳撰
聞本"詳"作"洋",沈本作"祥"。

韋稜撰
聞本"稜"作"凌"。按《隋志》《新志》皆作"稜"。

漢書訓纂三十卷
聞本"訓纂"作"續"。按《隋志》《新志》皆作"訓纂"。

漢書音義二十六卷
沈本上四字作"又"。

漢書二卷　夏侯泳撰
聞本"泳"作"俫",沈本"書"下有"音"字。按《新志》與沈本同,《隋志》"泳"作"咏",亦有"音"字。

漢書決疑十二卷　顏延年撰
殿本《考證》云:"《新書》作'韓游秦'。"沈氏炳震云:"《新書》:'顏游秦'。"按《顏師古傳》云:"叔父游秦,撰《漢書決疑》十二卷。"亦其明證。

漢書正名氏義十三卷
《新志》"三"作"二",亦無撰人姓名。

漢書律曆志音義一卷

聞本、沈本"一"作"二"。按《新志》亦作"一"。

陰景倫作

沈本"作"作"撰"。

漢書英華八卷

《新志》亦無撰人姓名。

薛瑩作

沈本"作"作"撰"。

後漢書三十一卷

沈本上三字作"又"。

華嶠作

聞本、沈本"作"作"撰"。

袁山松作

聞本"山松"作"崧",沈本"作"作"撰"。按《隋志》《新志》皆作"山松",①聞本蓋誤合二爲一字耳。

劉昭補注

聞本"注"作"撰",按《隋志》《新志》皆作"注"。

蕭該作

聞本、沈本"作"作"撰"。

韋機撰

聞本"機"作"譏"。按《新志》亦作"機"。

王沈撰

聞本"沈"作"洗"。按《隋志》《新志》皆作"沈"。

魏略三十八卷

殿本《考證》云:"後又見雜史類中。"按沈氏炳震説同。

---

① "袁山松",殿本《新唐書·藝文志》作"袁崧"。

魚豢撰

聞本"撰"作"注"。

魏書一百七卷

沈本"魏書"作"又"。

魏澹撰

聞本作"張大素撰"。按《新志》亦作"魏澹撰",聞本蓋涉下條"張大素撰"而誤耳。

令狐德棻撰

聞本"撰"下衍一"撰"字。

北齊未修書二十四卷

聞本"未"作"末"。按《新志》亦作"末"。

右八十一部

按,"右"下當補"正史"二字。

前漢二十六家,後漢十六家

聞本、沈本上"六"字作"五",下"六"字作"七"。按,上文自《漢書》至《漢書英華》,正合二十五家之數,自《東觀漢記》至《後漢書音義》正合十七家之數。

凡四千四百四十三卷

殿本《考證》云:"今按上止四千四百四十卷。"按沈氏炳震説同。

　　右正史類。

汲冢書

聞本無此三字。按《隋志》《新志》皆有此三字。

漢晋春秋五十四卷

聞本"晋"下有"陽"字。按《隋志》《新志》皆無"陽"字。

山陽義紀　樂資撰

殿本《考證》云無卷數,《新書》作十卷,閣本"義紀"作"公載記"。刊本脱"公"字,又"載"訛"義",據《新唐書》改。按沈氏炳震説同。考之《隋志》亦與《新志》相合。

魏武本紀三卷

《新志》"三"作"四",亦無撰人姓名。

魏紀十二卷

聞本"紀"作"記"。按《隋志》《新志》皆作"紀"。

魏澹撰

殿本《考證》云:"沈炳震曰:當從《新書》,作'陰澹'。"按,合鈔本載沈氏之説,"新書"作"隋書"。今考《新書》作"魏澹",《隋書》作"陰澹"。

晋録五卷

《新志》亦無撰人姓名。

晋紀二十二卷

聞本"紀"作"記"。按《隋志》《新志》皆作"紀"。

干寶作

沈本"作"作"撰"。

晋陽秋二十卷

沈本作"又二十卷"。按《新志》有"孫盛《晋陽秋》二十二卷",沈本據以補於此條之前,故改此條上三字爲"又"耳。

檀道鸞注

沈本"注"作"撰"。

晋陽春秋二十二卷　鄧粲撰

沈本上四字作"又",在上文"晋陽秋"條後。錢氏大昕云:"'春'字衍。"按《新志》亦無"春"字。

晋紀十一卷

沈本"紀"作"又",在上文"徐廣撰條"後。

崇安記二卷

沈本"記"作"紀",云"崇安"本"隆安",晋安帝年號,避明皇諱改,後晋"崇安"同。錢氏大昕云:"'崇安'本是'隆安',晋安帝年號也。"

母熙撰録

在開元中,避明皇諱改"隆"爲"崇"。按《新志》亦作"記"。

晋續記五卷　郭秀彦撰

沈本"記"作"紀","秀彦"作"季産",在上文"蕭景暢"條後。按《隋志》《新志》與沈本同。

蕭方撰

按,據《梁書》及《南史》,"方"下當有"等"字,《隋志》"方"誤作"萬",然亦有"等"字。

齊春秋三卷

沈本"三"下有"十"字。按《隋志》《新志》皆有"十"字。

皇帝紀七卷

《新志》亦無撰人姓名。

天啓記十卷

沈本"記"作"紀"。按《新志》同。

梁末代記一卷

《新志》亦無撰人姓名。

北齊記二十卷

沈本"記"作"紀"。按《新志》亦作"記",無撰人姓名。

鄴洛鼎峙記十卷

沈本"記"作"紀"。按《新志》亦作"記",無撰人姓名。

隋大業略記三卷

沈本"記"作"紀"。按《新志》亦作"記"。

蜀國志十五卷

殿本《考證》云："以下三條,《新書》俱入正史類。"按沈氏炳震說同。

陳壽撰、裴松之注

沈本無下四字。

蜀李書九卷　常璩撰

沈本"李"作"季","璩"作"據"。按,"常璩"即撰《華陽國志》之人。《蜀李書》蓋記李雄等據蜀之事,《新志》亦與今本同,沈本非是。

張諮撰

沈本"諮"作"諧"。按《隋志》《新志》同。

拓跋涼錄十卷

《新志》亦無撰人姓名。① 《燕志》十卷,沈氏炳震云:"《新書》:高閭撰。"② 按《隋志》與《新志》同。

崔鴻撰

聞本脫"撰"字。

右七十五部,編年五十五家,雜偽國史二十家,凡一千四百十卷

殿本《考證》云:"今按上止七十三部,一千三百四十三卷。"按沈氏炳震說同,今考上文,自《紀年》至《隋後略》,正合五十五家之數,自《蜀國志》至《十六國春秋》,止有十八家,蓋脫去二家也。

右編年類、偽史類。

---

① "拓跋涼錄十卷",殿本《新唐書·藝文志》作"拓拔涼錄十卷"。
② "《新書》:高閭撰",《新舊唐書合鈔》無此五字。

古文鎖語四卷
《新志》同《隋志》"鎖"作"璅",注云"汲冢書"。

春秋國語十卷　孔衍撰
沈本"秋"下有"時"字。按《新志》云:"孔衍《春秋時國語》十卷,又《春秋後國語》十卷。""時"字蓋對"後"字而言,此志既不載後語,故傳寫者疑"時"字爲衍而刪之耳。

吳越記六卷
《新志》亦無撰人姓名。

戰國策三十二卷　高誘注
聞本脱"卷"字,沈本上三字作"又",在上文"劉向撰"條後。

後漢尚書十四卷　張溫撰
殿本《考證》云:"《新書》:孔衍撰。"沈本"漢"作"魏",云:"《新書》:孔衍撰。"按《隋志》云:"《魏尚書》八卷,孔衍撰,梁十卷。"今考孔衍乃東晉時人,不及見後魏之事,"後"字必是衍文,當刪去。下條《後魏春秋》"後"字亦然。

典略五十卷　魚豢撰
沈氏炳震云:"《新書》:'典'作'魏'。"按《隋志》云:"《典略》八十九卷,魏郎中魚豢撰。"今考《三國志注》及《史通》,引魚豢之書,並云《魏略》,不云《典略》,似當從《新志》。惟上文正史內已載《魏略》,則雜史內不應複見,且彼處言三十八卷,而此處言五十卷,亦屬不合,或本係兩書,亦未可知,當存以俟考。

合史二十卷
沈氏炳震云:"《新書》又錄一卷,蕭肅撰。"

後漢書抄三十卷
沈本"抄"作"鈔"。

後漢書略二十五卷

沈本此條在下條後。

代譜四百八十卷

沈本"四百八十"作"四十八"。按《新志》同。

漢書英雄記十卷　王粲等撰

沈本"書"作"末",無"等"字。按《隋志》同。

魏武本紀年曆五卷

《新志》亦無撰人姓名。

王子拾遺記十卷　蕭綺錄

沈本"子"下有"年"字,"錄"作"撰"。按《隋志》同,《新志》作"王嘉",蓋"子年"即"嘉"之字,"年"字當補無疑。惟此書既出於王嘉,則是蕭綺所錄,而非蕭綺所撰矣。《新志》亦作"錄",不必改爲"撰"。

劉滔撰

沈本"滔"作"縚"。按《隋志》作"縚",《新志》作"滔"。

後漢雜事十卷

《新志》亦無撰人姓名。

帝王代記十卷

錢氏大昕云:"'代'本'世'字,避諱改。郭頒《魏晉代語》、何集《續帝王代記》虞茂《代集》、鄭代《翼集》,皆以'代'爲'世'。按《隋志》亦作"代","記"作"紀"。《新志》"記"亦作"紀"。

何集撰

聞本"集"作"業"。殿本《考證》云:"《新書》:'何茂林撰。'"按沈氏炳震説同,今考《隋志》,"茂林"作"茂材",疑是何集之字,惜無明文可據耳。

晉曆二卷

《新志》亦無撰人姓名,下條同。

諸葛忱撰

沈本"忱"作"耽"。按《新志》同。

長曆十四卷

《新志》亦無撰人姓名。

千年曆二卷

《新志》亦無撰人姓名。

許氏作

聞本"氏"下有"志"字。按《新志》亦無撰人姓名。

曆紀十卷

《新志》亦無撰人姓名。

帝王記錄三卷

沈氏炳震云:"《新書》:褚无量撰。"

右雜史一百二部,凡二千五百五十九卷。

殿本《考證》云:"今按上止九十部,二千三十一卷。"沈氏炳震云:"今按上止九十九部,一千六百十二卷。"按,今以上文散數計之,係九十九部,二千四十四卷。

右雜史類。

穆天子傳六卷　郭璞撰

按,"撰"當作"注"。

漢獻帝起居注五卷

《新志》亦無撰人姓名。

晉建武大興永昌起居注二十二卷

《新志》亦無撰人姓名。

晉建元起居注四卷

《新志》亦無撰人姓名,下文十一條同。

晉永平起居注十卷

沈本"永"作"升"。按,"升平"係穆帝年號,在建元永和之後,若"永平"乃惠帝年號,已見於上文,不應複見於此。《隋志》《新志》皆作"升",當從之。

晉隆和興寧起居注五卷

聞本"隆"作"崇"。按《隋志》《新志》皆作"隆"。

晉崇寧起居注十卷

殿本《考證》云:"沈炳震曰:'晉無崇寧年號,兩書俱作崇寧,未詳。'"合鈔本載沈氏説云:"按,晉無崇寧,當是隆安,避諱改'隆'爲'崇',又誤'安'爲'寧'也。"錢氏大昕云:"'崇寧'當爲'崇安',即隆安也。隆安紀元在寧康太元之後,元興義熙之前,此下又有《晉崇安元興大享副詔》八卷,可證'崇寧'爲'崇安'之訛。"按《隋志》亦作"隆安"。

晉起居注

聞本脱"居"字。

劉道會撰

沈本"會"作"薈"。按《隋志》作"會",《新志》作"薈"。

宋永初起居注六卷

《新志》亦無撰人姓名,下二條同。《宋元嘉起居注》六十卷。《新志》"六十"作"七十一"。

宋太明起居注八卷

聞本脱"注"字,沈本"太"作"大"。按,宋孝武帝之年號係大明,非太明,《隋志》《新志》皆作"大","八"作"十五",無撰人姓名。

又五卷

沈氏炳震云:"《新書》:謝昊撰。"按《隋志》同。

梁太清實録八卷

《新志》"八"作"十",亦無撰人姓名,下二條同。

大唐創業起居注三卷

聞本"大"作"太",誤。

高宗實録三十卷

聞本"宗"作"祖",誤,下條同。

述聖記一卷

沈本此條在下條之後。按,以沈本各條之例推之,下條當改作"又一百卷"。

大聖天后撰

沈本無"大聖"二字,下條同。

吴兢撰

聞本"撰"作"志"。

漢武故事二卷

《新志》亦無撰人姓名。

秦漢已來舊事八卷

《新志》亦無撰人姓名,下文十一條同。《晋定制品》一卷,《新志》"制"上有"雜"字。①"大亨副詔",《新志》作"大亨"。

晋書雜詔書一百卷

沈本無上"書"字。按《新志》同。

晋雜詔書六十六卷

沈本上四字作"又"。

尚書大義二十一卷

沈本"義"作"事",云:"《新書》:范汪撰。"按《隋志》同。

晋太始太康故事五卷

聞本脱下"太"字。按《新志》"五"作"八",亦無撰人姓名。

晋建武已來故事三卷

《新志》亦無撰人姓名。

---

① "《晋定制品》一卷",殿本《新唐書·藝文志》作"《晋定品雜制》八卷"。

劉道會撰

沈本"會"作"薈"。按《新志》同。

張敞撰

聞本"敞"作"敝",誤。

交州雜故事九卷

按《新志》亦無撰人姓名。

四王起居四卷

閣本"居"作"事",《考證》云:"刊本'事'訛,據《隋書》改。"按,沈本亦作"事",《新志》同。

晉故事三卷

《新志》"故"上有"氏"字,亦無撰人姓名,下條同。

江南故事三卷

沈氏炳震云:"《新書》:應詹撰。"按《隋志》"江"作"沔","詹"作"思遠"。

大司馬陶公故事三卷

《新志》亦無撰人姓名。

郗太尉爲尚書令故事二卷

《新志》"郗"作"郄","二"作"三",亦無撰人姓名。

應德詹撰

聞本"詹"作"擔",誤。

荊江揚州遷代記四卷

聞本"州"上有"山"字,沈本"江揚"作"揚二"。案《新志》與沈本同,然考江州在六朝時亦爲重鎮,與荊揚相埒,聞本之"山州"必是"三州"之誤,惟撰人無可考耳。

宋永初詔六卷

《新志》亦無撰人姓名,下三條同。

中興伐逆事二卷

聞本"伐"作"代"，誤。

宇文愷等撰

聞本"愷"作"楷"，"撰"作"志"。按《隋志》亦作"愷""撰"。《新志》亦作"愷"，無"撰"字。

春坊舊事三卷

《新志》亦無撰人姓名。

應邵志

沈本"邵"作"劭"，"志"作"撰"。案《隋志》同，《新志》亦作"劭"，無"撰"字。

漢官解故事三卷

閣本無"事"字，《考證》云："刊本'故'下衍'事'字，據《隋書》刪。"沈氏炳震云："《新書》：胡廣注。"按《隋志》亦云胡廣注，《新志》"故"作"詁"，無"事"字。

百官名四十卷

殿本《考證》云：《新書》十四卷。按沈氏炳震說同，《新志》亦無撰人姓名。

晉惠帝百官名三卷

聞本"惠"作"魏"，誤。

晉官屬名四卷

《新志》亦無撰人姓名，下條同。

晉永嘉流士十三卷

聞本無"士"字，沈本無"十"字，"三"作"二"。案《新志》與沈本同。

登城三戰簿三卷

《新志》亦無撰人姓名。

百官階次一卷　范曄撰

聞本"范"作"沈"。按《新志》亦作"范"。

齊職儀五十卷　范曄撰

殿本《考證》引沈氏德潛云："按，范曄受誅於宋元嘉二十二年，不應著述《齊職儀》也。《新書》作王珪之較合。"沈本"職"下有"官"字，云："《新書》：王珪之。當從《新書》。"案《隋志》亦作"王珪之"而無"官"字。

陶藻撰

聞本"藻"作"操"。按《隋志》"藻"作"藻"，《新志》"藻"上有"彥"字。

陳將軍簿一卷

《新志》亦無撰人姓名。

大建十一年百官簿狀二卷

《新志》"大"作"太"，亦無撰人姓名，下條同。

右一百四部，列代起居注四十一家，列代故事四十二家，列代職官二十一家

殿本《考證》云："今按上止一百二部。"案，沈氏炳震說同，今考上文自《漢官儀》至《職員舊事》，正合二十一家之數，自《穆天子傳》至《中宗皇帝實錄》止四十家，自《漢武故事》至《春坊舊事》止四十一家，蓋故事類及職官類各少一家也。

凡二千二百三十卷

殿本《考證》云："今按上凡二千二百四十五卷。"沈氏炳震云："今案上凡二千二百九十九卷。"按，以上文散數計之，係二千二百四十卷。

右起居注類、故事類、職官類。

三輔決録七卷

聞本"決"作"浹",誤。趙政撰,沈本"政"作"岐"。① 按《隋志》同,《新志》作"歧",非是。

廬江七賢傳一卷

《新志》亦無撰人姓名。

陳留耆舊傳三卷

聞本脱"舊"字。

陳英宗撰

聞本"宗撰"作"志"。按《隋志》亦作"宗撰",《新志》無"撰"字。

陳留志十五卷　江徵撰

沈本"留"下有"人物"二字,"徵"作"敞"。按《新志》同,《隋志》亦作"敞",無"人物"二字。

諸國先賢傳一卷

《新志》亦無撰人姓名。

濟北先賢傳一卷

《新志》亦無撰人姓名。

廣陵列士傳一卷

沈本"列"作"烈"。按《新志》同。

會稽後賢傳三卷

沈本脱去"三卷"二字。

吳國先賢讚三卷

沈氏炳震云:"自《會稽先賢像讚》以下,又見《丁部·集録·總集類》。"按《新志》"讚"上有"像"字,亦無撰人姓名。

---

① "三輔決録七卷",殿本《新唐書·藝文志》作"趙岐三輔決録十卷摯虞注","政"作"岐",不作"歧"。

楚國先賢志十二卷　楊方撰

沈本"志"作"傳讚","楊"作"張"。按《隋志》同,惟"讚"作"贊",《新志》亦同,惟無"讚"字。

零陵先賢傳一卷

《新志》亦無撰人姓名,下條同。

徐州先賢傳一卷

沈本此條在下文"《徐州先賢傳》九卷"條後。按,以沈本各條之例推之,當改作"又一卷"。

劉成撰

沈本"成"作"或"。按《隋志》《新志》同。

徐州先賢傳九卷

沈氏炳震云:"《新書》:八卷。"

劉義慶撰

案《新志》"傳"下有"讚"字,《隋志》亦云:"劉義慶撰。""傳"下有"贊"字,係九卷。

劉延明撰

殿本《考證》云:"《新書》作'劉昞'。"案,沈氏炳震説同,蓋"延明"即劉昞之字,唐人避世祖之諱,故稱其字耳。

郭延生撰

沈本"延"作"緣"。案《隋志》《新志》同。

吳郡錢塘先賢傳五卷

聞本"五"作"三"。按《新志》亦作"五"。

幽州古今人物志十三卷

殿本《考證》云:"《新書》:三十卷。"按《互證》説同。

陽休之撰

聞本"陽"作"楊"。案《新志》亦作"陽"。

孝子傳讚十五卷

聞本無"讚"字，沈本作"又十五卷"。按《新志》亦無"讚"字。

孝子傳十卷

沈本作"又十卷"。

雜孝子傳二卷

沈本此條在下文"徐庶撰"條後。案《新志》亦無撰人姓名。

孝子傳一卷

沈本作"又一卷"。

徐庶撰

聞本"庶"作"乂"，沈本"庶"作"廣"。案《新志》與沈本同。

孝子傳讚十卷

沈本作"又十卷"。按《新志》有《孝子傳讚》二卷，王韶之撰。沈本據以補於此條之前，故改此條上四字爲"又"耳。

元懌撰

聞本"懌"作"擇"。案《新志》亦作"懌"。

自古諸侯王善惡録二卷

聞本"惡"作"憲"。案《新志》亦作"惡"。

良史傳十卷

聞本、沈本"史"作"吏"。按《隋志》《新志》同。

上古以來聖賢高士傳讚三卷

沈本此條在下文"周宏讓撰"條後。

高士傳七卷

沈本作"又七卷"。

袁宏撰

聞本"宏"作"尚"。案《新志》亦作"宏"。

戴逵撰

聞本"逵"作"筵"，按《隋志》《新志》亦作"逵"。

高士傳二卷

沈本作"又二卷",在上文《續高士傳》前。

劉畫撰

沈本"畫"作"晝"。按《隋志》《新志》同。

列女傳二卷

沈本此條在下文《冥報記》條後。

王子良撰

聞本"撰"作"注",沈本"王"作"蕭"。按《新志》云:"齊竟陵王子良止足傳十卷。"①蓋子良爲齊之宗室,故不更加"蕭"字於上也。竊疑聞本"王"字上原有"齊竟陵"三字,而傳寫者脱去耳。

高僧傳六卷

沈本此條在下文《高僧傳》條前。

悼善列傳四卷

案《新志》亦無撰人姓名。

七國叙讚十卷

聞本"十"作"一",沈氏炳震云:"又見《丁部·集錄·總集類》。"案《新志》亦作"十",無撰人姓名。

益州文翁學堂圖一卷

《新志》亦無撰人姓名,下文五條同。《雜傳》六十五卷,《新志》"五"作"九"。

東方朔傳八卷

聞本"八"作"二",沈本同,云:"《新書》八卷,誤。"案《隋志》與《新志》同,並無撰人姓名。

李固別傳七卷

《新志》亦無撰人姓名,下二條同。

---

① "齊竟陵王子良止足傳十卷",殿本《新唐書·藝文志》作"齊竟陵文宣王子良止足傳十卷",文中脱去"文宣"二字。

母邱儉記三卷

《新志》亦無撰人姓名。

諸葛亮隱没五事一卷

沈本無"一卷"二字。案《新志》有此二字。

桓玄傳二卷

《新志》亦無撰人姓名。

鄭忱撰

聞本"忱"作"沈"。案《新志》亦作"忱"。

張隲撰

沈本"隲"作"騭"。案《新志》亦作"隲",《隋志》作"隱"。

劉向撰

聞本"向"作"國",誤。

孝子傳一卷

沈本"孝"作"老",云:"《新書》無。"案,上文所載《孝子傳》凡八家,惟虞盤佐之書係一卷,《新志》所載亦然。此條若是《孝子傳》,則當與前八家之書相次,不應列於《老君內傳》之後。沈氏改"孝"爲"老",未爲無説,惟《隋志》亦無,《老子傳》不知爲何人所撰耳。

王喬傳一卷

《新志》亦無撰人姓名。

茅君內傳一卷

沈氏炳震云:"《新書》:李遵撰。"案《隋志》同。

漢武帝傳二卷

聞本"而"作"一",沈本同,云:"《新書》:二卷。"案《新志》亦無撰人姓名。

清虛真人王君內傳一卷

案《新志》無撰人姓名,《隋志》云:"弟子華存撰。"

清虚真君内傳一卷

沈本"真"下有"人裴"二字。案《隋志》《新志》同。

紫虚元君南岳夫人内傳一卷

沈本"虚"作"陽",案《新志》亦作"虚"。

九華真妃内記一卷

沈本此條在上條前。案《新志》亦無撰人姓名。

許先生傳一卷

聞本"一"作"二"。案《新志》亦作"一"。

養性傳二卷

《新志》亦無撰人姓名。

茅廬玄撰

沈本"廬"作"處"。案《新志》同。

高僧傳十四卷

沈本作"又十四卷"。

續高僧傳二十卷

沈本作"又二十卷",在下條後。

又一卷

聞本作"《草堂法師傳》一卷。"

蕭理撰

《新志》"理"上有"回"字。

稠禪師傳一卷

《新志》亦無撰人姓名。

徵應集二卷

《新志》亦無撰人姓名。

雜傳十卷

沈氏炳震云:"《新書》無。"案《隋志》亦無此書,未知爲何人所撰。

志怪四卷

沈本作"又四卷"。

石異傳三卷

聞本"石"作"若","傳"作"得",沈本"石"作"古"。案《隋志》《新志》與沈本同。

袁仁壽撰

聞本"仁"作"正"。案《隋志》《新志》"仁"作"王"。

祖沖之撰

聞本"沖"作"中"。案《隋志》《新志》皆作"沖"。

王廷秀撰

沈本"廷"作"延"。案《隋志》《新志》同。

冥祥記十卷

聞本"祥"作"詳"。案《隋志》《新志》皆作"祥"。

王曼撰

沈本"曼"下有"頴"字。案,《隋志》同,《新志》作"頴"。

陸果撰

聞本"陸"作"匡"。案《新志》亦作"陸"。

劉之道撰

沈本"道"作"遴"。案《隋志》《新志》同。

顏之推撰

聞本"顏"誤作"顧",下條同。

侯君集撰

沈本"集"作"素"。案《隋志》《新志》皆作"素",雖未言其爲何時之人,然《隋志》列其書于王劭《舍利感應記》之前,則其人當在隋代以前,可知若侯君集乃唐初之武將,未必能著此書,且此書果係君集所撰,則不應入《隋志》矣。

冥報記二卷

聞本"冥"作"宜",誤。

列女傳六卷

沈本作"又六卷"。

列女後傳十卷

沈本此條在下文"大聖天后撰"條後。

列女傳七卷

沈本作"又七卷"。

女記十卷

沈本此條及下二條皆在下文"顏原撰"條後。

虞道之撰

沈本"道"作"通"。案《新志》同。

列女傳一百卷

沈本作"又一百卷",在上文"皇甫謐撰"條後。

大聖天后撰

沈本無"大聖"二字。

古今內範記一百卷

沈本"卷"下有"天后撰"三字,下條同。案,此據《新志》。《新志》無"記"字。

大聖天后撰

沈本無"大聖"二字。聞本此條後有"《魯國先賢志》二卷,白雜撰"十字。案,上文云:"《魯國先賢志》十四卷,白褎撰。"《新志》所載亦同,《隋志》"十四卷"作"二卷",據此,則"白雜"乃"白褎"之訛,蓋"十"字本衍文也。

右雜傳一百九十四部,褎先賢耆舊三十九家、孝友十家、忠節三家、列藩三家、良史二家、高逸十八家、雜傳五家、科錄一家、雜傳十一家、文士三家、仙靈二十六家、高僧十家、鬼神二十六家、

列女十六家

殿本《考證》云："今案上止一百七十九部。"案沈氏炳震説同。今考上文自《三輔決録》至《幽州古今人物志》，凡三十九家；自《孝子傳》至《孝友傳》，凡十家；自《忠臣傳》至《忠孝圖讚》，凡三家；自《英藩可録事》至《列藩正論》，凡三家；自《良吏傳》"吏"字從沈本改，此處之"良史"亦當作"良吏"。至《丹陽尹》，凡二家；以上與總數合。自《高士傳》至《高才不遇傳》，凡十三家；較總數少五家。自《雜傳》至《集記》，凡四家；較總數少一家，此四家當移於《陰德傳》前。自《陰德傳》至《全德志》，《陰德傳》前之《列女傳》一家，《全德志》後之《高僧傳》一家，當從沈本移歸各本類。又自《悼善列傳》至《先儒傳》，凡十六家；較總數多十五家，蓋《科録》者即是彙傳，故《陰德》等類皆與《科録》之名相合，不得僅以秘録一家當之，亦不得僅以四科傳讚一家當之也。自《東方朔傳》至《桓玄傳》，凡十一家；前已有四家之《雜傳》，則此十一家不得又爲《雜傳》，疑"雜"字乃"別"字之誤。自《文林館記》至《文館詞林文人傳》，凡三家；自《列仙傳讚》至《漢別國洞冥記》，凡二十六家；以上與總數合。自《高僧傳》至《稠禪師傳》，據沈本補虞孝敬《高僧傳》於釋惠皎《高僧傳》之前。凡十二家；較總數多二家。自《列異傳》至《冥報記》，凡二十六家；與總數合。自《列女傳》至《保傅乳母傳》，據沈本補劉向《列女傳》於皇甫謐《列女傳》之前。凡十一家；較總數少五家。統而計之，正是一百七十九部，總數有舛誤矣。凡一千九百七十八卷。殿本《考證》云："今案上止一千三十卷。"沈氏炳震云："今案上止一千九百三十卷。"案，今以上文散數核之，凡一千九百四十七卷。

右雜傳類。

漢書儀四卷

閣本"書"作"舊"，《考證》云："刊本'舊'訛'書'，據《新唐書》

改。"案《隋志》作"書",沈本作"舊"。
晋尚書儀曹新定儀注四十一卷
　　聞本此條在《甲辰儀注》條後,沈本此條在《車服雜注》條後。
甲辰儀注五卷
　　《新志》亦無撰人姓名,《隋志》無"注"字,云:"江左撰。"案,此條列於《晋儀注》之前,必不在宋齊以後,考東晋之甲辰有二,一爲康帝建元二年,一爲安帝元興三年,皆在南渡以後。所謂"江左"者,蓋指撰書之時,非指撰書之人也。或疑江爲人姓,"左"字有誤,恐未必然。
大駕鹵簿一卷
　　聞本、沈本此條在下條後,下文自《晋雜儀注》條至《陳尚書曹儀注》條,聞本、沈本皆上條與下條互易。案《新志》此條亦無撰人姓名,下六條同。《諸王國雜儀》,《新志》"儀"下有"注"字,《雜儀注》一百八卷,《新志》無"八"字。
宋儀注三十六卷
　　沈本"宋"下有"尚書"二字。案《新志》同。
范注撰
　　沈本"注"作"汪"。案《新志》同。
晋尚書儀曹吉禮儀注三卷
　　聞本無"書"字。案《新志》有"書"字,亦無撰人姓名。
宋儀注二卷
　　《新志》亦無撰人姓名。
明山等撰
　　閣本"山"下有"賓"字,《考證》云:"刊本脱'賓'字,據《隋書》增。"案《新志》及沈本同。
梁吉禮儀注十卷
　　《新志》亦無撰人姓名。

趙彥琛撰

　　沈本"琛"作"深"。案《新志》同。

雜撰

　　沈本無此二字。案《新志》同。

梁皇帝崩凶儀十一卷

　　聞本"崩"作"高"。案《新志》亦作"崩"。

高熲等撰

　　聞本"熲"作"穎"。案《新志》亦作"熲"。

梁凶禮天子喪禮七卷

　　《新志》無"凶禮"二字，亦無撰人姓名。

梁太子妃薨凶儀注九卷

　　《新志》亦無撰人姓名。

北齊王太子喪禮十卷

　　沈本"王"作"皇"，云："《新書》：皇太后。"

趙彥琛撰

　　沈本"琛"作"深"。案《新志》同。

梁諸侯世子凶儀注九卷

　　《新志》"子"下有"卒"字，亦無撰人姓名。

賀錫等撰

　　沈本"錫等"作"瑒"。案《新志》同《隋志》作"瑒等"。

高熲等撰

　　聞本"熲"作"穎"。案《新志》無此條，考隋時有高熲，無高穎，聞本非是。

司馬聚撰

　　沈本"聚"作"裛"。案《新志》同，此志下文有司馬裛，《隋志》亦然。

張彥志

沈本"志"作"撰"。案,上下文皆言"撰",不應此獨言"志",沈本是也。

梁嘉禮儀注二十一卷

殿本《考證》云:"《新書》:四十卷。"案,沈氏炳震云:"《新書》:四十五卷。"今考《新志》正作四十五卷,《隋志》則云"一百一十二卷,錄三卷",未知孰是。

雜撰

沈本無此二字。案《新志》同。

梁陳大行皇帝崩儀注八卷

《新志》亦無撰人姓名。

雜志

沈本無此二字。案《新志》無此書。

陳諸帝后崩儀注五卷

聞本此條及下條皆在下文"梁大行"條後。案《新志》此條及下條皆無撰人姓名。

梁大行皇后崩儀注一卷

聞本卷下有"雜志"二字。沈氏炳震云:"《新書》'后'作'帝'。"案,今考《新志》,"皇后"上有"皇帝"二字,亦無撰人姓名。

陳皇太子妃薨儀注五卷

聞本、沈本自此條至《親享太廟》條,皆上條與下條互易。

儀曹志

沈本"志"作"撰"。案《新志》同。下文亦云"儀曹撰",沈本是也。

陳雜儀注凶儀十三卷

《新志》亦無撰人姓名。

陳雜儀注六卷

《新志》亦無撰人姓名。

晉謚議八卷

《新志》亦無撰人姓名。

魏氏郊丘三卷

《新志》亦無撰人姓名,下條同。

高崇撰

沈本"崇"作"堂隆"。案《新志》同,作"崇"者,蓋避玄宗之諱,後脱去"堂"字耳。《隋志》亦作"高堂隆",惟書名"訪儀"作"訪議",且在刑法類,不在儀注類耳。

王逸志

沈本"志"作"撰",是也。

鮑行卿撰

沈本"行"作"衡"。案《隋志》作"行",《新志》作"衡"。

裴矩撰

沈本"矩"下有"虞世南等"四字。案,此據《新志》。

童悟十三卷

《新志》亦無撰人姓名。

僧約貞撰

沈本作"紀僧真撰"。① 案《新志》同。② 紀僧真係南齊時人,史書有傳,宋人避諱改"真"爲"貞",傳寫者誤"紀"爲"約",復移"僧"字於上,遂若此書爲方外所作矣。

大享明堂儀注二卷　郭山惲撰

聞本"山惲"作"仙暉",下文《親享太廟儀注》亦然。案《新志》正作"郭山惲",考《儒學傳》亦有郭山惲,"仙暉"蓋"山惲"之

---

① "僧約貞撰",《新舊唐書合鈔》此條作"紀僧貞撰"。
② 殿本《新唐書·藝文志》作"紀僧真",無"撰"字。

訛耳。

明堂義一卷　張大瓚撰

沈本"義"作"儀",云:"《新書》:張大頤。"

皇太子方岳亞獻儀二卷

《新志》亦無撰人姓名。

右儀注八十四部

殿本《考證》云:"今案上止八十部。"案沈氏炳震説同。

凡一千一百四十六卷

殿本《考證》云:"今案上止一千五十二卷。"沈氏炳震云:"今案上止九百五十一卷。"案,今以上文散數核之,凡一千五十三卷。

　　右儀注類。

漢建武律令故事三卷

聞本自此條至"《貞觀格》十八卷"條皆在"《垂拱留司格》六卷"條後。案,此志之例,隋以前之書皆列於唐代諸書之前,不應此處獨變其例,且《武德令》《貞觀格》皆係唐初之律,不應在永徽、垂拱諸書之後,聞本非是。又案《新志》此條亦無撰人姓名。

律略論五卷

沈本此條在《周大律》條後。

漢名臣奏三十卷

沈本"奏"下有"事"字。案《隋志》《新志》同。

又二十九卷

沈本作"《漢名臣奏》二十九卷"。案《新志》同,亦無撰人姓名,下三條同。

刑法律本二十一卷

聞本此條在上文《漢建武律令故事》條前,非也。沈本此條在下文《晉彈事》條後,蓋據《新志》。

南臺奏事二十二卷

《新志》亦無撰人姓名,下二條同。

宋躬撰

沈本"宋"作"宗",案《新志》同。

范泉志

沈本"志"作"等撰"。案《新志》同,《隋志》亦作"撰",無"等"字。

趙邵王獻撰

沈本"邵"作"郡","獻"作"叡"。案《新志》同,考《北齊書》及《北史》但有趙郡王叡,無趙邵王獻,沈本是也。

北齊令八卷

《新志》亦無撰人姓名。

高熲等撰

聞本"熲"作"穎",誤。

隋大業律十八卷

《新志》亦無撰人姓名。

法例二卷　崔知悌等撰

沈本"法例"作"又",無"等"字,在下文《垂拱式》條前。案《新志》,趙仁本《法例》二卷,崔知悌《法例》二卷,在《永徽格》之後,《垂拱格》之前,沈本據此補趙仁本書于崔知悌書之前,故不得不改"法例"爲"又"耳。

令律十二卷

沈本"令"作"武德"。案《新志》同。

律疏三十卷

沈本此條在下文《永徽留本司行中本》條後。案,自此條至《垂拱留司格》,沈本移易次第者,大率與《新志》同。

永徽散行天下格中本七卷

聞本自此條至"《垂拱留司格》六卷"條,皆在下文"《式》二十卷,姚崇等撰"條後。沈本此條及下條在下文《永徽留本司行格》條後。案,"永徽"乃高宗年號,"垂拱"乃武后年號,皆在玄宗開元以前,其時所修諸書,不應反在開元所修諸書之後,聞本非是。又案,據《新志》,此書亦源直心等所撰。

永徽留本司行中本十七卷

沈本"七"作"八"。案《新志》此書附見於《永徽留本司行格》條下,未言卷數。《永徽令》三十卷,沈本此條及下文《永徽留本司行格》條皆在上二條前。案《新志》此條亦無撰人姓名。《永徽留本司格後本》十一卷,沈本無下"本"字。案《新志》同。

永徽成式十四卷

沈本此條及下文《永徽中式本》條皆在上文《永徽令》條前。案《新志》無"成"字,亦無撰人姓名。

永徽中式本四卷

沈本無"中"字,按《新志》同,亦無撰人姓名。

垂拱式二十卷

《新志》此條及下條亦無撰人姓名。

垂拱格二卷

沈本"格"上有"新"字。按《新志》同。

律解二十一卷　張斐撰

聞本此條在上文《刑法律本》條前,沈本此條在上文《隋律》條前。按《隋志》云:"《漢晉律序注》一卷,晉僮長張斐撰。"又云:"《雜律解》二十一卷,張斐撰。"據此則斐本晉人,不應在唐垂拱諸書之後,聞本列於賈充書之後,是也。特不當在《漢建武律令故事》之前耳,《新志》列於蘇綽、高熲之間,沈本列於周律、隋律之間，恐有未核。

令三十卷

沈本"令"字上有"開元"二字，下條"式"字上亦有"開元"二字。按，據《新志》，此書爲宋璟等撰。姚崇等撰。按《新志》以此書爲宋璟等撰。

右刑法五十一部，凡八百一十四卷

殿本《考證》云："今按上止四十六部，八百三卷。"按沈氏炳震説同。

右刑法類。

陳天嘉四部書目四卷

《新志》亦無撰人姓名。

楊松珍撰

聞本"松"作"公"。按《新志》亦作"松"。

名手畫録一卷

《新志》亦無撰人姓名。

羣書四録二百卷

聞本"羣"作"郡"，誤。

凡二百一十七卷

殿本《考證》云："今按上凡三百六十七卷。"按沈氏炳震説同。

右目録類。

世本四卷　宋衷撰

聞本"衷"作"表"。按《隋志》《新志》皆作"衷"，且注《世本》者，有宋衷而無宋表，聞本非是。又按，"撰"當作"注"。

世本別録一卷

《新志》亦無撰人姓名。

宋均撰

沈本"撰"作"注"。按《新志》同。

世本譜二卷

沈氏炳震云："《新書》：王氏注。"

漢氏帝王譜二卷

《新志》亦無撰人姓名，下條同。

王僧孺撰

聞本"孺"作"儒"。按《隋志》《新志》皆作"孺"。

氏族要狀十五卷

聞本"十"作"氏"，誤。

賈希景撰

殿本《考證》云："《新書》：賈希鏡。"按，沈氏炳震亦引《新書》。

永元中表簿六卷

聞本"元"作"和"，沈本"永"上有"齊"字。按《隋志》《新志》皆與沈本同，亦無撰人姓名。考齊東昏侯曾改元"永元"，至於"永和"，則齊時無此年號，聞本非是。

大同四年中表簿三卷

聞本"大"作"太"。按《新志》亦作"大"，蓋"大同"乃梁武帝之年號，若"太同"則自來無此年號，聞本非是。又按《新志》亦無撰人姓名，下條同。

後魏譜二卷

《新志》亦無撰人姓名，下條同。

冀州譜七卷

《新志》"譜"上有"姓族"二字，亦無撰人姓名。

洪州譜九卷

《新志》此條及下條"譜"上有"諸姓"二字，亦無撰人姓名。

姓氏譜二百卷

聞本無"百"字。按《新志》亦有"百"字。

柳沖撰

聞本"沖"作"中"。按《新志》亦作"沖"。

褚氏家傳一卷

沈本此下四條在下文《韋氏家傳》條前。

殷敬等撰

聞本無此四字,沈氏炳震云:"《新書》:殷敬撰。"

桂氏世傳七卷

沈氏炳震云:"'桂',《新書》作'崔'。"丁氏子復云:"按《新志》作《崔氏世傳》七卷,注崔鴻,沈氏從《舊書》而削去鴻名,當兩存也。"

邵氏家傳十卷

按《新志》亦無撰人姓名,下二條同。

韋氏家傳三卷

聞本"三"作"一",沈本同,云:"《新書》:三卷。"

皇甫謐撰

聞本"皇"作"韋"。"謐"作"謐",誤。

王氏家傳二十一卷

《新志》亦無撰人姓名。

江氏家傳七卷

聞本、沈本"七"作"一",按《隋志》及《新志》皆作"七"。

江統撰

沈本"統"作"饒",按《新志》同,《隋志》作"祚等"。

暨氏家傳一卷

《新志》亦無撰人姓名。

虞覽撰

聞本"覽"作"寬"。按《隋志》《新志》皆作"覽"。

孫氏譜記十五卷

沈本此條在下文《燉煌張氏家傳》條後。按《新志》亦無撰人姓名，下條同。

諸王傳一卷

《新志》亦無撰人姓名。

陸史十五卷

聞本"五"下衍"五"字。

明氏世錄五卷

聞本"錄"作"傳"，沈本同，云："《新書》作'錄'。"

庾氏家傳三卷

聞本"三"作"二"，沈本同，云："《新書》：三卷。"

韋氏譜十卷　韋鼎等撰

聞本"十"作"一"，沈本無"等"字，在上文《蘇氏譜》條後。按《新志》亦作"十"，無"等"字。

何妥家傳二卷

《新志》亦無撰人姓名。

裴若弼家傳一卷

《新志》亦無撰人姓名。

張太素撰

沈本"太"作"大"。按《新志》同。

裴氏家牒二十卷

聞本"牒"作"諜"，誤。沈本此條在上文《韋氏譜》條後。

右雜譜牒五十五部

聞本"譜"作"讚"，"牒"作"諜"，誤。

凡一千六百九十一卷

殿本《考證》云："今按上凡一千六百九十五卷。"沈氏炳震云："今按上止一千六百五十五卷。"按，今以上文散數核之，凡一千六百八十八卷。

右譜牒類。

山海經十八卷　郭璞撰

按，"撰"當作"注"。

山海經音二卷

《新志》亦無撰人姓名。

三輔黄圖一卷

《新志》亦無撰人姓名，下二條同。

廟記一卷

《新志》亦無撰人姓名。

西京記三卷　薛冥志

聞本"三"作"一"，沈本同，"志"作"撰"，云："《新書》：三卷。"

鄧行儼撰

沈本"撰"下有"貞觀著作郎"五字。按《新志》同。

分吳會丹陽三郡記三卷

《新志》下"三"字作"二"，亦無撰人姓名。

闞稱撰

閣本"闞"作"圈"，《考證》云："刊本'圈'訛'闞'，據《新唐書》及《水經注》改。"按《隋志》及沈本俱作"圈"。

南雍州記三卷　郭仲彥撰

沈本"彥"作"產"，云："《新書》：鮑堅。"當從《新書》。按《新志》載郭仲產《荊州記》二卷，故沈氏據之改"彥"爲"產"，然考《隋志》有郭仲彥《湘州記》一卷，未見"產"字，果是"彥"字，果非也,至於《南雍州記》,《隋志》亦有是書,惟"三卷"作"六卷",云"鮑至撰","至"與"堅"字形相近,未知孰是。

湘州圖記一卷
沈氏炳震云:"《新志》'記'上有'副'字。"按《隋志》亦有"副"字,二志並無撰人姓名。

中岳潁川志五卷
聞本"潁"作"穎",誤,沈本"川"作"州"。按《新志》同。

魏諸州記二十卷
《新志》"魏"上有"後"字,亦無撰人姓名。

地理書一百五十卷　陸澄撰
聞本"五"作"三",沈本同,云:"《新書》:一百五十卷。"①

鄧墓、陸澄撰
按《隋志》"五十"作"四十九",但言陸澄,不言鄧墓。

雜志記十二卷
《新志》無"志"字,與下條皆無撰人姓名。

國郡城記九卷
沈本"郡"作"都"。按《新志》同。

顧野王撰
聞本"王"作"玉",誤。

周地圖九十卷
殿本《考證》云:"《新書》:一百三十卷。"按《新志》無撰人姓名,沈氏炳震亦引之。

交州異物志一卷
聞本"交"作"文","異"作"吳",誤。

---

① "地理書一百五十卷陸澄撰",殿本《新唐書·藝文志》此條作"鄧墓、陸澄《地理志》一百五十卷","書"作"志"。

又一卷

沈本此條在下條後。按《新志》同,亦無撰人姓名。

郭象撰

沈本"象"作"緣生"。按《隋志》《新志》同。

姚最撰

聞本"撰"作"傳",誤。

魏聘使行記五卷

《新志》亦無撰人姓名。

巡總揚州記七卷

聞本"總"作"摠","揚"作"楊"。按《隋志》"總"作"撫",《新志》同,"揚"亦作"楊"。

諸葛穎撰

聞本"葛"作"侯",誤。按《隋志》"穎"作"穎",《新志》"穎"作"穎"。

諸郡土俗物產記十九卷

《隋志》"諸"上有"隋"字,"十九卷"作"一百五十一卷",與《新志》皆無撰人姓名。

京兆郡方物志三十卷

《新志》"三"作"二",亦無撰人姓名。按《隋志》無"京兆郡"三字,"三"作"二","卷"下有"許善心撰"四字。

神異經二卷

聞本脫"卷"字。

蜀王本記一卷

聞本、沈本"記"作"紀"。按《隋志》作"紀",《新志》作"記"。

日南傳一卷

《新志》亦無撰人姓名。

林邑國記一卷

《新志》亦無撰人姓名，下條同。

交州已來外國傳一卷

《新志》亦無撰人姓名，下條同。

西域道理記三卷

沈氏炳震云："《新書》：程士章撰。"①

常駿等撰

聞本"駿"作"駮"，"等"作"弟"，誤。

西南蠻入朝首領記一卷

《新志》亦無撰人姓名，下四條同。

右地理九十三部

殿本《考證》云："今按上止八十六部。"按沈氏炳震說同。

凡一千七百八十二卷

殿本《考證》云："今按上止一千一百五十七卷。"沈氏炳震云："今按上止一千一百五十一卷。"按，今以上文散數核之。凡一千一百七十三卷。

　　右地理類。

---

① "西域道理記三卷"，殿本《新唐書·藝文志》作"程士章《西域道里記》三卷"，"理"作"里"。

丙　部

七百五十三部，一萬五千六百三十七卷
殿本《考證》云："今按止七百四十九部，一萬四千八百三十一卷。"按沈氏炳震説同。

董子二卷
閣本"二"作"一"，《考證》云："按《漢書·藝文志》，《董子》止一篇，又《新唐書》亦作一卷，今據改"。按《隋志》亦作"一"。

魯仲連撰
聞本"魯"作"曾"。按《漢志》《隋志》《新志》皆作"魯"，聞本非是。

楊子法言六卷　楊雄撰
沈本"楊"作"揚"，下文"楊子《太玄經》十二卷，楊雄撰"二"楊"字亦作"揚"。按《隋志》《新志》同，考《漢書·雄傳》及《藝文志》，皆作"揚"，當從沈本爲是。

陸績注
聞本"績"作"續"。按《隋志》《新志》皆作"績"。孫氏堂陸績《周易述》序云："按《後漢·獨行傳》，陸續，吳人，生三子，其少子裦，裦生子康，康少子績，是續乃績之曾大父也，字形相近，故傳寫者誤耳。"其説最核。

又十一卷
沈本無"一"字。按《隋志》《新志》同。

潛夫論十卷　王符撰
聞本"撰"作"注"。按《隋志》作"撰"，《後漢書·王符傳》亦言符撰，《潛夫論》、聞本非也。

魏朗注

沈本"注"作"撰"。按《隋志》同。

王粲撰

聞本"粲"作"璨"。按《隋志》《新志》皆作"粲"。

殷奥續

閣本"奥"作"興",《考證》云:"據《新唐書》改。"按,沈本及《隋志》同。

周生烈志

聞本"烈"作"子",沈本"志"作"撰"。按《隋志》同。

後林新書十卷　虞喜撰

聞本"喜"作"嘉"。按《隋志》《新志》皆作"喜"。

正言十卷　干寶撰

聞本"干"作"于",下文"《立言》十卷,干寶撰","干"亦作"于"。按《隋志》《新志》皆作"于",然以《晋書》考之,當以"干"字爲是。

周捨撰

《聞本》"捨"作"拾"。按《隋志》《新志》皆作"捨"。

劉徽撰

沈本"劉"作"謝"。按《隋志》《新志》皆作"劉"。

李若等撰

沈本"若等"作"穆叔"。按《新志》同。

盧辯撰

聞本"辯"作"辨"。按《新志》亦作"辯"。

王邵撰

聞本"王"作"玉",誤。

辛德源志

沈本"志"作"撰",是也。

太宗序志一卷
　聞本脫"一"字。按《新志》有"一"字。
高宗天皇大帝撰
　沈本無"天皇大帝"四字。
太聖天后撰
　沈本無"太聖"二字。
青宮記要三十卷
　沈本"記"作"紀"。按《新志》同。
天后撰
　沈本"天"作"武"，下文三條同。聞本"臣軌"條，"天"作"太"，誤。
少陽正範二十卷
　聞本"二"作"三"，沈本同，"少"作"小"。按《新志》"二"亦作"三"，而"少"不作"小"，考《章懷太子傳》亦作"少"。
春宮要錄十卷　章懷太子撰
　聞本無"章懷太子撰"五字，下條同。按，下文《修身要錄》十卷，章懷太子撰，聞本"章"上有"並"字，故前二條從略耳。
君臣相發起事三卷
　沈本"起"在"發"上。按《新志》同。
王滂撰
　聞本"滂"作"旁"。按《新志》亦作"滂"。
崔靈童撰
　聞本無"童"字。按《新志》有"童"字。
張大素撰
　沈本"大"作"太"，云《新書》作"太玄"。
鳳樓新誡二十卷　張后撰
　按，《新志》"樓"作"樓"，係武后所撰，今考《武后紀述》所撰之書，有《鳳樓新誡》二十卷，而《張后傳》不言曾撰此書。且《舊志》序云："後出之書，在開元《四部》之外，此並不錄。"張后之立在肅宗乾元元年，當開元九年輯四部書目時，肅宗年甫十一，張后恐尚未生，即使已生，亦尚未入宮，斷無著書之理，然則"張"字爲"武"字之誤，可無疑矣。

右儒家二十八部

殿本《考證》云："今按上凡八十部。"沈氏炳震云："今按上凡八十一部。"按，今以上文散數核之，適符八十一部之數。

凡七百七十六卷

殿本《考證》云："今按上凡七百八十二卷。"沈氏炳震云："今按上凡七百九十二卷。"按，今以上文散數核之，適符七百八十二卷之數。

右儒家類。

老子二卷　河上公注

聞本"河"作"何"，誤。沈本"老子"作"又"，下文凡言"老子"幾卷者俱作"又"幾卷。

老子章句二卷

沈本此條及下條皆在下文《釋義盈注》條後。《老子道德經指趣》四卷，沈本無"老子"二字。

老子二卷　湘注

沈氏炳震云："《新書》無。"按《隋志》亦無此條，"湘注"句疑有脱誤，蓋"湘"字似是人名，而又無姓，於前後之例不合也。

玄言新記道德二卷

沈本此條在下文《道德經品》條前。

羊祜注

聞本"祜"作"被"。按《隋志》《新志》皆作"祜"，"被"字蓋傳寫之訛。

程韶集注

聞本"韶"作"詔"。按《新志》亦作"韶"。

孫登注

聞本脱"注"字。

老子道德經品四卷

沈本無"老子"二字,此條在上文《玄言新記》條後。

老子集注四卷

沈本作"又四卷"。

陳嗣古注

聞本"嗣"作"詞"。按《新志》亦作"嗣"。

老子道德經集解四卷

沈本無"老子"二字。

老子節解二卷

沈本"卷"下有"劉遺民撰"四字。按《隋志》無撰人姓名。《新志》雖列此條於《劉遺民玄譜》條後,然"節"字上無"又"字,疑亦以爲闕撰人,非以爲遺民所作也。

老子指歸十四卷　嚴遵志

聞本此條在下文"葛洪撰條"後,沈本同,"志"作"撰"。

老子指歸十三卷　馮廓撰

聞本此條在下文"玄景先生撰"條後,沈本同。"馮"作"馬"。按《新志》亦作"馮"。

老子道德經序訣二卷

聞本、沈本此條在下條之後。玄元景先生注,沈本"注"作"撰"。《太上玄元皇帝道德經》二卷,楊上器撰,沈本無"太上"二字。按,"撰"當作"注"。

老子章門一卷

聞本脱去"一卷"二字,沈本卷下有"劉遺民撰"四字。按《新志》《章門》一卷,與《節解》二卷,皆在劉遺民《玄譜》之後,然《節解》上既無"又"字,則《章門》亦未必爲遺民所撰也。

劉道人撰

沈本"道人"作"遺民"。按《隋志》《新志》同,蓋唐時避諱改"民"爲"人",後又誤"遺"爲"道"耳。

老子指例略二卷

沈氏炳震云:"《新書》:王弼撰。"

老子道德經義疏四卷

沈本無"老子"二字。

羊祜撰

聞本"祜"作"祐"。按《隋志》《新志》同。

老子義疏理綱一卷

沈本無"老子"二字,云"《新書》:顧歡撰。"按《隋志》有《老子義綱》一卷,顧歡撰,蓋即此書。《新志》"理"作"治"者,蓋唐人避高宗之諱,改"治"爲"理"耳。

老子講疏六卷

沈本作"又六卷",按,沈氏據《新志》補何晏《老子講疏》於前,故改此條之書名爲"又"字耳。

老子講疏四卷

沈本作"又四卷",在上二條前,云:"《新書》:梁武帝撰。"按《隋志》但云"《老子講疏》六卷,梁武帝撰",而不言另有四卷之書,當存以俟考。

老子義疏四卷

沈本上四字作"又",此條在上文"顧歡撰"條後。

老子道德指略論二卷

沈本無"老子"二字。

道德經三卷

沈本此條在下條後。按《新志》亦無注人姓名。

老子百昇經一卷

按，此下九條，書名皆有"老子"二字，蓋即老子所撰，而注不言者，蓋上文《老子》二卷下，已注明老子撰，則諸條從可推也。

莊子十卷　崔譔注

沈本"莊子"作"又"，此條在下條後。

又十卷　郭象注

沈本"又"作"莊子"，此條在上條前。按《新志》叙注莊子者，亦以郭象居首。

莊子集解二十卷　李頤集解

沈本下"集解"二字作"撰"。

莊子十卷　楊上善撰

聞本"撰"作"選"，誤。沈本"莊子"作"又"，"撰"作"注"，在上文"司馬彪"條後。按，《新志》亦言"楊上善注《莊子》十卷"，沈本是也。

梁簡文撰

沈本"文"下有"帝"字。按《隋志》《新志》同。

莊子疏七卷

《新志》亦無撰人姓名。

南華仙人莊子論三十卷

沈本此下三條，皆在下文"王穆撰"條後。

南華真人道德論三卷

《新志》亦無撰人姓名。

莊子疏十卷

沈本作"又十卷"，在上文"《莊子疏》七卷"條後。

莊子音一卷

沈本此條在下文"馮廓撰"條後。

莊子疏十二卷

沈本作"又十二卷",在上文"《莊子疏》十卷"條後。

文子十二卷

按,上文"《老子》二卷"下有"老子撰"三字,則此條"卷"字下亦當有"文子撰"三字。

鶡冠子撰

沈本脫去此四字。

商洛公撰

沈本"撰"字下有"張太衡注"四字。按《隋志》《新志》同。

姖威撰

沈本"姖"作"姬"。按,《新志》亦作"姖",沈氏蓋因"姖"字罕見,故改爲"姬",然考《古今姓氏書辯證》卷二十三。八語韻內,載有"姖"姓,云《唐藝文志》有姖威《渾輿》一卷,據此則當以"姖"字爲是,不必改爲"姬"矣。

抱朴子內篇二十卷

沈本無"二"字。按《新志》同。考今本《抱朴子內篇》,正合二十卷之數,孫氏星衍序云:"《舊唐書·經籍志》及各家書目俱爲二十卷,《隋志》'二十一卷《音》一卷者',或加序目,及《音》爲二十二卷也。《音》久不傳,《道藏》序在第一卷前,故不復列數云。"其說最確。

無上祕要七十二卷

《新志》亦無撰人姓名。

道要三十卷

《新志》亦無撰人姓名。

歷代三寶記三卷

沈氏炳震云："《新書》：費長撰。"按《新志》"長"下有"房"字，《隋志》同。

杜乂撰

閩本"乂"作"又"。按《新志》同，然晉有杜乂，而杜又，他無可考，且"又"字亦不似人名，當以"乂"字爲是。

右道家一百二十五部，老子六十一家，莊子十七家，道释諸説四十七家

殿本《考證》云："今按上止一百二十三部。"按沈氏炳震説同。今以上文散數核之，自《莊子》十卷，至《莊子疏》十二卷，正合十七家之數；自《老子》二卷，至《老子神策》百二十條、經一卷，凡六十家，較總數少一家；自《文子》十二卷，至《崇正論》六卷，凡四十六家，較總數亦少一家；故祇得一百二十三部也。

凡九百六十卷

殿本《考證》云："今按上止九百三十五卷。"沈氏炳震云："今按上止九百五十五卷。"按，今以上文散數核之，凡九百四十七卷。

右道家類。

滕輔注

沈本"滕"作"勝"。按《新志》亦作"滕"，"勝"蓋"滕"字之訛。

晁氏新書三卷　晁錯撰

殿本《考證》云："《新書》十卷。"按，沈氏炳震以《新志》爲誤，今考《隋志》，亦云三卷，與《舊志》同。又按，二"晁"字，沈本皆作"晁"，是也。

劉廙撰

聞本"廙"作"異",沈本"廙"作"廣"。按《隋志》《新志》皆與沈本同。

阮子正論五卷

聞本、沈本"正"作"政"。按《隋志》作"正",《新志》作"政"。

桓氏代要論十卷

殿本《考證》云:"《新書》:十二卷。"按,沈氏炳震亦引《新書》,考《隋志》,亦作十二卷。《隋志》"代"作"世",蓋唐人避諱改"世"爲"代"。

五經析疑三十卷

聞本"析"作"折"。按《隋志》作"析",《新志》作"折"。

邯鄲綽撰

沈本"鄲"作"鄆"。按《隋志》《新志》皆作"鄲"。邯鄲係複姓,三國時魏有邯鄲淳,"鄆"蓋"鄲"字之訛。

右法家類。

龍撰

聞本、沈本"龍"上有"公孫"二字。

凡五十六卷

殿本《考證》云:"今按上止四十六卷。"按沈氏炳震説同。

右名家類。

右墨家二部

聞本"二"作"三"。按,上文止有《墨子》《胡非子》二部,"三"蓋"二"字之誤。

凡一十六卷

沈本無"一"字。

右墨家類。

鬼谷子二卷　蘇秦撰

沈本"撰"作"注",是也。

又三卷　樂臺撰

沈本"撰"作"注"。按《隋志》《新志》同。

凡十八卷

沈本"十"上有"一"字。

右縱橫家類。

何誘撰

聞本、沈本"何"作"高"。按《新志》同。

誓論三十卷

沈本此下三條皆在下文"范泰撰"條後。

張大素撰

聞本"大"作"太"。按《新志》亦作"大"。

抱朴子外篇五十卷

沈本"五"作"二"。按《新志》同,《隋志》作"三十卷",注云:"梁有五十一卷。"考今本正合五十卷之數。葛洪自序亦云五十卷,不必據《新志》改爲"二"也。

袖中記一卷

沈氏炳震云:"《新書》:二卷,沈約撰。"按《隋志》同。

荊楚歲時記十卷

殿本《考證》云:"《新書》:一卷。"按,沈本亦據《新書》改爲"一"。

宗懍撰

聞本"懍"作"凜"。按《新志》亦作"懍"。

玉燭寶典十二卷　杜臺卿撰　四時錄十二卷　王氏撰

殿本《考證》云："《新書》俱入農家類。"按，沈氏炳震亦引《新書》。

劉孝孫撰

沈本"撰"上有"房德懋"三字。按《新志》同。

古今辯作錄三卷

沈本"辯"作"辨"。按《新志》同，亦無撰人姓名。

高堂隆撰

聞本無"隆"字。按，"高堂"係複姓，隆乃魏人，《三國志》有傳，《隋志》《新志》亦有"隆"字。

祥瑞圖十卷

沈氏炳震云："《新書》：顧野王撰。"

庾仲容撰

聞本"仲"作"子"。按《隋志》《新志》皆作"仲"。

子林三十卷

沈本"子林"作"又"，在上文"孟儀撰"條後。

博覽十五卷

《新志》亦無撰人姓名。

翰墨林十卷

《新志》亦無撰人姓名。

右雜家七十一部

聞本"七"作"士"，誤。殿本《考證》云："今按上止六十九部。"按沈氏炳震說同。

凡九百八十二卷

殿本《考證》云："今按上止九百八十卷。"沈氏炳震云："今按上止八百九十八卷。"按，今以上文散數核之，凡九百九十七卷。

右雜家類。

四人月令一卷　崔寔撰
錢氏大昕云："此與賈思勰《齊人要術》皆避諱,改'民'爲'人'也。"按《隋志》《新志》皆作"四人",蓋《隋志》修於貞觀初年,其時業已避改。《新志》則沿《舊志》之文耳,然下條之"齊人",二志皆作"齊民"者,蓋傳寫者改易之耳。

賈勰撰
聞本"賈"下有"思"字,"勰"作"協"。按《新志》與聞本同,《隋志》作"賈思勰撰",今本《齊民要術》與《隋志》同。

禁苑實錄一卷
《新志》亦無撰人姓名。

堯須跂撰
聞本、沈本"跂"作"跋"。按《新志》同。

鷹經一卷
《新志》亦無撰人姓名,下條同。

相馬經一卷
聞本"馬"作"鶴"。按《新志》亦作"馬"。

伯樂撰
閣本"樂"作"樂",《考證》云:"刊本'樂'訛'樂',據《新唐書》改。"按沈本及《隋志》同。

又二卷
聞本、沈本"二"作"三"。按《新志》同,亦無撰人姓名。

相馬經六十卷
沈本作"又六十卷"。

相貝經一卷
《新志》亦無撰人姓名。

右農家二十部

殿本《考證》云："今按上止十九部。"按沈氏炳震説同。

凡一百九十二卷

殿本《考證》云："今按上止一百八十七卷。"沈氏炳震云："今按上止一百八十八卷。"按，今以上文散數核之，正是一百八十七卷，蓋《相馬經》一書，或作二卷，或作三卷，故微有不同耳。

右農家類。

燕丹子三卷

殿本《考證》云："《新書》：一卷。"按沈氏炳震亦引《新書》。

小説十卷　殷芸撰

沈本"小説"作"又"。

劉齊撰

沈本"齊"作"霽"。按《隋志》作"霽"，《新志》作"齊"。

右小説家十三部，凡九十卷

殿本《考證》云："今按上凡十四部一百卷。"按沈氏炳震説同。

右小説家類。

又二卷李淳風撰

沈本"撰"作"注"。[①] 按，《周髀》非李淳風所作，不得云"撰"。《新志》載李淳風《釋周髀》二卷，"釋"與"注"同義，當從沈本。

論二十八宿度數一卷

《新志》亦無撰人姓名。

---

① "撰"，《新舊唐書合鈔》作"釋"，非作"注"。

劉叡撰

聞本脱"撰"字。

天文集占三卷

《新志》亦無撰人姓名。

右天文二十六家

殿本《考證》云:"今按上止二十五部。"按沈氏炳震説同。又按沈本"家"作"部",以前後諸條之例推之,當以"部"字爲是。

凡二百六十卷

殿本《考證》云:"今按上凡二百六十一卷。"

　　右天文類。

乾象曆

殿本《考證》云:"無卷數,《新書》:三卷。"按,聞本、沈本皆有"三卷"二字,《隋志》同。

闞澤撰、閔洋注

聞本、沈本"閔"作"闞"。按《隋志》但云吳太子太傅闞澤撰,而不言注人姓名;《新志》則並撰人之姓名亦不載,當存以俟考。

楊偉撰

沈本"偉"作"偉"。按《隋志》《新志》同。

四分曆一卷

按《新志》亦無撰人姓名,據《隋志》係趙隱居所撰。

劉洪撰

沈本"撰"下有"闞澤注"三字。按《新志》同,《隋志》云:"漢會稽都尉劉洪等注,又有闞澤注五卷。"則似本係二書矣,當考。

乾象曆三卷

沈氏炳震云:"《新書》無,疑即上闞澤撰之三卷重出。"按《隋志》亦無此書,沈説是也。

後魏武定曆一卷

《新志》亦無撰人姓名。

大唐鱗德曆一卷

沈本此條及下條皆在下文《戊寅曆》條後。按《新志》亦無撰人姓名，①據《曆志》及《李淳風列傳》，此書係淳風所撰。

大唐光宅曆草十卷

沈氏炳震云："《新書》：南宮説撰。"②按《曆志》云："天后時瞿曇羅造《光宅曆》，中宗時南宮説造《景龍曆》。"據此則"卷"字下當補"瞿曇羅撰"四字。

周甲子元曆一卷

按《新志》亦無撰人姓名，據《隋志》係李業興撰。

齊甲子曆一卷

沈本"齊"上有"北"字。按《新志》亦有"北"字，無撰人姓名，據《隋志》係宋氏撰。

大唐甲子元辰曆一卷

沈本此條在《戊寅麟德光宅三曆》之後。

瞿曇撰

《新志》"曇"下有"謙"字。《大唐戊寅曆》一卷。沈氏炳震云："《新書》：傅仁均撰。"按《曆志》及傅仁均傳與《新書》合。

七曜本起曆二卷

沈氏炳震云："《新書》：五卷，甄鸞撰。"按《隋志》載"《七曜本起》三卷"蓋即此書，注云："後魏甄叔遵撰。"考甄鸞史書無傳，僅見於《隋志》《唐志》，其曾仕後魏與否，既無明文；而叔遵爲鸞字與否，亦無顯證，姑闕其疑可也。

---

① "大唐鱗德曆一卷"，殿本《新唐書・藝文志》作"唐鱗德曆一卷"，無"大"字。

② "大唐光宅曆草十卷"，殿本《新唐書・藝文志》作"光宅曆草十卷"，無"大唐"二字。

刻漏經一卷

丁氏子復云:"本作《漏刻經》。"按《隋志》作"漏刻",《新志》作"刻漏"。

大唐刻漏經一卷

《新志》亦無撰人姓名。

九章算經一卷

殿本《考證》云:"《新書》:九卷。"按,沈氏炳震以《新志》爲誤。①

九章算經九卷

沈本作"又九卷",在上文"徐岳撰"條後。

劉祐撰

沈本"祐"作"祜"。按《新志》亦作"祐"。

孫子算經三卷　甄鸞撰注

殿本《考證》無"撰"字,云:"《新書》:李淳風注。"按,沈本亦無"撰"字,亦引《新書》,今考《新志》云:"甄鸞《孫子算經》三卷。"疑本甄鸞所注,而李淳風又申釋之也。

劉徽撰

沈本"徽"作"徵"。按《新志》同。張邱建算經一卷。聞本"邱"上有"徽"字。按《隋志》《新志》皆無"徽"字。

甄鸞撰

沈本"撰"作"注"。按《新志》同。

甄氏注

沈本"氏"作"鸞"。按《新志》同。

五曹算經三卷　甄鸞撰

沈本上四字作"又",無下三字,在上文《孫子算經》條前,云:

---

① "九章算經一卷",殿本《新唐書·藝文志》作"九章算術九卷","算"作"筭","一卷"作"九卷"。

"《新書》五卷，韓延撰。"按，甄鸞所注《五曹算經》五卷，已見於上文，則此處三卷之書，必非甄鸞所撰，疑本作"韓延"，傳寫者因上文諸條屢見甄鸞，故致此誤耳。

王孝通撰、李淳風撰

沈本下"撰"字作"注"。按《新志》同。

算經表序一卷

《新志》亦無撰人姓名。

右曆算五十八部

殿本《考證》云："今按上止五十六部。"按沈氏炳震説同。

凡一百六十七卷

殿本《考證》云："今按上止一百二十一卷。"沈氏炳震云："今按上止一百二十四卷。"按，今以上文散數核之，《乾象曆》下無"三卷"二字，則合一百二十一卷之數；有"三卷"二字，則合一百二十四卷之數。

右曆算類。

黃帝問玄女法三卷　玄女撰

沈本無"玄女撰"三字，云："《新書》：二卷。"按，今考《新書》亦係二卷，沈氏蓋偶有未審，上文《老子》二卷下有"老子撰"三字，則此條"《玄女法》三卷"下亦當有"元女撰"三字。又按，下文《陰謀》《金匱》《六韜》，三書皆太公所作，每條下當有"太公撰"三字。《隋志》云："周文王師姜望撰。"

孫子兵法十三卷

殿本《考證》云："《新書》：三卷。"按，沈氏炳震亦引《新書》，今本正合三卷之數。

黃石公三略三卷

按，卷下當有"黃石公撰"四字。《隋志》云："下邳神人撰。"

三略訓三卷

沈氏炳震云："《新書》：成氏撰。"按《隋志》同。

雜兵法二十四卷

沈氏炳震云："《新書》：'雜'作'新'"。按《新志》亦無撰人姓名。

兵法捷要七卷

聞本"法捷"作"書接"，沈本"法"作"書"。按《新志》與沈本同，《隋志》與聞本同，"七"作"十"。

兵法要略十卷　魏文帝撰

聞本、沈本"法"作"書"。按《新志》與聞、沈同。《隋志》亦作"書"，"十"作"九"，"文"作"武"。

太一兵法一卷

《新志》亦無撰人姓名。

太公陰謀三十六用一卷

按，卷下當有"太公撰"三字。

伍子胥兵法一卷

按，卷下當有"伍員撰"三字。

吳孫子三十二　壘經一卷

按，卷下當有"孫武撰"三字。

玉帳經一卷

《新志》亦無撰人姓名。

黃石公陰謀乘斗魁剛行軍祕一卷

沈本"剛"作"岡"。按《新志》亦作"剛"。又按，卷下當有"黃石公撰"四字。

武德圖五兵八陣法要一卷

《新志》此下三條亦無撰人姓名。

承神兵書八卷

《新志》此下三條亦無撰人姓名。

兵書要略一卷

沈本"一"作"十"。按《新志》同。

用兵撮要二卷

《新志》此下三條亦無撰人姓名。

蕭吉注

聞本、沈本"注"作"撰"。按《隋志》同。

王佐祕珠五卷

沈本"珠"作"書"。按《新志》同。

右兵書四十五部

殿本《考證》云："今按上止四十四部。"按沈氏炳震説同。

凡二百八十九卷

殿本《考證》云："今按上凡二百九十三卷。"沈氏炳震云："凡三百二卷。"按，今以上文散數核之，正合二百九十三卷之數。

　　右兵書類。

京氏周易四時候二卷

沈本卷下有"京房撰"三字，下二條同。按，此據《隋志》及《新志》。

崔氏周易林十六卷

沈氏炳震云："《新書》：崔篆撰。"

周易立成占六卷

按《新志》亦無撰人姓名。《隋志》"六"作"三"，注云："顏氏撰。"

武氏撰

沈本脫去此三字。按《隋志》"氏"作"靖"。

伏曼撰

聞本、沈本"曼"下有"容"字。按《新志》同。

易林十四卷

《新志》亦無撰人姓名。

周易新林一卷

《新志》亦無撰人姓名。

易律曆一卷

《新志》亦無撰人姓名。《隋志》云："虞翻撰。"

周易服藥法一卷

《新志》亦無撰人姓名。

周易洞林解三卷

聞本"三"下有"百"字。按《新志》亦無"百"字，當是衍文。

易三備三卷

《新志》此下三條皆無撰人姓名。下文"又一卷"，沈氏炳震云："《新書》：三卷。"

孝經元辰二卷

《新志》此下三條皆無撰人姓名。

孫僧化作

沈本"作"作"撰"。按《隋志》同。

風角十卷

《新志》亦無撰人姓名。《隋志》"十"作"七"，云："章仇太翼撰。"

鳥情占一卷

沈氏炳震云："《新書》無疑，即《鳥情逆占》。"按《隋志》《新志》皆於《鳥情逆占》之外，另載《鳥情占》一卷，但《隋志》云"王喬撰"，《新志》無撰人姓名耳。沈氏未免失檢。

九宮經解二卷

沈氏炳震云："《新書》：三卷。"按《新志》"宮"作"品"，亦無撰人姓名。《隋志》與今本同，云："李氏注。"

鄭玄撰

沈本"撰"作"注"，按《隋志》《新志》同。

婚嫁書二卷

《新志》亦無撰人姓名。

登壇經一卷

《新志》此下九條亦無撰人姓名。

靈寶登圖一卷

聞本無"一卷"二字。按《新志》有此二字。

式經一卷　宋珖注

聞本、沈本"珖"作"琨"，"注"作"撰"。按《新志》亦作"琨"，而無"注"字，蓋以爲即其所撰。《隋志》有《太一經》二卷，云："宋琨撰。"疑即此書。

萬歲曆祠二卷

《新志》亦無撰人姓名。

太乙飛鳥曆一卷

沈本"乙"作"一"。按《新志》同，亦無撰人姓名。

堪輿曆注二卷

《新志》亦無撰人姓名。

遁甲經一卷

殿本《考證》云："《新書》：十卷。"按，沈氏炳震亦引《新志》，無撰人姓名。

遁甲囊中經一卷

《新志》亦無撰人姓名。

遁甲萬一訣三卷

《新志》此下四條皆無撰人姓名。

白澤圖一卷

《新志》亦無撰人姓名。

武王須臾二卷

按《新志》亦無撰人姓名。或謂武王所撰，恐未必然。下文師曠《占書》一卷，東方朔《占書》一卷，《新志》皆無撰人姓名，疑即師曠、東方朔所撰，惜無明文可證耳。

五姓宅經二卷

殿本《考證》云："《新書》：二十卷。"按，沈氏炳震亦引《新書》云："蕭吉撰。"

青烏子三卷

《新志》此下三條皆無撰人姓名。

葬書地脈經一卷

《新志》此下五條皆無撰人姓名。

孫氏撰

沈本"孫"作"郭"。按《新志》同。

壇中伏尸一卷

《新志》亦無撰人姓名。

玄女彈五音法相冢經一卷

沈本此條在下條後。

王粲撰

沈本"粲"作"璨"。按《新志》同。

百怪書一卷

《新志》此下四條皆無撰人姓名。

右五行一百一十三部，凡四百八十五卷

殿本《考證》云："今按上止一百一十二部，四百五十九卷。"按沈氏炳震說同。

　　右五行類。

大小博法二卷

《新志》亦無撰人姓名。

碁勢六卷

《新志》亦無撰人姓名。

圍碁後九品序錄一卷

按《新志》亦無撰人姓名,《隋志》無"圍"字、"錄"字。注云："袁遵撰。"

竹苑仙碁圖一卷

《新志》亦無撰人姓名。

今古術藝十五卷

《新志》亦無撰人姓名。

右雜藝術一十八部,凡四十四卷

殿本《考證》云:"今按上止一十七部,四十三卷。"按沈氏炳震說同。

右雜藝術類。

皇覽一百二十二卷　何承天撰

沈本"撰"作"并合"。按《新志》同,《隋志》下二字作"三","撰"作"合",蓋《皇覽》本魏文帝時諸儒所撰。《三國志·魏文帝紀》云:"又使諸儒撰集經傳,隨類相從,凡千餘篇,號曰《皇覽》。"而承天特刪節并合之耳。下文云"又八十四卷,徐爰并合",是其例也。

修文殿御覽三百六十卷

沈本卷下有"祖孝徵等撰"五字。按《新志》同。

北堂書鈔一百七十三卷

聞本無"北堂"二字。按《新志》有此二字,今此書尚存,其名亦有"北堂"二字。蓋北堂者,隋祕書省之後堂,虞世南作此書時,猶未入唐也。

要録六十卷

《新志》亦無撰人姓名。

檢事書一百六十卷

《新志》此條及下條皆無撰人姓名。

諸葛穎撰

聞本"穎"作"潁",沈本"穎"作"頴",按《新志》與沈本同。

文思博要并目一千二百一十二卷　張大素撰

殿本《考證》云:"《新書》:高士廉等十六人奉詔撰。"無張大素名,當從《新書》。按,沈氏炳震亦引《新書》。

右類事

沈本"事"在"類"上。① 按,上文云:"事類十五。"當從沈本爲是。

二十二部,凡七千八十四卷

殿本《考證》云:"今按上止二十一部,六千四百八十四卷。"按沈氏炳震說同。

　　右事類。

黃帝明堂經三卷

《新志》此條及下條皆無撰人姓名,蓋本黃帝之法,而後人追述之以成此二書也。下文之書名冠以"黃帝"者,仿此。

龍銜素針經并孔穴蝦蟇圖三卷

按《新志》亦無撰人姓名。《隋志》"針"誤作"鍼",脫"經"字,云係徐悦所撰。

黃帝素問八卷

沈氏炳震云:"《新書》:九卷,全起元注。"按,今考《新志》,"起元"作"元起",《隋志》作"元",或亦云八卷。

---

① "右類事",《新舊唐書合鈔》同,非作"右事類"。

黃帝內經明堂十三卷

《新志》此下三條亦無撰人姓名。

黃帝十二經明堂偃側人圖十二卷

沈氏炳震云："《新書》：曹氏撰。"

黃帝針經十卷

《新志》此條及下條亦無撰人姓名。

玉匱針經十二卷

《新志》亦無撰人姓名。

楊上善注

聞本"注"作"撰"。按《新志》亦作"注"。

三部四時五臟辨候診色脈經一卷

聞本、沈本"臟"作"藏"。按《新志》同。考上文之《五藏圖》，下文之《五藏訣》《五藏論》，皆不作"臟"，蓋"藏""臟"本古今字也。又按《新志》亦無撰人姓名。

楊上善撰

沈本"撰"作"注"。按《新志》同。

黃帝明堂經三卷

沈本此條在上二條之前。

楊玄孫撰注

沈本無"撰"字，云："《新書》無'孫'字。"

灸經一卷

沈氏炳震云："《新書》：岐伯撰。"

脈經二卷

《新志》此下三條皆無撰人姓名。

右明堂經脈二十六家

沈本"家"作"部"。按，以上下文各條之例考之，當以"部"字爲是。

右經脈類。

神農本草三卷

按《新志》亦無撰人姓名，蓋本神農所撰，而後人又從而附益之，以成此書也。

雷公藥對二卷

沈氏炳震云："《新書》：徐之才撰。"

藥類二卷

《新志》亦無撰人姓名。

本草用藥要妙二卷

沈氏炳震云："《新書》：九卷。"按《新志》亦無撰人姓名。

本草病源合藥節度五卷

按《新志》亦無撰人姓名，《隋志》有宋大將軍參軍徐叔嚮《本草病源合藥要鈔》五卷，書名大略相同，卷數亦合，惟"節度"作"要鈔"爲小異耳。

本草要術三卷

《新志》亦無撰人姓名，《隋志》有《本草要方》三卷，甘濬之撰，雖"方"字、"術"字互異，疑是一書。

療癰疽耳眼本草要妙五卷

按《新志》亦無撰人姓名。《隋志》有甘濬之《癰疽耳眼本草要鈔》九卷，當即是書。"五"與"九"蓋卷第分合之殊，若"妙"字，則"鈔"字之訛耳。

種芝經九卷

沈本自此條至"《四時採取諸藥及合和》四卷"條，皆上條與下條互易。按《新志》此條及下條，皆無撰人姓名。

吳氏本草因六卷　吳普撰

聞本上"吳"字作"呂"。按《新志》亦作"吳"。

李氏本草三卷

《新志》亦無撰人姓名。

名醫別録三卷

按《新志》亦無撰人姓名,《隋志》云:"陶氏撰。"蓋即陶弘景所撰也。

藥目要用二卷

《新志》亦無撰人姓名。

本草集經七卷　陶弘景撰

沈本"經"作"注"。按《隋志》《新志》同。

四時採取諸藥及合和四卷

《新志》亦無撰人姓名。

新修本草圖一十六卷　蘇敬等撰

沈本"一"作"二",無"等"字。按《新志》同。

本草音三卷　蘇敬等撰

沈本無"等"字。按《新志》同。

太清神丹中經三卷

《新志》此條及下條皆無撰人姓名。

又一卷　抱朴子撰

沈本"一"作"五"。按《新志》同。

太清諸丹要録集四卷

沈本"丹"下有"藥"字,無"集"字。按《新志》同,亦無撰人姓名。

神仙藥食經一卷

《新志》此下五條皆無撰人姓名。

養生要集十卷　張湛撰

殿本《考證》云:"又見道家類。"按沈氏炳震説同。

大官食法一卷

聞本"大"作"太",下條同。按《新志》二"大"字亦作"太",皆無撰人姓名。

又十卷

沈氏炳震云:"《新志》:竺暄撰。"

諸葛穎撰

聞本"穎"作"頴",沈本"穎"作"頴"。按《新志》與聞本同。

淮南王食目十卷

沈本卷下有"諸葛頴撰"四字。按,此據《新志》,然《新志》"穎"作"頴"。

諸葛穎撰

聞本"穎"作"頴",沈本"穎"作"頴"。按《新志》與聞本同。

范汪方尹穆撰

沈本"汪"作"注","撰"作"纂"。按,此據《新志》,然考范汪係東晉時人,《晉書》有傳,而范注無考。且《隋志》等書,皆言范汪有醫方,而不言范注。《新志》之"注"字必"汪"字之誤也。

劉涓子男方十卷

聞本"男"作"南"。按《新志》亦作"男"。

徐叔和撰

沈本"和"作"嚮",下條同。按《隋志》《新志》同。

徐叔向撰

沈本"向"作"嚮"。按《隋志》《新志》同。

百病膏方十卷

《新志》此下三條亦無撰人姓名。

雜藥方十卷

沈本作"又十卷",此條及下條皆在上文"褚澄撰"條後。

又六卷

《新志》此條及下條皆無撰人姓名。

黄素方十五卷

沈氏炳震云："《新書》：二十五卷，謝泰撰。"

孝燕撰

聞本、沈本"燕"作"思"。按《新志》同。

謝士文撰

聞本、沈本"文"作"太"。按《新志》同，《隋志》"文"作"太"。

名醫集驗方三卷

《新志》亦無撰人姓名。

甄權撰

聞本脱去"撰"字。

孟氏必効方十卷

沈氏炳震云："《誂傳》作三卷。"按《新志》亦作十卷。

延年祕録十二卷

《新志》亦無撰人姓名。

寒食散方并消息節度二卷

《新志》亦無撰人姓名。

解寒食散方十三卷　徐叔和撰

沈本"三"作"五"，"和"作"嚮"。按《新志》同《隋志》"和"亦作"嚮"，"十三"作"六"。

婦人方十卷

《新志》此條及下條皆無撰人姓名。

少小方十卷

沈氏炳震云："《新書》：'小'作'女'，下同。"按《新志》二條皆無撰人姓名。今考《隋志》有《療少小雜方》二十卷，較此志下條僅多一"療"字，當是一書，然則作"少小"者爲是，作"少女"者非也。

狐子雜訣三卷

沈本"狐"作"孤"。按《隋志》《新志》皆作"狐",《隋志》"訣"作"決"。無撰人姓名。

狐子方金訣二卷

沈本"狐"作"孤","二"作"三"。按《隋志》《新志》皆作"狐"。《隋志》"子"上有"剛"字,"方"作"萬","訣"作"決"。《隋志》作"二",《新志》作"三"。

黄白祕法一卷

《新志》此條及下條皆無撰人姓名。

房秘禄訣八卷　沖和子撰

沈本"房"上有"玉"字,"秘"作"祕","禄"作"録",云:"《新書》:十卷,張鼎撰。"按《隋志》有《玉房祕決》八卷,又有新撰《玉房祕決》九卷,皆無撰人姓名。

類衆方二千六百卷

沈本"衆"作"聚"。按《新志》同,《隋志》"類衆"作"四海類聚",皆無撰人姓名。

右醫術本草二十五家,養生十六家,病源單方二家,食經十家,雜經方五十八家,類聚方一家,共一百一十家

殿本《考證》云:"今按上止一百九家。"按沈氏炳震説同,今以各條散數核之,自《本草》二十五家至《類聚方》一家,凡一百一十二部,較大總數多二部;以上文散數核之,自《太清神丹中經》三卷至《補養方》三卷,正合十六家之數;自《諸病源候論》五十卷至《四海類聚單方》十六卷,正合二家之數;自《大官食法》一卷至《食經》三卷,正合十家之數;《類衆方》二千六百卷,亦合一家之數,皆與總數相符。自《神農本草》三卷至《本草音義》二卷,止二十五家,較總數少一家;自張仲景《藥方》十五卷至《房祕禄訣》八卷,止五十六家,較總數少二家；凡一百九部，較大總數少一部，顯有脱誤，當存以俟考。又按，沈氏不言一百九家，而言一百九部者，蓋以上卷經史各類考之，總數言家，而大總數則言部。此條之"家"字，當是"部"字之誤，故特改之也。

凡三千七百八十九卷

殿本《考證》云："今按上止三千七百九十五卷。"沈氏炳震云："今按上凡三千八百一十四卷。"按，今以上文散數核之，凡三千七百九十七卷。

右醫術類。

丁 部

共八百九十部一萬二千二十八卷

殿本《考證》云："今按，止八百七十九部，一萬一千八百七十五卷。"按沈氏炳震説同。

楚詞十卷

沈本作"又十卷，郭璞注。"聞本"注"作"撰"。"按《隋志》《新志》皆作"注"。

楊穆撰

沈本"楊"作"劉"。按《隋志》《新志》皆作"楊"。

又一卷

聞本"又"作《楚詞音》下條同。

漢武帝集二卷

按，自此條至《徐悱妻劉氏集》六卷"，皆係别集，各條不注撰人姓名者，以此志紀别集之例，撰人姓名已著於"集"字之上，故不重述耳。就中《金輪集》下注"天后撰"者，以《垂拱》《金輪》皆天后所撰，正文但言集名，恐閲者不知何人所撰，故注中特言之耳。

後周明帝集十卷

聞本"十"作"一"。殿本《考證》云："《新書》：五十卷。"按，沈氏炳震亦引《新書》，而又云："按《隋書》九卷，'五'字疑衍。"

陳後主集五十卷

殿本《考證》云："《新書》：五十五卷。"按沈氏炳震亦引《新書》，今考《隋志》作三十九卷。

隋煬帝集三十卷

殿本《考證》云："《新書》：五十卷。"按沈氏炳震亦引《新書》，今考《隋志》作五十五卷。

太宗文皇帝集三十卷

殿本《考證》云："《新書》：四十卷。"按沈氏炳震亦引《新書》。

天后撰

聞本"天"作"太"，沈本"天"作"武"。按《新志》亦作"武"。

梁昭明太子集二十卷

沈本此條在下文《齊竟陵王集》條後。按《新志》藝文之例，專敘時代，舊志經藉之例，則先列帝后，次列太子，次列諸臣，於各類之中，復以時代爲序，下文總數云："太子諸王二十一家，是其明證。"若以《新志》爲主，則昭明之集，只可在齊代諸臣之後，不得在趙荀況、楚宋玉之前矣。若以《舊志》爲主，則昭明身爲太子，位實尊於諸王，則當在漢淮南王之前，不應在齊竟陵王之後矣。沈氏所改，未免進退兩無所據。

又三十卷

聞本又作《魏陳思王集》。

晉會稽王集

聞本、沈本"集"下有"八卷"二字。按《隋志》《新志》皆云《會稽王道子集》八卷。

宋江夏王集十三卷

沈本"三"作"五"。按《新志》同，考《隋志》有《宋江下夏王義恭集》十一卷。注云："梁十五卷，錄一卷。"又有《江夏王集別本》十五卷。

宋建平王小集十五卷

沈本上四字作"又"。

梁邵平王集四卷

沈本"平"作"陵"。按《新志》同,《隋志》云:"《梁邵陵王綸集》六卷。"《梁書》《南史》亦有邵陵王,而無邵平王。

楊雄集五卷

沈本"楊"作"揚"。按《隋志》作"揚",《新志》作"楊"。

楊修集二卷

聞本、沈本"修"作"脩"。按《三國志》作"修",《後漢書》作"脩"。

魏華歆集二十卷

殿本《考證》云:"《新書》:三十卷。"沈炳震曰:"《隋書》云:梁時有二卷,亡。"按,沈氏之意,蓋以爲《新志》之"三"字乃"二"字之誤,此志及《新志》之"十"字皆衍文也。

應瑒集二卷

聞本"瑒"作"瑒"。按《三國志》及《新志》皆作"瑒",《隋志》"二"作"一",亦不作"瑒"。

孟達集三卷

聞本、沈本"達"作"逵"。按《新志》亦作"逵",然考《隋志》云:"新城太守孟達集三卷。"《三國志》亦但有孟達,而無孟逵,則當以"達"字爲是。

王修集三卷

聞本、沈本"修"作"脩"。按《隋志》《新志》及《三國志》皆作"脩"。

王㫃集五卷

沈本"㫃"作"昶"。按《隋志》《新志》及《三國志》皆作"昶"。

衛展集四十卷

殿本《考證》云:"《新書》:十四卷。"按沈氏炳震亦引《新書》,今考《隋志》云:"晉光禄大夫衛展集十二卷,注云:梁十五卷。"

摯虞集二卷

殿本《考證》云:"《新書》:十卷。"按《隋志》云:"晋太常卿摯虞集九卷,注云:梁十卷。"

盧諶集十卷

聞本"諶"作"諆"。按《隋志》《新志》皆作"諶",《晋書》亦但有盧諶而無盧諆,聞本非是。

王道集十卷

沈本"道"作"導"。按《隋志》《新志》皆作"導",《晋書》亦但有王導而無王道,聞本非是。

荀遂集二卷

沈本"遂"作"邃",按《隋志》《新志》同,據《晋書》,荀邃乃荀勖之孫,附見於《勖傳》中,而荀遂則別無可考,當從沈本爲是。

張俊集二卷

沈本"俊"作"峻"。按《新志》同,《隋志》云:"宗正卿張俊集五卷。"

謝文集八卷

聞本、沈本"文"作"艾"。按《新志》同,《隋志》云:"張重華酒泉太守謝艾集七卷,注云:梁八卷。"考《晋書·張重華傳》有謝艾,則"艾"字是也。

謝方集十卷

沈本"方"作"萬"。按《新志》同。① 《隋志》云:"晋散騎常侍謝萬集十六卷,注云:梁十卷。"考《晋書》止有謝萬,而無謝方,蓋傳寫者省"萬"爲"万",遂訛爲"方"耳。

---

① "謝方集十卷",殿本《新唐書·藝文志》作"謝万集十卷","方"作"万"。

干寶集四卷

聞本"干"作"于",按《新志》作"干",《晋書》《隋書》作"于",然當以"干"字爲是。

劉俠集二卷

沈本"俠"作"惔"。按《新志》同,今考《晋書》有劉惔,而無劉俠,蓋"俠"字乃"惔"字之訛也。

張馮集五卷

沈本"馮"作"憑"。按《隋志》《新志》同,《晋書》有張憑,而無張馮,當以"憑"字爲是。

江霖集五卷

沈本"霖"作"彪"。按《新志》亦作"霖"。《隋志》云:"護軍將軍江彬集五卷。"考《晋書·江霦傳》,其官終於護軍將軍,蓋"彬"與"霖"皆"彪"字之訛也。

車灌集五卷

沈本"五"作"十"。按《隋志》《新志》皆作"五"。

袁紹集三卷

沈本"紹"作"邵"。按《新志》同,《隋志》亦云:"太宰從事中郎袁邵集五卷。"當從沈本爲是,且袁紹乃漢末人,晋時不聞更有袁紹也。

王修集二卷

聞本"修"作"脩"。按《新志》亦作"修",考《隋志》云:"梁有驃騎司馬王脩集二卷。"又似"脩"字爲是。

王叔之集十卷

聞本此下有"《孔琳之集》十卷"六字。按,此六字已見上文,必係重出。

鄭解之集二十卷

聞本、沈本"解"作"鮮"。按《新志》同,《隋志》有宋太常卿鄭鮮之集十三卷。注云"梁二十卷。"《宋書》《南史》亦作"鮮"。

陶淵明集五卷

沈本脱去"五"字。按，唐人避諱，多改淵明爲"泉明"，此蓋後人所更正。

謝靈運集十五卷

殿本《考證》云："《新書》：五卷。"按，沈氏炳震亦引《新書》。

荀昶集十四卷

沈本"昶"作"昶"。按《隋志》《新志》同。

王曇首集二卷

聞本"首"作"百"，按《隋志》《新志》及《宋書》《南史》皆作"首"，聞本非是。

王韶之集二十四卷

聞本脱"卷"字，沈本無"四"字，按《隋志》有"四"字，《新志》無"四"字。

丁智泉集十卷

沈氏炳震云："本名智淵，避諱改。"按，錢氏大昕説同，《隋志》及《南史》作"智深"，亦係避諱，《新志》及《宋書》皆作"智淵"。

《隋志》云："《集》九卷，并《目》一卷。"

邱泉之集六卷

沈氏炳震云："本名淵之，避諱改。"按，錢氏大昕説同，《隋志》作"深之"，亦係避諱，《新志》作"淵之"。《隋志》作七卷，注云："梁十五卷。"

汪奐集十一卷

聞本、沈本"汪"作"江"。按《隋志》《新志》同。《隋志》係九卷。

江淹後集十卷

沈本"江淹"作"又"。

徐勉後集十六卷

沈本"徐勉"作"又"。

楊眺集十卷

沈本"眺"作"朓"。按《隋志》《新志》皆作"眺"。

庾景興集十卷

沈本"景"作"曇",云:"《新書》:'興'作'隆'。"按《隋志》亦作"曇","隆"蓋"曇",作"景"者,傳寫之訛。"隆"作"興"者,唐人避諱所改也。

陸子倕集二十卷

沈本無"子"字。按《新志》及《梁書》《南史》並同,《隋志》亦云:"梁太常卿陸倕集十四卷。"

劉之遴後集三十卷

聞本脫去"後"字。沈本"劉之遴"作"又"。

劉孝綽集十一卷

沈本"一"作"二"。按《新志》《隋志》作十四卷。

劉孝威後集十卷

沈本"劉孝威"作"又"。

蕭子暉集十一卷

沈本"蕭"作"吳",按《隋志》《新志》皆作"蕭",《隋志》作九卷。且《梁書》《南史》但有蕭子暉,而無吳子暉,沈本非是。

王筠中庶子集十卷

沈本"王筠"作"又",下文王筠五見,俱仿此。

鮑泉集一卷

沈本"泉"作"泉"。按《隋志》《新志》同,《梁書》《南史》亦有鮑泉而無鮑泉。"泉"字蓋"泉"字之訛。

李諸集十卷

沈本"諸"作"諧"。按《隋志》《新志》同,《魏書》及《北史》亦有李諧而無李諸,當從沈本。

温子昇集二十五卷

殿本《考證》云:"《新書》:三十卷。"按,沈氏炳震亦引《新書》。

後周宗懍集三十卷

殿本《考證》云:"《新書》:十卷。"按,沈氏炳震亦引《新書》。

王襃集三十卷

殿本《考證》云:"《新書》:二十一卷。"按,沈氏炳震亦引《新書》。①

陳沈炯前集六卷

按,據下文總數,列陳人之集於梁人集之後,後魏人集之前,則自此條至《姚察集》並當移至上文《沈君攸集》之後,後魏《高允集》之前。

沈炯後集十三卷

沈本"沈炯"作"又"。

江總集二十卷

聞本"總"作"揔"。按《新志》及《南史》《陳書》皆作"總",惟《隋志》作"揔"。

諸葛潁集十四卷

沈本"潁"作"穎"。按《隋志》亦作"潁",《新志》及《北史》皆作"穎",並與沈本不同。

王胄集十卷

聞本"胄"作"胃"。按《隋志》《新志》皆作"胄",《隋書》《北史》亦有"王胄",而無"王胃",聞本非是。

虞茂代集五卷

沈本"代"作"世"。按《新志》同,蓋作"代"者,因避諱而改。

---

① "《王襃集》三十卷",殿本《新唐書·藝文志》作"《王襃集》二十卷",非"《王襃集》二十一卷"。

孔穎達集五卷

聞本"穎"作"穎",沈本"穎"作"穎"。按本傳及《新志》皆作"穎"。

許敬宗集六十卷

殿本《考證》云："《新書》:八十卷。"按,沈氏炳震亦引《新書》。

李義府集三十九卷

沈本無"九"字,云："《新書》:四十卷。"

顏師古集四十卷

殿本《考證》云："《新書》:六十卷。"按,沈氏炳震亦引《新書》。

李伯藥集三十卷

沈本"伯"作"百"。按本傳及《新書》皆作"百",沈本是也。

孔紹安集三卷

殿本《考證》云："《新書》:五十卷。"按,沈氏炳震亦引《新書》。

高季輔集二卷

殿本《考證》云："《新書》:二十卷。"按,沈氏炳震亦引《新書》。

劉穎集十卷

沈本"穎"作"穎"。按《新志》亦作"穎"。

劉禕之集五十卷

殿本《考證》云："《新書》:七十卷。"按,沈氏炳震亦引《新書》。

鄧玄挺集十卷

沈本"挺"作"挺"。按本傳及《新志》同。《新志》"鄧"作"鄭",誤。

崔融集四十卷

殿本《考證》云："《新書》:六十卷。"按,沈氏炳震亦引

《新書》。

李嶠集三十卷

殿本《考證》云："《新書》五十卷。"按，沈氏炳震亦引《新書》。

後集十卷

沈本"後"上有"又"字。按《新志》亦無"又"字，然此志之例，下條與上條不相聯屬，與《新志》之例不同，自當加一"又"字，方與前後文符合。

吳少微集十卷

聞本"吳"作"異"。按本傳及《新書》皆作"吳"，聞本非是。

劉希夷集三卷

殿本《考證》云："《新書》：十卷。"按，沈氏炳震亦引《新書》。

劉子玄集十卷

殿本《考證》云："《新書》：三十卷。"按，沈氏炳震亦引《新書》。

盧藏用集二十卷

殿本《考證》云："《新書》：三十卷。"按，沈氏炳震亦引《新書》。

曹大家集二卷

沈本"二"作"一"，云："《新書》：二卷。"

九嬪集一卷

沈本"九"上有"左"字，按《隋志》《新志》同。《隋志》"一"作"四"。

徐悱妻劉氏集六卷

沈本"六"作"五"。按《新志》亦作"六"，《隋志》作"三"。

文選六十卷

沈本"文選"作"又"。

又六十卷　公孫羅撰

沈本"撰"作"注"，按本傳及《新志》同。

小詞林五十三卷

《新志》"詞"作"辭",亦無撰人姓名。

集古今帝王正位文章九十卷

《新志》無"集"字,①亦無撰人姓名。

類文三百士館詞林一千卷

沈本"百"下有"七十七卷"四大字,"庾自直撰"四小字,以上爲一條,"士館"作"文館",以下另爲一條。按《新志》同。

皇帝瑞應頌集十卷

《新志》亦無撰人姓名。按《隋志》有《皇德瑞應賦頌》一卷,注云:"梁十六卷。"疑即是書,然亦無撰人姓名。

五都賦五卷

《新志》亦無撰人姓名。按《隋志》云:"《五都賦》六卷。"注云:"并錄張衡及左思撰。"蓋賦五篇爲五卷,并錄爲六卷也。

幽通賦一卷　班固撰、曹大家注

沈本"班固"二字在"幽"字上,無"撰"字。

又一卷　項岱撰

沈本"撰"作"注"。按《隋志》《新志》同。

百賦音一卷　褚令之撰

沈本"令"作"詮"。按《新志》亦作"令",《隋志》有《百賦音》十卷,注云:"宋御史褚詮之撰。"

郭微之撰

沈本"微"作"徵",云:"《新書》作'微',誤。"按《隋志》亦作"徵"。

三京賦音一卷　綦母邃撰

沈本"三"作"二",云:"《新書》:三京。"按《隋志》云:"《二京

---

① "集古今帝王正位文章九十卷",殿本《新唐書·藝文志》同,有"集"字。

賦》二卷，李軌綦母邃撰。"撰"蓋"注"之誤。又云："綦母邃注《三都賦》三卷，又有《二都賦音》一卷，李軌撰。"據此則邃所撰一書，軌所撰一書，邃與軌所合撰者，又一書。此志所載書名、人名均有不合，顯係脫誤。

木連理頌二卷

《新志》亦無撰人姓名。按《隋志》云："晋太元十九年羣臣上。"今考《宋書·符瑞志》云："晋孝武帝太元十九年正月丁亥，華林園延賢堂西北李樹連理。"然則此《頌》必孝武時羣臣所作也。

靖恭堂頌一卷　李嵩撰

沈本"嵩"作"暠"。按《隋志》《新志》同，《晋書·涼武昭王李玄盛空傳》亦載其作《靖恭堂頌》之事。玄盛即暠之字也。

諸郡碑一百六十六卷

《新志》亦無撰人姓名，下條同。

七國叙讚十卷

按，上卷史部雜傳類已載此書，亦無撰人姓名。

吳國先賢讚論三卷

按，上卷史部雜傳類已載此書，亦無撰人姓名。

衆賢誡集十五卷

《新志》亦無撰人姓名，下條同。

詔集圖別二十七卷　宋幹撰

沈本"圖"作"區"，此條在下條後。按《新志》同，《隋志》有《詔集區分》四十一卷，注云："後周獸門學士宗幹撰。""分"與"別"同義，卷數雖微有不合，斷非二書。"宗"與"宋"字形相近，未知孰是。獸門，即虎門，因避唐諱而改。

薛堯撰

沈本"堯"作"嘉"，云："《新書》：薛克構。"

山濤啓事三卷

沈氏炳震云："《新書》：十卷。"按《隋志》"濤"作"公"，蓋此書即"濤"所撰，故不更注撰人姓名也。

苑寧啓事十卷

沈本"苑"作"范"，云："《新書》無。"按《隋志》有《范寧啓事》三卷，注云："梁十卷。"蓋此書即寧所撰，故亦不更注撰人姓名也。

梁中書表集二百五十卷

按《新志》亦無撰人姓名，下三條同。

誹諧文十五卷

沈本"誹"作"俳"。按《隋志》作"誹"，《新志》作"俳"，然當以"俳"字爲是。《隋志》無"五"字。

袁叔撰

沈本"叔"作"淑"。按《隋志》《新志》同，《宋志》及《南史》亦但有袁淑而無袁叔。

釋僧祐撰

沈本"祐"作"祜"。按《新志》亦作"祐"，《隋志》不載此書，然所載《高僧傳》十四卷、《佛像雜銘》十三卷、《諸寺碑文》四十六卷、《衆僧行狀》四十卷，皆云釋僧祐撰，當以"祐"字爲是。

陶神論五卷　釋靈祐傳

沈本"祐"作"祜"，在下三條之後，云："《新書》無。"按《隋志》但載書名，不言何人所撰。

婦人訓誡集十卷　徐湛撰

沈本"湛"下有"之"字。按《新志》同，《隋志》有《婦人訓誡集》十一卷，注云："并《錄梁》十卷，宋司空徐湛之撰。"《宋書》及《南史》亦有徐湛之而無徐湛，當從沈本。

文訓集六卷
沈本"文"作"女",在上條前。按《新志》同,亦無撰人姓名。
干寶撰
聞本"干"作"于",誤。
李夔撰
沈本"李"上有"新書"二字。按,聞本亦有此三字,則"新書"二字不必加矣。
清溪集三十卷　齊武帝撰
聞本、沈本"撰"上有"命"字。按《新志》"撰"上有"敕"字,《隋志》有《青溪詩》三十卷,注云:"齊謙會作。"蓋即此書。
晋元氏宴會游集四卷
閣本"氏"作"正",《考證》云:"刊本'正'訛'氏',據《新唐書》改。"按,沈本同。①
元嘉宴會游山詩集五卷
《新志》亦無撰人姓名。
齊釋奠會詩集二十卷
《新志》亦無撰人姓名。
詩集新撰三十卷　宋明帝撰
沈本"宋"上有"新書"二字。按,聞本原有"宋明帝撰"四字,則"新書"二字不必加矣。
詩集抄十卷
沈本"抄"作"鈔"。按《隋志》《新志》同。
詩集二十卷
沈本"詩集"作"又"。

---

① "晋元氏宴會游集四卷",殿本《新唐書·藝文志》作"晋元正宴會詩集四卷","氏"作"正","游"作"詩"。

謝和撰

聞本、沈本"謝"作"劉"。按《新志》同，《隋志》云："《雜詩》二十卷，宋太子洗馬劉和注。"蓋即此書。

詩英十卷

沈本"英"作"集"，云："《新書》作'英'。"按，聞本亦作"英"，《隋志》有《詩英》九卷，注云："梁十卷。"是不獨《新志》作"英"也，沈本非是。

古今詩苑英華集二十卷

沈本無"集"字。按《隋志》《新志》同。《隋志》：二十卷。

詩林英選十一卷

《新志》亦無撰人姓名。

詩纘十二卷

《新志》亦無撰人姓名。

又詞英八卷

沈本"又"作"文苑"。按《新志》同，亦無撰人姓名。

六代詩集鈔四卷　徐陵撰

聞本"陵"作"凌"。按《新志》於此書之外，另有許凌《六代詩集鈔》四卷，沈氏炳震云："《隋書》止一部。"《新書》疑訛"徐陵"爲"許凌"，作二部，誤也。

歌錄集八卷

《新志》亦無撰人姓名，下二條同。

太樂歌詞二卷

按《新志》此條亦在荀勖《太樂雜歌詞》之後，而"太"上有"又"字，當是荀勖所撰。

樂府歌詞十卷

沈氏炳震云："《新書》無。"按《隋志》有《樂府歌辭》九卷，疑即此書，亦無撰人姓名。

樂府歌詩十卷

沈氏炳震云："《新書》：翟子撰。"

三調相如歌詞三卷

沈本"如"作"和"，云："《新書》：翟子撰。"按《隋志》《新志》"如"作"和"，"三"作"五"。《隋志》無撰人姓名。

新撰錄樂府集十一卷

沈本無"撰"字。按《新志》同。

玉臺新咏十卷　徐陵撰

聞本"陵"作"凌"。按《隋志》《新志》皆作"陵"，《陳書》及《南史》亦有徐陵，而無徐凌，聞本非是。

謝琨撰

沈本"琨"作"混"。按《新志》同，謝混見於《晋書》，而謝琨無考，當以"混"字爲是。

集鈔四十卷

沈氏炳震云："《新書》：邱遲撰。"按《隋志》同。

周五家

聞本、沈本"周"上有"後"字。

右集錄《楚詞》七家，帝王二十七家，太子諸王二十一家，七國趙、楚各一家，前漢二十家，後漢五十家，魏四十六家，蜀二家，吳十四家，西晉一百一十九家，東晉一百四十四家，宋六十家，南齊十二家，梁五十九家，陳十四家，後魏十家，北齊四家，周五家，隋十八家，唐一百一十二家，沙門七家，婦人七家，總集一百二十四大家，凡八百九十二部

沈本無"大"字，云："今按上止八百七十九部。"按，今以各類總數計之，凡八百八十四家，而以上文散數核之，自《楚詞》十六卷，至又一卷，凡七家；自《漢武帝集》，至《金輪集》，凡二十七家；《垂拱集》《金輪集》皆武后所撰，而附於帝王之後者，以其嘗改元稱制故也。

自梁《昭明太子集》,至後周《滕王集》,凡二十一家;自趙《荀況集》,至楚《宋玉集》,凡二家;_{即所謂"趙楚各一家"也}。自前漢《賈誼集》,至《崔篆集》,凡二十家;自魏《華歆集》,至《鐘會集》,凡四十六家;自蜀《許靖集》,至《諸葛亮集》,凡二家;自晉《王沉集》,至《傅暢集》,凡一百一十九家;自齊《褚彥回集》,至張融《玉海集》,凡十二家;自梁《范雲集》,至《沈君攸集》,凡五十九家;自後魏《高允集》,至《魏孝景集》,凡十家;自北齊《楊休之集》,至《劉逖集》,凡四家;自後周《宗懍集》,至《王衡集》,凡五家;自隋《盧思道集》,至《李播集》,凡十八家;自唐《陳叔達集》,至《盧藏用集》,凡一百一十二家;自《沙門曇諦集》,至《沙門支遁集》,凡七家;自《曹大家集》,至《徐悱妻劉氏集》,凡七家;以上皆與總數相合。自後漢《桓譚集》,至《王粲集》,凡五十五家;_{較總數多五家}。自吳《張溫集》,至《紀騭集》,凡十三家;_{較總數少一家}。自東晉《顧榮集》,至《滕演集》,凡一百四十一家;_{較總數少三家}。自宋《劉義宗集》,至《袁粲集》,凡五十九家;_{較總數少一家}。自陳《沈炯前集》,至《姚察集》,凡十三家;_{較總數少一家}。自《文章流別集》,至《集鈔》,凡一百二十家;_{較總數少四家}。以上皆與總數微異。至於《道士江旻集》一卷,無所附麗,疑沙門七家之上,本有"道士一家"四字,而傳寫者誤脫之也。統而言之,正得八百七十九家,沈氏所言是也。

一萬二千二十八卷

沈氏炳震云:"今按上止一萬一千八百七十五卷。"按,今以上文散數核之,止得一萬一千四百四十九卷,即據沈本增補二條、加三百八十五卷之數。_{晉《會稽王集》下補"八卷"二字,"類文三百"下補"七十七卷"四字另爲一條}。增定三條、加八卷之數,_{宋《江夏王集》十三卷,"三"改"五",《車灌集》五卷,"五"改"三",《劉孝綽集》十一卷,"一"改"二"。亦}

止一萬一千八百四十二卷耳。

右集錄。

劉更生石渠典校之書

聞本"典"作"興"，誤。

在漢藝文志者裁二萬三千九百卷

沈本"二"作"三"。按《漢志》作"萬三千二百六十九卷"，《六典》卷九作"三萬三千九十卷"。

其後王儉復造書目

聞本"復"作"後"，誤。

齊宋兵火延燒祕閣

沈本"閣"作"閤"。按，上文叙歷代藏書之事，既言南齊王亮謝朓之事，則此處不應又言宋時之事，疑"齊宋"當作"齊末"，蓋指梁武帝伐齊東昏之事也。《隋志》及《六典》亦云齊末兵火延燒祕閣，是其明證，然則"閣"字亦不必改爲"閤"矣。又按，祕閣以下，原本當先叙梁初裒輯書籍，《隋志》亦詳叙任昉、阮孝緒等著錄之事。然後叙梁元帝收公私經藉，傳寫者脱去耳，否則但言延燒不言裒輯，則公私經籍莫知其所自來矣。

蓋佛老之書計於其間

沈本"蓋"作"盡"。殿本《考證》云："沈炳震曰：按二語于上下文義各不融洽，疑有脱誤處。"合鈔本無此語，蓋刊時脱去。錢氏大昕云："謂梁元帝江陵所收書并佛老二家計之，得七萬餘也。"按《隋志》云："梁初祕書監任昉躬加部集，大凡二萬三千一百六卷，而釋氏不豫焉。"據此則佛老二家，列於祕書之內，實始於元帝，足徵錢説之確。

國家平王世充

聞本無"世"字。按，開元時避太宗之諱，故刪去"世"字，此志仍其舊文耳。

四部書各爲一部

沈本"部"作"庫",是也。

舊唐書卷四十七

殿本《考證》引沈氏德潛云:"按,丁部集録內,唐人自盧藏用後,遽接沙門道士諸集,而開元以來,文如張説、蘇頲、陸贄、權德輿、韓愈、柳宗元、李翱、孫樵、劉蜕、杜牧諸人,詩如張九齡、王維、孟浩然、李白、杜甫、元結、李觀、韋應物、白居易、李商隱諸人,皆不與焉,其爲殘闕無疑也。又沙門中無皎然、靈徹、貫休、齊己,道士中無吳筠、司馬承禎,婦人中無上官昭容,亦屬漏略。備觀《新書》所載,庶乎完善云。"按,上卷序文云:"臣以後出之書,在開元四部之外,不欲雜其本部。今據所聞,附撰人等傳,其諸公文集亦見本傳,此並不録。"然則此志專據《開元四部目録》,修史者已明言之矣。母煚等之撰目録,成於開元九年,集部所收,自姚崇、邱悦、劉子玄、盧藏用以上,皆卒於九年以前。蓋目録之例,惟録已没之人也。沈氏所舉諸人,就中惟上官昭容之没在未撰目録以前,此志不載其集,未免漏略。然散數既較少於總數,或者傳寫之脱誤,亦未可定。至於張説等人,當目録告成之日,或其人尚在,或其集未成,或其年尚幼,或其時未生,目録無從收之,故此志亦不載之也。惟是史家編次經籍,自當備列一代之書,不獨集部當然,即經部、史部、子部,亦當廣爲登載,方合體裁。今此《志》僅以《開元四部》爲斷,未免太略,必參之以《新志》,然後唐時著作乃全。此則當以沈氏所言爲定論矣。

唐書經籍藝文志合鈔

〔清〕沈炳震 撰
楊勝男 整理

底本：清嘉慶十八年海寧查世倓刻《唐書合鈔》
校本：清同治十年吳氏清來堂重校補刊《唐書合鈔》
　　　清嘉慶十八年海寧查世倓刻丁子復《唐書合鈔補正》
　　　清乾隆間武英殿刻《舊唐書》
　　　清乾隆間武英殿刻《新唐書》

經籍一

夫龜文成象，肇八卦於庖犧，烏迹分形，①創六書於蒼頡。聖作明述，同源異流，《墳》《典》起之於前，《詩》《書》繼之於後，先王陳迹，後王準繩。《易》曰："人文以化成天下。"《禮》曰："君子如欲化民成俗，其必由學乎？"學者非他，方策之謂也。琢玉成器，觀古知今，歷代哲王莫不崇尚。自仲尼没而微言絶，七十子喪而大義乖。嬴氏坑焚，以愚黔首，漢興學校，復創石渠。雄向校讐於前，馬鄭討論於後，兩京載籍，緜是粲然。及漢末遷都，焚溺過半，爰自魏晉，迄於周隋，而好事之君、慕古之士，亦未嘗不以圖籍爲意也。然河北江南未能混一，偏方購輯，卷帙未弘，而荀勗、李充、王儉、任昉、祖暅皆達學多聞，歷世整比，群分類聚，遞相祖述，或爲《七録》，或爲四部，言其部類多有所遺。及隋氏建邦，寰區一統，煬皇好學，喜聚逸書，而隋世簡編，最爲博洽，及大業之季，喪失者多。初，隋嘉則殿書三十七萬卷，至武德初有書八萬卷，重複相糅。王世充平得隋舊書八千餘卷，太府卿宋遵貴監運東都，浮舟泝河，西致京師，經砥柱舟覆，盡亡其書。**貞觀中，令狐德棻、魏徵**虞世南、顏師古。**相次爲秘書監，上言經籍亡逸，請行購募，并奏引學士校定，群書大備。**選五品以上子孫工書者爲書手，繕寫藏於内庫，以宫人掌之。

開元三年，左散騎常侍褚無量、馬懷素侍宴，言及經籍。玄宗曰："内庫皆是太宗、高宗先代舊書，常令宫人主掌。所有殘缺，未遑補緝，篇卷錯亂，難於檢閲，卿試爲朕整比之。"至七年，詔公卿士庶之家，所有異書，官借繕寫，及四部書成，上令百官

---

① "烏"，清乾隆間武英殿刻本《舊唐書・經籍志》（以下簡稱"殿本《舊唐志》"）作"鳥"。

入乾元殿東廊觀之，無不駭其廣。無量建議，御書以宋璟、蘇頲同署，如貞觀故事。及還京師，遷書東宮麗正殿，置脩書院於著作院，其後大明宮光順門外、東都明福門外，皆創集賢書院，學士通籍出入。九年十一月，殷踐猷、王愜、韋述、余欽、毋煚、劉彥真、王灣、劉仲等重脩《群書四部錄》二百卷，右散騎常侍元行冲奏上之。自後毋煚又略爲四十卷，名爲《古今書錄》，大凡五萬一千八百五十二卷。《新書》："五萬三千九百一十五卷，而唐之學者自爲之書者，又二萬八千四百六十九卷。"祿山之亂，兩都覆没，乾元舊籍，亡散殆盡，肅宗、代宗崇重儒術，屢詔購募。元載爲宰相，奏以千錢購書一卷，又命拾遺苗發等使江淮括訪。文宗時，鄭覃侍講禁中以經籍道喪，屢以爲言，詔令秘閣搜訪遺文，日令添寫，開成初，四部書至五萬六千四百七十六卷。分藏於十二庫。及廣明初，黄巢、干紀再陷兩京，宫廟寺署焚蕩殆盡。曩時遺籍尺簡無存，及行在朝諸儒購輯，所傳無幾。昭宗即位，志弘文雅，秘書省奏曰："當省元掌四部御書十二庫，共七萬餘卷。廣明之亂，一時散失，後來省司購募，尚及二萬餘卷。及先朝再幸山南，尚存一萬八千卷。竊知京城制置使孫惟晟收在本軍，其御書秘閣，見充教坊及諸軍人占住。伏以典籍國之大經，秘府校讐之地，其書籍竝望付當省，校其殘缺，漸令補輯，樂人乞移他所。"竝從之。命監察御史韋昌範等諸道購求。及遷都洛陽，又喪其半。平時載籍，世莫得聞，今錄開元盛時四部諸書，以表藝文之盛。

　　四部者，甲、乙、丙、丁之次也。甲部爲經，其類十二：一曰易，以紀陰陽變化；二曰書，以紀帝王遺範；三曰詩，以紀興衰誦歎；四曰禮，以紀文物體制；五曰樂，以紀聲容律度；六曰春秋，以紀行事褒貶；七曰孝經，以紀天經地義；八曰論語，以紀先聖微言；九曰圖緯，以紀六經讖候；十曰經解，以紀六經讖候；"讖候"字訛，下同。十一曰詁訓，以紀六經讖候；十二曰小學，以紀字體聲韻。乙部爲史，其類十有三：一曰正史，以紀紀傳表志；二曰古史，以紀編年繫事；三曰雜史，以紀異體雜紀；四曰霸史，以紀僞朝國史；五曰起居注，以紀人君言動；六曰舊事，以紀朝廷政令；七曰職官，以紀班序品秩；八曰儀注，以紀吉凶行事；九曰刑法，以紀律令格式；十曰雜傳，以紀先聖人物；十一曰地理，以紀山川郡國；十二曰譜系，以紀世族繼序；十三曰略錄，以紀史策條目。丙部爲子，其類十有四：一曰儒家，以紀仁義教化；二曰道家，以紀清淨無爲；三曰法家，以紀刑法典制；四曰名家，以紀循名責實；五曰墨家，以紀強本節用；六曰縱橫家，以紀辨説詭詐；七曰雜家，以紀兼叙衆説；八曰農家，以紀播植種藝；九曰小説家，以紀芻辭輿誦；十曰兵法，以紀權謀制度；十一曰天文，以紀星辰象緯；十二曰曆數，以紀推步氣朔；十三曰五行，以紀卜筮占候；十四曰醫方，以紀藥餌針灸。丁部爲集，其類有三：一曰楚詞，以紀騷人怨刺；二曰別集，以紀詞賦雜論；三曰總集，以紀文章事類。

　　昺等撰集，依班固《藝文志》體例，諸書隨部皆有小序，發明其指，近史官撰《隋書·經籍志》，其例亦然。竊以紀錄簡編異題，卷部相沿，序述無出前修，今之殺青，亦所不取，但紀部帙而已。而昺等所序四部，都錄以明新修之旨，今略載之：

　　竊以經墳浩廣，史圖紛博，尋覽者莫之能徧，司總者常苦其多，何假重屋複牀，更繁其説？若先王有關典，上聖有遺事，邦政所急，儒訓是先，宜垂教以作程，當闡規而開典，則不遑啓處，何獲晏寧。曩之所修，誠惟此義，然體有未愜，追怨良深，於時秘書省經書，實多亡關，諸司墳籍，不暇討論，此則事有未周，一也。其後周覽人間，頗覯〔闕一字〕文，新集記貞觀之前，永徽已來不取，近書採長安之上，神龍已來未錄，此則理有未弘，二也。書閲不徧，事復未周，或不詳名氏，或未知部伍，此則體有未通，三也。書多闕目，空張第數，既無篇題，實乖標牓，此則例有所虧，四也。所用書序，咸取魏文貞；所分書類，皆據《隋·經籍志》。

理有未允,體有不通。此則事實未安,五也。昔馬談作《史記》,班彪作《漢書》,皆兩葉而僅成;劉歆作《七略》,王儉作《七志》,踰二紀而方就。孰有四萬卷目,二千部書,名目首尾,三年便令終竟,欲求精悉,不其難乎？所以常有遺恨,竊思追雪。乃與闕一字。類同契,積思潛心,審正舊疑,詳開新制。永徽新集,神龍近書,則釋而附也;未詳名氏,不知部伍,則論而補也。空張之目,則檢獲便增;未允之序,則詳宜別作。紕繆咸正,混雜必刊。改舊傳之失者,三百餘條;加新書之目者,六千餘卷。凡經錄十二家,五百七十五部,六千二百四十一卷。史錄十三家,八百四十部,一萬七千九百四十六卷。子錄十七家,七百五十三部,一萬五千六百三十七卷。集錄三家,八百九十二部,一萬二千二十八卷。凡四部之錄四十五家,都管三千六十部,五萬一千八百五十二卷,成書錄四十卷。其外有釋氏經律論疏,道家經戒符籙,凡二千五百餘部,九千五百餘卷。亦具翻譯名氏,序述指歸,又勒成目錄十卷,名曰《開元內外經錄》。若夫先王祕傳,列代奧文,自古之粹籍靈符,絕域之神經怪牒,盡載於此二書矣。

夫經籍者,開物成務,垂教作程,聖哲之能事,帝王之達典。而去聖已久,開鑿遂多,苟不剖判條源,甄明科部,則先賢遺事,有卒代而不聞,大國經書,遂終年而空泯。使學者孤舟泳海,弱羽憑天,銜石填溟,倚杖追日,莫聞名目,豈詳家代？不亦勞乎！不亦弊乎！將使書千帙於掌眸,披萬函於年祀,覽錄而知旨,觀目而悉詞,經墳之精術盡探,賢哲之睿思咸識,不見古人之面,而見古人之心,以傳後來,不其愈已！

其序如此。

奘等四部目及釋道目,竝有小序及注撰人姓氏,卷軸繁多,今竝略之,但紀篇部,以表我朝文物之大。其釋道錄目附本書,今亦不取,據開元經籍為之志。天寶已後,名公各著文章,儒者多有撰述，或記禮法之沿革，或裁國史之繁略，皆張部類，其徒實繁。臣以後出之書，在開元四部之外，不欲雜其本部，今據所聞，附撰人等傳。其諸公文集，亦見本傳，此竝不錄。四部區分，詳之於下。

《新書》序曰：自六經焚於秦而復出於漢，其師道之傳中絕，而簡編脫亂訛缺，學者莫得其本真，於是諸儒章句之學興焉。其後傳注、箋解、義疏之流，轉相講述，而聖道粗明，然其爲說固已不勝其繁矣。至於上古三皇五帝以來世次，國家興滅終始，僭竊僞亂，史官備矣。而傳記、小說，外暨方言、地理、職官、氏族，皆出於史官之流也。自孔子在時，方修明聖經以紬繆異，而老子著書論道德。接乎周衰，戰國游談放蕩之士，田駢、慎到、列、莊之徒，各極其辨；而孟軻、荀卿始專修孔氏，以折異端。然諸子之論，各成一家，自前世皆存而不絕也。夫王迹熄而《詩》亡，《離騷》作而文辭之士興。歷代盛衰，文章與時高下。然其變態百出，不可窮極，何其多也。自漢以來，史官列其名氏篇第，以爲六藝、九種、七略；至唐始分爲四類，曰經、史、子、集。而藏書之盛，莫盛於開元，其著錄者，五萬三千九百一十五卷，而唐之學者自爲之書者，又二萬八千四百六十九卷。嗚呼，可謂盛矣！

六經之道，簡嚴易直而天人備，故其愈久而益明。其餘作者衆矣，質之聖人，或離或合。然其精深閎博，各盡其術，而怪奇偉麗，往往震發於其間，此所以使好奇博愛者不能忘也。然凋零磨滅，亦不可勝數，豈其華文少實，不足以行遠歟？而俚言俗說，猥有存者，亦其有幸不幸者歟？今著於篇，有其名而亡其書者，十蓋五六也，可不惜哉。

甲部經錄十二家，《新書》："十一家。"五百七十五部，今案，止五百七十一部。六千二百四十一卷。今案，止六千二百二卷，從《新書》增著錄十七部一百三十卷，不著錄一百一十七家，三千三百四十卷。

易類一　書類二　詩類三　禮類四　樂類五　春秋類

六　孝經類論語類八　讖緯類九　經解類十　詁訓類十一《新書》無。小學類十二

連山十卷　　司馬膺注，從《新書》增。案，《舊書》闕《連山》，而以膺注《歸藏》，誤。

歸藏十三卷　　殷《易》，司馬膺注，疑誤。

周易二卷　　卜商傳。

　又十卷　　孟喜章句。

　又十卷　　京房章句。

　又四卷　　費直章句。

　又十卷　　馬融章句。

　又九卷　　《新書》："十卷。"鄭玄注。

　又十卷　　荀爽章句。

　又五卷　　劉表注。

　又十卷　　王肅注。

　又十卷　　董遇注。

　又十卷　　宋衷注。《新書》作"宋忠"。

　又七卷　　王弼注。

　又九卷　　虞翻注。

　又十三卷　　陸績注。

　又十卷　　荀氏九家集解。

　又十卷　　馬、鄭、二王集解。

　又十卷　　姚信注。

　又十卷　　王弼、韓康伯注。

　又十卷　　二王集注。

　又十卷　　荀煇注。①

----

①　"煇"，殿本《舊唐志》作"暉"，清乾隆間武英殿刻本《新唐書·藝文志》(以下簡稱"殿本《新唐志》")作"輝"。

又十卷　蜀才注。

又十卷　張璠集注。

又十卷　王廙注。

又十卷　干寶注。

又十卷　黃穎注。

又十卷　崔浩注。

又十三卷　崔覲注。

又十卷　何胤注。

又十卷　盧氏注。

又十四卷　傅氏注。

又十卷　王玄度注。《新書》無。

又十卷　王又玄注。

又十卷　任希古注。

又十卷　王凱沖注。

周易發揮五卷　王勃撰。

周易繫辭二卷　謝萬注。

又二卷　桓玄注。

又二卷　荀諺注。

又二卷　荀柔之注，從《新書》增。

又二卷　宋褰注。

周易義疏二十卷　宋明帝注。

宋群臣講易疏二十卷　張該等注。

周易大義二十卷　梁武帝撰。

周易講疏三十五卷　梁武帝撰。《新書》無。

周易發題義　《新書》無"題"字。**一卷**　《新書》："蕭偉撰。"

周易幾義一卷　蕭偉撰。

周易大義疑問二十卷　梁武帝撰。

周易義疏十四卷　蕭子政撰。

又繫辭義二卷　蕭子政撰,從《新書》增。

周易講疏三十卷　張譏注。

又十三卷　何妥撰。

又十六卷　褚仲都撰。

周易正義十四　《新書》:"十六。"卷　《新書》:"國子祭酒孔穎達、顏師古、司馬才章、王恭、太學博士馬嘉運、太學助教趙乾叶、王談、于志寧等奉詔撰,四門博士蘇德融、趙弘智覆審。"

周易新論　《新書》:"新傳疏。"十卷　陰弘道撰。陰,顯子,臨渙令。

周易文句義疏二十四卷　陸德明撰。

周易文外大義二卷　陸德明撰。

周易新注本義十四卷　薛仁貴撰。

周易開題論序疏十卷①　梁蕃撰。

周易文句義疏二十卷　梁蕃撰。

周易大衍論三卷②　玄宗撰。

周易論四卷　鍾會撰。

周易大衍論一卷　《新書》:"三卷。"王弼撰。

周易論一卷　應吉甫撰。

周易統略論三卷　鄒湛撰。

周易略論一卷　張璠撰。

周易論二卷　暨長成難,暨仲容答。"暨",《新書》作"阮"。

易論　《新書》:"通易論。"一卷　宋處宗撰。③

通易象論一卷　宣聘撰。④

又一卷　欒永初撰。《新書》作"欒肇"。

---

①　"周易開題論序疏",殿本《新唐志》同,殿本《舊唐志》無"疏"字。
②　"衍",殿本《新唐志》同,殿本《舊唐志》作"演"。
③　"宋處宗",殿本《新唐志》同,殿本《舊唐志》作"宋睿宗"。
④　"宣聘",殿本《新唐志》同,殿本《舊唐志》作"宣馼"。

周易繫辭義疏二卷 劉瓛撰。①
周易乾坤義疏一卷 劉瓛撰。
周易略譜一卷 沈熊撰。
周易爻義一卷② 干寶撰。
周易卦序論一卷 楊乂撰。
周易略譜一卷③ 袁宏撰。
周易論四卷 范氏撰。
周易雜音三卷 沈熊撰。④
周易釋序義三卷 梁蕃撰。

右易七十八部，今案，上止七十七部。**凡六百七十三卷**。今案，上止六百七十一卷。從《新書》增三部十四卷。

李鼎祚《集注周易》十七卷。東鄉助《周易物象釋疑》一卷。僧一行《周易論》，卷亡。又《大衍玄圖》一卷，《義決》一卷，《大衍論》二十卷。崔良佐《易忘象》，卷亡。元載集注《周易》一百卷。李吉甫注《一行易》，卷亡。衛元嵩《元包》十卷，蘇源明傳，李江注。高定《周易外傳》二十二卷。定者，高郢子，京兆參軍。裴通《易書》一百五十卷。通，字又玄，士淹子，文宗訪以《易》義，令進所撰書。盧行超《易義》五卷。行超，字孟起，大中六合丞。陸希聲《周易傳》二卷。右不著錄十一家，三百二十九卷。

古文尚書十三卷 孔安國傳。

---

① "周易繫辭義疏"，殿本《新唐志》同，殿本《舊唐志》無"疏"字。"劉瓛"，殿本《新唐志》同，殿本《舊唐志》作"劉向"。
② "爻"，殿本《新唐志》同，殿本《舊唐志》作"文"。
③ "略譜"，殿本《舊唐志》同，殿本《新唐志》無"略"字。
④ 殿本《舊唐志》不著撰人。

又十卷　　范寧注。①
　　又十卷　　李顒集注。
　　又十卷　　姜道盛集注。
　　又十卷　　馬融注。
　　又九卷　　鄭玄注。
　　又十卷　　王肅注。
　　又十三卷　　謝沈注。
逸篇三卷　　徐邈注，從《新書》增。
大傳三卷　　伏勝注，從《新書》增。
尚書暢訓三卷　　《新書》："一卷。"伏勝注。
尚書洪範五行傳十一卷　　劉向撰。
尚書答問三卷　　王肅注。《新書》："王肅、孔安國問答。"
尚書釋駁五卷　　王肅撰。
尚書釋問四卷　　王粲問、田瓊、韓益正、鄭玄注。
尚書義注三卷　　呂文優撰。
尚書釋義四卷　　伊説撰。
尚書要略二卷　　李顒撰。②
尚書新釋二卷　　李顒撰。
尚書百問一卷　　顧歡撰。
尚書義疏十卷　　巢猗撰。
　　又十卷　　費甝撰。
　　又三十卷　　蔡大寶撰。
　　又二十卷　　劉焯撰。
尚書百釋三卷　　巢猗撰。
古文尚書大義二十卷　　任孝恭撰。

---

①　"卷"下，殿本《舊唐志》有"孔安國傳"四字。
②　"顒"，殿本《舊唐志》同，殿本《新唐志》作"顗"。下條同。

尚書文外義一卷[①]　顧彪撰。

尚書十三卷　王玄度撰，從《新書》增。

今文尚書十三卷　開元十四年，玄宗以《洪範》"無偏無頗"聲不協，詔改爲"無偏無陂"，又詔集賢學士衛包改古文從今文。從《新書》增。

尚書述義二十卷　劉炫撰。

尚書正義二十卷　《新書》："國子祭酒孔穎達、太學博士王德韶、四門助教李子雲等奉詔撰。四門博士朱長才、蘇德融、太學助教隋德素、四門助教王士雄、趙弘智覆審，太尉揚州都督長孫无忌、司空李勣、左僕射于志寧、右僕射張行成、吏部尚書侍中高季輔、吏部尚書褚遂良、中書令柳奭、弘文館學士谷那律、劉伯莊、太學博士賈公彥、范義頵、齊威、太常博士柳士宣、孔志約、四門博士趙君贊、右內率府長史弘文館直學士薛伯珍、國子助教史士弘、太學助教鄭祖玄、周玄達、四門助教李玄植、王貞儒與王德韶、隋德素等刊定。"

古文尚書音義五卷　顧彪撰。

尚書音義四卷　王儉撰。

右尚書二十九部，凡二百七十二卷。今案，上止二百六十六卷。從《新書》增四部三十二卷。

王元感《尚書糾繆》十卷。穆元休《洪範外注》十卷。陳正卿《續尚書》，纂漢至唐十二代詔策、章疏、歌頌、符檄、論議成書，開元末上之，卷亡。崔良佐《尚書演範》，卷亡。右不著錄四家二十卷。

韓詩二十二卷　卜商序，韓嬰注。

韓詩外傳十卷　韓嬰撰。

毛詩十卷　毛萇撰。

毛詩詁訓二十卷　鄭玄箋。

毛詩二十卷　王肅注。

[①]　"一卷"，清同治十年吳氏清來堂重校補刊本《新舊唐書合鈔》（以下簡稱"吳本"）作"五卷"，殿本《舊唐志》作"三十卷"，殿本《新唐志》作"五卷"。

又二十卷　　王玄度注，從《新書》增。

葉詩二十卷　　葉遵注。

集注毛詩二十四卷　　崔靈恩集注。

韓詩　　《新書》無"韓詩"字。翼要十卷　　卜商撰。

毛詩譜三卷　　鄭玄撰。

毛詩　　《新書》作"卜商"。集序三卷①　　卜商撰。

毛詩義注五卷　　《新書》："崔靈恩撰。"

毛詩雜義駁八卷　　王肅撰。

毛詩問難二卷　　王肅撰。

毛詩駁五卷　　王伯興撰。《新書》作"王基"。

毛詩義問十卷　　劉楨撰。

毛詩雜答問五卷

毛詩雜義難十卷

毛詩異同評十卷　　孫毓撰。

毛詩釋義十卷　　謝沈撰。

毛詩辯三卷　　楊乂撰。

毛詩序義一卷　　劉氏撰。

毛詩表隱二卷　　《新書》："陳統撰。"

毛詩義疏五卷　　張氏撰。

毛詩誼府三卷　　元延明撰。

草木鳥獸魚蟲疏二卷　　陸璣撰。②

毛詩述義三十卷　　劉炫撰。

難孫氏詩評四卷　　陳統撰。

毛詩正義四十卷　　《新書》："孔穎達、王德韶、齊威等奉詔撰，趙乾叶、四門助教

---

① "三卷"，殿本《舊唐志》《新唐志》皆作"二卷"。

② "璣"，殿本《新唐志》同，殿本《舊唐志》作"機"。此處應作"璣"，陸璣爲三國吳人。

賈普曜、趙弘智等覆正。"

毛詩音義二卷 魯世達撰。

毛詩諸家音十五卷 鄭玄等注。

右詩三十部，凡三百十三卷。從《新書》增一部二十卷。

　　許叔牙《毛詩纂義》十卷。成伯璵《毛詩指説》一卷，又《斷章》二卷。《毛詩草木蟲魚圖》二十卷，開成中文宗命集賢院修撰，并繪物象，大學士楊嗣、復學士張次宗上之。右不著録三家三十三卷。

周官十二卷 馬融傳。

周官禮十三卷 鄭玄注。

　　又十卷 伊説撰。

　　又十二卷 王肅注。

　　又十二卷 干寶注。

　　又二十卷 崔靈恩集注，從《新書》增。

周官論評十二卷 陳邵駁、傅玄評。

周官寧朔新書八卷 司馬伷序，王懋約注。

周官駁難五卷 孫略問，干寶注。

周禮義疏四十卷 沈重撰。

周禮疏五十卷 賈公彦撰。

周禮義決三卷 王玄度撰。

周官音三卷 鄭玄撰。

儀禮十七卷 鄭玄注。

　　又十七卷 王肅注。

儀禮音二卷 《新書》："王肅撰。"

喪服紀一卷 馬融注。

　　又一卷 鄭玄注。

　　又一卷 王肅注，從《新書》增。

又一卷　　袁準注。

又一卷　　《新書》："孔倫注。"

又一卷　　陳銓注。

又二卷　　蔡超宗注。

又二卷　　田僧紹注。

喪服變除一卷　　戴德撰。

又一卷　　鄭玄撰。

喪服要紀一卷　　王肅注。

又五卷　　賀循撰，謝微注。

又十卷　　《新書》："五卷。"賀循撰，庾蔚之注。

喪服要集議三卷　　杜預撰。

喪服古今集記三卷　　王儉撰。

喪服五代行要記十卷　　王逡之志。

喪服經傳義疏四卷　　沈文阿撰。

喪服發題二卷　　沈文阿撰。

喪服文句義十卷　　皇侃撰。

喪服天子諸侯圖二卷　　謝慈撰。

喪服圖一卷　　崔游撰。

喪服譜一卷　　蔡謨撰。

又一卷　　賀循撰。

喪服要難一卷　　趙成問，仇祈答。《新書》作"袁祈"，誤。

儀禮疏五十卷　　賈公彥撰。①

大戴禮記十三卷　　戴德撰。

小戴禮記二十卷　　戴聖撰，鄭玄注。②

禮記二十卷　　盧植注。

―――――――――

① "賈公彥"，殿本《新唐志》同，殿本《舊唐志》脫"公"字。

② "聖"，殿本《新唐志》同，殿本《舊唐志》作"勝"。

又三十卷　王肅注。

又三十卷　孫炎注。

又十二卷　葉遵注。

又二十卷　王玄度注，從《新書》增。

禮記寧朔新書二十卷　司馬伷序，王懋約注。

次禮記　《新書》："亦曰'類禮'。"二十卷　魏徵撰。

月令章句十二卷　戴顒撰。

禮記中庸傳二卷　戴顒撰。①

禮記義記四卷　鄭小同撰。

禮記要鈔六卷　繆氏撰。

禮記音二卷　鄭玄注，曹耽解。

又二卷　李軌撰。

又二卷　謝慈撰。②

又二卷　尹毅撰。

又三卷　徐邈撰。

又二卷　徐爰撰。

禮記隱二十六卷

禮記略解十卷　庚蔚之撰。

禮記講疏一百卷　皇侃撰。

禮記義疏五十卷　皇侃撰。

又四十卷　沈重撰。

又四十卷　熊安生撰。

禮記義證十卷　劉芳撰。③

---

① "二卷"，殿本《新唐志》同，殿本《舊唐志》作"一卷"。
② "謝慈"，殿本《舊唐志》同，殿本《新唐志》作"射慈"。
③ "劉芳"，殿本《新唐志》同，殿本《舊唐志》作"劉方"。

禮記類聚十卷①

禮記正義七十卷　《新書》："孔穎達、國子司業朱子奢、國子助教李善信、賈公彥、柳士宣、范義頵、魏王參軍事張權等奉詔撰,與周玄達、趙君贊、王士雄、趙弘智覆審。"

禮記疏八十卷　賈公彥撰。

禮論三百七卷　何承天撰。

禮議二十卷　戴聖等撰。②

三禮目錄一卷　鄭玄注。

問禮俗十卷　董勛撰。

禮記評十卷　劉儁撰。

禮儀答問十卷③　王儉撰。

雜禮義十一卷　吳商等撰。

禮儀雜記故事十一卷④

禮問九卷　范寧撰。

禮論答問九卷　范寧撰。

又九卷　徐廣撰。

雜禮儀問答四卷　戚壽撰。

禮論逆降議三卷⑤　顏延之撰。

禮論條牒十卷　任預撰。

禮論帖三卷　任預撰。⑥

禮論鈔六十六卷　任預撰。

---

① "禮記類聚",殿本《舊唐志》同,殿本《新唐志》無"記"字。

② "議",殿本《新唐志》同,殿本《舊唐志》作"義"。"聖",殿本《新唐志》同,殿本《舊唐志》作"勝"。

③ "答問",殿本《新唐志》同,殿本《舊唐志》作"問答"。

④ "儀",殿本《新唐志》同,殿本《舊唐志》作"義"。

⑤ "禮論逆降議",殿本《舊唐志》作"禮論降議",殿本《新唐志》作"禮逆降議"。

⑥ "任",原作"仕",據殿本《舊唐志》《新唐志》改。

又二十卷　庾蔚之撰。
禮雜答問十卷　王儉撰。①
禮雜鈔略二卷　荀萬秋撰。
禮議一卷　傅伯祚撰。《新書》作"傅隆"。
禮統郊祀六卷
禮論要鈔十三卷
又一百卷　賀瑒撰。
禮記區分十卷
禮論鈔略十三卷
禮大義十卷　梁武帝撰。
禮疑義五十卷　周捨撰。
禮記義十卷　何佟之撰。
禮答問十卷　何佟之撰。
三禮義宗三十卷　崔靈恩撰。
禮統十三卷　《新書》："十二卷。"賀述撰。
三禮宗略二十卷　元延明撰。
三禮圖十二卷　夏侯伏朗撰。
江都集禮一百二十卷　潘徽等撰。《新書》入乙部史錄儀注類。
大唐新禮一百卷　《新書》入乙部史錄，儀注類不著錄。長孫无忌、房玄齡、魏徵、李百藥、顏師古、令狐德棻、孔穎達、于志寧等撰。《吉禮》六十篇、《賓禮》四篇、《軍禮》二十篇、《嘉禮》四十二篇、《凶禮》六篇、《國恤》五篇，總一百三十篇，貞觀十一年上之。
紫宸禮要十卷　天后撰。②《新書》入乙部史錄，儀注類不注錄。
右禮一百四部。今案，上止一百三部。周禮十三家，儀禮喪服二十八家，禮論答問三十五家，凡一千九百四十五卷。今案，上凡二千二十二

---

① "雜"，殿本《新唐志》同，殿本《舊唐志》作"儀"。
② "天后"，殿本《舊唐志》作"大聖天后"，殿本《新唐志》作"武后"，下同。

卷。從《新書》增三部四十一卷。

元行冲《類禮義疏》五十卷。《御刊定禮記月令》一卷，集賢院學士李林甫、陳希烈、徐安貞、直學士劉光謙、齊光乂、陸善經、修撰官史玄晏、待制官梁令瓚等注解，自第五易爲第一。成伯璵《禮記外傳》四卷。王元感《禮記繩愆》三十卷。王方慶《禮經正義》十卷，《禮雜問答》十卷。李敬玄《禮論》六十卷。張鎰《三禮圖》九卷。陸質《類禮》二十卷。韋彤《五禮精義》十卷。丁公著《禮志》十卷，《禮記字例異同》一卷，元和十二年詔定。丘敬伯《五禮異同》十卷。孫玉汝《五禮名義》十卷。杜肅《禮略》十卷。張頻《禮粹》二十卷。右不著錄十六家二百九十五卷。案，上止二百六十五卷，作九十五卷者誤。

樂書九卷 信都芳注。①
管弦記十二卷 留進錄，凌秀注。
管弦志十卷 凌秀撰，從《新書》增。
鍾磬志二卷 公孫崇撰。
樂社大義十卷 梁武帝撰。
樂論三卷 梁武帝撰。
鍾律五卷 沈重撰。
古今樂錄十三卷 釋智丘撰。《新書》作"智匠"。
樂府聲調六卷 鄭譯撰。
樂府歌辭八卷 鄭譯撰，從《新書》增。
樂譜集解二十卷 蕭吉撰。
樂府志十卷 蘇夔撰。

---

① "芳"下，殿本《新唐志》有"刪"字。

樂經三十卷　李玄楚撰。①

樂書要錄十卷　天后撰。

樂略四卷　元慇撰。②

聲律指歸一卷　元慇撰。

樂元起二卷　桓譚撰。③

琴操二卷　桓譚撰。

琴操三卷　《新書》："一卷。"孔衍撰。

琴譜四卷　劉氏、周氏等撰。

琴叙譜九卷　趙耶律撰。

琴譜二十一卷　陳懷撰。

琴集歷頭拍簿一卷

外國伎曲三卷

論樂事二卷

外國伎曲名一卷④

歷代曲名一卷

推七音一卷

十二律譜義一卷

鼓吹樂章一卷

古今樂記八卷　李守真撰。

右樂二十九部，凡一百九十五卷。從《新書》增二部十八卷。

　　張文收《新樂書》十二卷。劉貺《太樂令壁記》三卷。徐景安《歷代樂儀》三十卷。崔令欽《教坊記》一卷。吳兢《樂府古題

————————

① "李玄楚"，殿本《新唐志》同，殿本《舊唐志》作"季玄楚"。

② 殿本《舊唐志》不著撰人。

③ 殿本《舊唐志》不著撰人。

④ 殿本《舊唐志》同，殿本《新唐志》作"又一卷"，在"外國伎曲三卷"後，據此書名應是"外國伎曲一卷"，少一"名"字。

要解》一卷。郗昂《樂府古今題解》三卷，一作王昌齡。段安節《樂府雜錄》一卷。安節，文昌孫。竇璡《正聲樂調》一卷。玄宗《金風樂》一卷。蕭祐《無射商九調譜》一卷。趙惟暕《琴書》三卷。陳拙《大唐正聲新址琴譜》十卷。呂謂《廣陵止息譜》一卷。李良甫《廣陵止息譜》一卷。李約《東杓引譜》一卷。約，李勉子，兵部員外郎。齊嵩《琴雅略》一卷。王大力《琴聲律圖》一卷。陳康士《琴譜》十三卷。康士，字安道，僖宗時人。又《琴調》四卷，《琴譜》一卷，《離騷譜》一卷。趙耶利《琴手勢譜》一卷。南卓《羯鼓錄》一卷。卓，字嗣昭，大中黔南觀察使。右不著錄二十家，九十三卷。

春秋三家經詁訓十二卷　賈逵撰。
春秋經十一卷　士燮撰。
春秋傳十卷　王朗注。
春秋左氏長經章句二十卷　賈逵撰。
春秋左氏傳解詁三十卷　賈逵撰。
春秋左氏傳解誼三十卷　服虔注。
春秋左氏經傳章句三十卷　董遇注。
春秋左氏傳三十卷　王肅注。
　又三十卷　杜預撰。①
春秋左氏傳義注三十卷　孫毓注。
春秋左氏傳音三卷　高貴鄉公撰。
　又四卷　曹耽、荀訥撰。
　又三卷　杜預撰。
　又三卷　李洪範撰，《新書》作"李軌"。

---

① 殿本《新唐志》作"杜預左氏經傳集解三十卷"。

又三卷　孫邈撰。

又三卷　王元規撰。

又十二卷

春秋左氏音隱一卷　服虔撰。

春秋左氏傳條　《新書》作"牒"。例二十卷　劉寔撰。

春秋左氏傳條　《新書》作"牒"。例章句九卷　鄭衆撰。

春秋左氏傳釋例七卷　《新書》："穎容撰。"①

又十五卷　杜預撰。

春秋左氏條例十卷　劉寔撰。

春秋左氏經例十卷　《新書》："六卷。"方範撰。

春秋左氏膏肓十卷　何休撰，鄭玄箴。

春秋成長說七卷　服虔撰。

春秋左氏膏肓釋痾五卷　服虔撰。

春秋達長義一卷　王玢撰。

春秋左氏傳說要十卷　糜信撰。

春秋塞難三卷　服虔撰。

春秋左氏傳例苑十八卷　梁簡文帝撰。

春秋左氏傳賈服異同略五卷　孫毓撰。

春秋義函傳十六卷　干寶撰。

春秋左氏釋滯十卷　殷興撰。

春秋序論一卷　干寶撰。

春秋左氏區分　《新書》作"別"。十二卷　何始貞撰。②

春秋左氏義略三十卷　張冲撰。

春秋左氏抄十卷

左氏杜預評二卷

---

① "釋例"，殿本《新唐志》同，殿本《舊唐志》無"釋"字。

② "貞"，殿本《舊唐志》同，殿本《新唐志》作"真"。

春秋圖七卷　嚴彭祖撰。
春秋辭苑五卷
春秋經傳詭例疑隱一卷　吳略撰。
春秋雜義難五卷①
春秋土地名三卷　《新書》："京相璠撰。"
春秋旨通十卷　王延之撰。
春秋大夫譜十一卷　顧啓期撰。
春秋叢林十二卷　李謐撰。
春秋立義十卷　崔靈恩撰。
春秋申先儒傳例十卷　崔靈恩撰。
春秋經解六卷　沈宏撰。
春秋文苑六卷　沈宏撰。
春秋嘉語六卷　沈宏撰。
春秋義略二十七卷　沈文阿撰。
春秋攻昧十二卷　劉炫撰。
春秋規過三卷　劉炫撰。
春秋述議三十七卷　劉炫撰。
春秋正義三十七　《新書》："三十六。"卷　孔穎達、楊士勛、朱長才奉詔撰，馬嘉運、王德韶、蘇德融與隋德素覆審。
春秋公羊傳五卷　嚴彭祖述。
　又十三卷　何休注。
　又十二卷　王愆期注。
春秋公羊集解十四卷　孔氏撰。
春秋公羊傳記十二卷　高襲撰。
何氏春秋漢議十一卷　《新書》："十卷。"何休撰，鄭玄駁，廙信注。

---

① "春秋雜義難"，殿本《新唐志》同，殿本《舊唐志》無"難"字。

又十一卷　服虔駮。①
春秋公羊條傳一卷　何休撰。
春秋公羊墨守二卷　《新書》："一卷"。何休撰,鄭玄發。
春秋公羊答問五卷　荀爽問,徐欽答。
春秋公羊音二卷　王儉撰。
春秋公羊違義三卷　劉寔撰,劉晏注。
春秋公羊論二卷　《新書》："一卷。"庾翼難,王愆期答。②
春秋穀梁傳十三卷　段肅注。③
　又十五卷　尹更始注。④
　又十二卷　唐固注。
　又十二卷　糜信注。
　又十三卷　孔衍訓注。
　又十三卷　徐乾注。
　又十二卷　徐邈注。
春秋穀梁集解十一卷　張靖撰。
　又十卷　沈仲義注。
春秋穀梁經傳集注十六卷　程闡撰。
　又十二卷　范寧撰。
春秋穀梁廢疾三卷　何休撰,鄭玄釋,張靖箋。⑤
春秋穀梁傳義三卷　蕭邕問。⑥
　又十二卷　《新書》："十卷。"徐邈撰。

---

① 殿本《舊唐志》作"何氏春秋漢記十一卷服虔注",殿本《新唐志》作"(服虔)駮何氏春秋漢議十一卷"。
② "庾翼",殿本《舊唐志》作"翼康",殿本《新唐志》作"廋翼"。
③ "段肅",殿本《新唐志》同,殿本《舊唐志》作"段氏"。
④ "卷"下,殿本《舊唐志》有"穀梁俶解"四字。
⑤ "張靖箋",殿本《舊唐志》作"張靖成箋",殿本《新唐志》作"張靖成"。
⑥ "問",殿本《新唐志》同,殿本《舊唐志》作"注"。

春秋穀梁疏十三卷　《新書》："十二卷。"楊士勛撰。①

春秋穀梁音一卷　徐邈撰。

春秋三傳集解十一卷　劉兆撰。

春秋三傳論十卷　韓益撰。②

春秋三傳經解十二卷　胡訥撰。③

春秋三傳評十卷　胡訥撰。

春秋公羊穀梁二傳評三卷　江熙撰。

春秋繁露十七卷　董仲舒撰。

春秋辨證明經論六卷

春秋二傳異同十一卷　《新書》："十二卷。"李鉉撰。

春秋合三傳通論十卷　潘叔度撰。

春秋成集十卷　潘叔度撰。

春秋外傳國語二十卷　左丘明撰。

國語章句二十二卷　王肅注。

　又二十一卷　虞翻注。

　又二十一卷　韋昭注。

　又二十一卷　唐固注。

　又二十一卷　《新書》："孔鼂解。"

右春秋一百二部，今案，上凡一百三部，一千一百八十四卷。今案，上止一千一百七十六卷。

　王玄度注《春秋左氏傳》，卷亡。盧藏用《春秋後語》十卷。高重《春秋纂要》四十卷。重，字文明，士廉五代孫，文宗時翰林侍講學士，帝好《左氏春秋》，命重分諸國各爲書，別名《經傳

---

①　"穀梁"下，殿本《舊唐志》有"傳"字。

②　"論"，原脱，據吴本及殿本《舊唐志》《新唐志》補。"韓益"，殿本《新唐志》同，殿本《舊唐志》作"楊益"。

③　"十二"，殿本《舊唐志》《新唐志》皆作"十一"。"胡訥"下，殿本《舊唐志》《新唐志》皆有"集"字。

要略》,歷國子祭酒。許康佐集《左氏傳》三十卷,①一作文宗御集。徐文遠《左傳義疏》六十卷,又《左傳音》三卷。陰弘道《春秋左氏傳序》一卷。李氏《三傳異同例》十二卷,開元中,右威衛錄事參軍,失名。馮伉《三傳異同》三卷。劉軻《三傳指要》十五卷。韋表微《春秋三傳總例》二十卷。王元感《春秋振滯》二十卷。韓滉《春秋通》一卷。陸質集注《春秋》二十卷,又集傳《春秋纂例》十卷,《春秋微旨》二卷,《春秋辨疑》七卷。樊宗師《春秋集傳》十五卷,《春秋加減》一卷,元和十二年國子監修定。李瑾《春秋指掌》十五卷。張傑《春秋圖》五卷,又《春秋指元》十卷。裴安時《左氏釋疑》七卷。安時,字適之,大中江陵少尹。第五泰《左傳事類》二十卷。泰,字伯通,青州益都人,咸通鄂州文學。成玄《穀梁總例》十卷。玄,字又玄,咸通山陽令。陸希聲《春秋通例》三卷。陳岳《折衷春秋》三十卷。岳,唐末鍾傳江西從事。郭翔《春秋義鑒》三十卷。柳宗元《非國語》二卷。右不著錄二十二家,四百三卷。

古文孝經一卷　孔安國傳。②

　又一卷　劉邵注。

孝經一卷　王肅注。

　又一卷　鄭玄注。

　又一卷　韋昭注。

　又一卷　孫熙注。

　又一卷　蘇林注。

　又一卷　謝萬注。

---

① "許康佐"下,殿本《新唐志》有"等"字。
② "卷"下,殿本《舊唐志》有"孔子說曾參受"六字。

又一卷　虞盤佐注。

又一卷　孔光注。

又一卷　殷仲文注。

又一卷　殷叔道注。

又一卷　魏克己注。

孝經默注二卷　徐整撰。

孝經制旨一卷①　玄宗御製。

講孝經義四卷　車胤等撰。

講孝經集解一卷　荀勗撰。

孝經義疏三卷　皇侃撰。

大明中皇太子講孝經義疏一卷　何約之執經。

孝經疏十八卷　梁武帝撰。

又五卷　賈公彥撰。

孝經發題四卷　太史叔明撰。

孝經述義五卷　劉炫撰。

越王孝經新義十卷　任希古撰。

孝經應瑞圖一卷

演孝經十二卷　張士儒撰。

孝經疏三卷　《新書》："二卷。"玄宗注，元行沖撰。

論語十卷　何晏集解。

又十卷　鄭玄注。

又十卷　鄭玄注，虞喜贊。

又十卷　王肅注。

又十卷　宋明帝補，衛瓘注。②

---

①　"孝經制旨一卷"，殿本《舊唐志》作"又一卷"，接在"孝經默注"等條後，殿本《新唐志》作"今上孝經制旨一卷"

②　"補"，殿本《新唐志》同，殿本《舊唐志》作"撰"。

又十卷　李充注。

又十卷　孫綽集解。

又十卷　梁顗注。

又十卷　盈氏集義。

又九卷　孟釐注。

又十卷　袁喬注。

又十卷　尹毅注。

又十卷　江熙集解。

又十卷　張氏注。①

次論語五卷　《新書》："十卷。"王勃撰。

論語音二卷　徐邈撰。

古論語義注譜一卷　徐氏撰。

論語釋義十卷　《新書》："一卷"，鄭玄撰。

論語義注十卷　暢惠明撰。

論語義注隱三卷

論語篇目弟子一卷　鄭玄撰。

論語釋疑二卷　王弼撰。

論語釋十卷　欒肇撰。②

論語駁二卷　欒肇撰。

論語大義解十卷　崔豹撰。

論語旨序二卷　繆播撰。

論語體略二卷　郭象撰。

論語雜義十三卷

論語剔義十卷

論語疏十卷　皇侃撰。

───────────

①　"張"，殿本《新唐志》同，殿本《舊唐志》作"孫"。
②　殿本《舊唐志》不著撰人。

又十五卷 賈公彥撰。
論語述義二十卷 戴詵撰。
論語章句二十卷 劉炫撰。
論語講疏十卷 褚仲都撰。
孔子家語十卷 王肅注。
孔叢子七卷 孔鮒撰。
右六十三部，孝經二十七家，論語三十六家，凡三百八十七卷。今案，上凡三百九十七卷。
尹知章注《孝經》一卷。孔穎達《孝經義疏》，卷亡。王元感注《孝經》一卷。李嗣真《孝經指要》一卷。平貞昚《孝經議》，卷亡。徐浩廣《孝經》十卷。浩稱四明山人，乾元二年上，授校書郎。韓愈注《論語》十卷。張籍《論語注辨》二卷。右不著錄孝經六家十三卷，論語二家一十二卷。

易緯九卷 宋均注。
書緯三卷 鄭玄注。
詩緯三卷 鄭玄注。
又十卷 宋均注。
禮緯三卷 宋均注。
樂緯三卷 宋均注。
春秋緯三十八卷 宋均注。
論語緯十卷 宋均注。
孝經緯五卷① 宋均注。
白虎通六卷 漢章帝撰。
五經雜義七卷 劉向撰。
五經通義九卷 劉向撰。

① "孝經緯"，殿本《新唐志》同，殿本《舊唐志》作"六經緯"。

五經要義五卷　劉向撰。
五經異義十卷　許慎撰，鄭玄駁。
六藝論一卷　鄭玄撰。
鄭志九卷　鄭玄撰。
鄭記六卷　鄭玄撰。
聖證論十一卷　《新書》："王肅撰。"
五經然否論五卷　譙周撰。
五經鉤深　《新書》作"沈"。十卷　楊方撰。
五經咨疑八卷　楊同撰。《新書》："楊思。"
孔子正言二十卷　梁武帝撰。
長秋義記一百卷①　梁簡文帝撰。
經典大義　《新書》："經典玄儒大義序錄。"十卷　沈文阿撰。
五經宗略四十卷　元延明撰。
七經義綱略論三十卷　樊文深撰。
質疑五卷　樊文深撰。
游玄桂林二十卷　張譏撰。
五經正名十五卷　《新書》："十二卷。"劉炫撰。
經典釋文三十卷　陸德明撰。
諡法三卷　荀顗演，劉熙注。
　又三卷　賀琛撰。
諡例十卷　沈約撰。
匡謬正俗八卷　顏師古撰。
集天名稱三卷
右三十六部，今案，上止三十五部。經緯九家，七經雜解二十七家，凡四百七十四卷。今案，上止四百六十八卷。

---

① "長秋義記"，殿本《舊唐志》作"長春秋義記"，殿本《新唐志》作"長春義記"。

趙英《五經對訣》四卷。英，龍朔中汲令。劉迅《六說》五卷。劉貺《六經外傳》三十七卷。張諡《五經微旨》十四卷。韋表微《九經師授譜》一卷。裴僑卿《微言注集》二卷。僑卿，開元中鄭縣尉。高重《經傳要略》十卷。王彥威《續古今諡法》十四卷。慕容宗本《五經類語》十卷。宗本，字泰初，大中時幽州人。劉氏《經典集音》三十卷。劉鎔，字正範，絳州正平人，咸通晉州長史。右不著錄十家，一百二十七卷。

爾雅三卷 李巡注。

　又六卷 樊光注。

　又六卷 孫炎注。

　又三卷 《新書》："一卷。"郭璞注。

　又十卷 沈璇集注。

爾雅音義一卷 郭璞撰。

　又二卷 曹憲撰。

爾雅圖一卷 郭璞撰。

爾雅圖贊二卷 《新書》："一卷。"江灌注。

爾雅音六卷 江灌撰。

續爾雅百卷 劉伯莊撰，《新書》："一卷。"此"百"字疑誤。

別國方言十三卷 揚雄撰。

釋名八卷 劉熙撰。

辨釋名一卷 韋昭撰，從《新書》增。

廣雅四卷 張揖撰。

博雅十卷 曹憲撰。

小爾雅一卷 李軌撰。

纂文三卷 何承天撰。

纂要六卷 顏延之撰。

三蒼三卷　李軌等撰，郭璞注。①

蒼頡訓詁二卷　杜林撰。

三蒼訓詁二卷　《新書》："一卷。"張揖撰。②

埤蒼三卷　張揖撰。③

廣蒼一卷　樊恭撰。

說文解字十五卷　許慎撰。

說文　《新書》無"說文"字。音隱四卷

字林七卷　呂忱撰。

字統二十卷　楊承慶撰。

玉篇三十卷　顧野王撰。

字海一百卷　天后撰。凡武后所著書，皆元萬頃、范履冰、苗神客、周思茂、胡楚賓、衛業等撰。④

文字釋訓三十卷　釋寶誌撰。

括字苑十三卷　馮幹撰。

字屬篇一卷　賈魴撰。

古文奇字二卷　郭訓撰。

字旨篇一卷　郭訓撰。⑤

古文字詁　《新書》作"訓"。二卷　張揖撰。

雜字一卷　張揖撰，從《新書》增。

詔定古文字書一卷　衛宏撰。

解字文七卷　周成撰。

雜文字音七卷　王延撰。

---

① "注"，殿本《舊唐志》《新唐志》皆作"解"。
② "一卷"，殿本《新唐志》作"三卷"。
③ "揖"，殿本《新唐志》同，殿本《舊唐志》作"挹"。
④ "天后"，殿本《舊唐志》作"天聖太后"，殿本《新唐志》作"武后"。"元萬頃"，殿本《新唐志》作"元方頃"。
⑤ "訓"，殿本《新唐志》同，殿本《舊唐志》作"玄"。

文字要説一卷　王氏撰。
字書十卷
古今八體六文書法一卷
四體書勢一卷　衛恆撰。
要用字苑一卷　葛洪撰。
難要字三卷
文字集略一卷　阮孝緒撰。
辨嫌音二卷　楊休之撰。
文字指歸四卷　曹憲撰。
證俗音略二卷　《新書》："一卷。"顏愍楚撰。
證俗音三卷　張推撰，從《新書》增。
叙同音三卷
覽字知源三卷
文字辨嫌一卷[①]　《新書》："彭立撰。"
聲類十卷　李登撰。
韻集五卷　呂靜撰。
韻略一卷　楊休之撰。
四聲韻略十三卷　夏侯詠撰。
四聲部三十卷　張諒撰。
韻篇十二卷　趙氏撰。
切韻五卷　陸慈撰。
桂苑珠叢一百卷　諸葛穎撰。
桂苑珠叢略要二十卷
急就章一卷　史游傳，曹受解。《新書》作"曹壽"。
急就章注一卷　顏之推撰。

---

① "辨"，殿本《新唐志》同，殿本《舊唐志》作"辯"。

又一卷 　顏師古撰。

凡將篇一卷 　司馬相如撰。

飛龍篇篆草勢合三卷 　崔瑗撰。

在昔篇一卷 　班固撰。

太甲篇一卷 　班固撰。

聖草章一卷 　蔡邕撰。

勸學篇一卷 　蔡邕撰。

黃初章一卷①

吳章一卷

初 　《新書》作"幼"。學篇一卷 　朱嗣卿撰。

始學篇十二卷 　項峻撰。

少學集十卷 　楊方撰。②

小學篇一卷 　王羲之撰。

續通俗文二卷 　李虔撰。

啟疑三卷 　顧凱之撰。

詰幼文三卷 　顏延之撰。

辨字一卷 　戴規撰。

俗語難字一卷 　李少通撰。

文字志三卷 　王愔撰。

五十二體書一卷 　蕭子雲撰。

古來篆隸詁訓名錄一卷

書品一卷 　庾肩吾撰。

書後品一卷 　李嗣真撰。③

筆墨法一卷

---

① "章"，殿本《舊唐志》同，殿本《新唐志》作"篇"。

② "少學"，殿本《新唐志》同，殿本《舊唐志》作"小學"。

③ "真"，殿本《新唐志》同，殿本《舊唐志》作"貞"。

又一卷　顏之推撰，從《新書》增。

鹿紙筆墨疏一卷

千字文一卷　蕭子範撰。

又一卷　周興嗣撰。

篆書千字文一卷

演千字文五卷

今字石經易篆三卷

今字石經尚書五卷

今字石經鄭玄尚書八卷

三字石經尚書古篆三卷

今字石經毛詩三卷

今字石經儀禮四卷

今字石經左傳經十卷

三字石經左傳古篆書十二卷①

今字石經公羊傳九卷

今字石經論語二卷　蔡邕撰。

雜字書八卷　釋正度撰。

右小學一百五部，今案，上止一百二部。爾雅、廣雅十八家。偏傍、音韻、雜字八十六家，凡七百九十七卷。今案，上止七百九十六卷，從《新書》增四部六卷。

徐浩《書譜》一卷，《古迹記》一卷。張懷瓘《書斷》三卷，懷瓘，開元中翰林院供奉。又《評書藥石論》一卷。張敬玄《書則》一卷。敬玄，貞元中處士。褚長《文書指論》一卷。張彥遠《法書要錄》十卷。彥遠，弘靖孫，乾符初大理卿。裴行儉《草書雜體》，卷亡。荊浩《筆法記》一卷。浩稱洪谷子。二王、張芝、張昶等書一千五百一十卷。太宗出御府金帛購天下古

---

① "十二卷"，殿本《新唐志》同，殿本《舊唐志》作"十三卷"。

本，命魏徵、虞世南、褚遂良定真僞，凡得羲之真行二百九十紙，爲八十卷，又得獻之、張芝等書。以"貞觀"字爲印，草迹命遂良楷書小字以影之，①其古本多梁、隋官書。梁則滿騫、徐僧權、沈熾文、朱异，隋總、②姚察署記。帝令魏、褚卷尾各署名。開元五年，敕陸玄悌、魏哲、劉懷信檢校，分益卷帙，玄宗自書"開元"爲印。王方慶《寶章集》十卷，又《王氏八體書範》四卷，《王氏工書狀》十五卷。玄宗《開元文字音義》三十卷。張參《五經文字》三卷。唐玄度《九經字樣》一卷。玄度，文宗時待詔。顔元孫《干禄字書》一卷。歐陽融《經典分毫正字》一卷。李騰《説文字源》一卷。騰陽，冰從子。僧慧《力像文玉篇》三十卷。蕭鈞《韻音》二十卷。孫愐《唐韻》五卷。武元之《韻銓》十五卷。玄宗《韻英》五卷，天寶十四載撰，詔集賢院寫付諸道採訪使，傳布天下。顔真卿《韻海鏡源》三百六十卷。李舟《切韻》十卷。僧猷智《辨體補修加字韻切》五卷。右不著録二十三家，二千四十五卷。

---

① "草迹"，原作"章迹"，殿本《新唐志》亦同，據1975年中華書局編輯部點校本《新唐書·藝文志》（以下簡稱"中華書局點校本《新唐志》"）改。

② "總"上闕字，中華書局點校本《新唐志》據《唐會要》補"則江"二字，全句作"隋則江總、姚察署記"，與前文合。

經籍二

乙部史錄十三家，八百四十四部。今案，止七百七十三部。一萬七千九百四十六卷。今案，止一萬五千七百五十一卷。從《新書》增著錄一百三十七部，凡二千一百八十八卷。不著錄四百四十七部，凡九千四十六卷。

　　　　正史類一　編年類二　僞史類三　雜史類四　起居注五　故事類六　職官類七　雜傳類八　儀注類九　刑法類十　目錄類十一　譜牒類十二　地理類十三

史記一百三十卷　司馬遷撰。
　又八十卷　裴駰集解。
　又一百三十卷　許子儒注。《新書》："子儒，字文舉，叔牙子也。證聖天官侍郎、潁川縣男。"
史記音義十三卷　徐廣撰。
　又三卷　鄒誕生撰。①
　又三十卷　《新書》："二十卷。"劉伯莊撰。
　又三卷　許子儒撰，從《新書》增。
漢書一百十五卷　班固撰。
　又一百二十卷　顔師古注。
御銓定漢書八十一卷　《新書》："八十七卷。"高宗與郝處俊等撰。
漢書音訓一卷　服虔撰。
漢書叙傳五卷　《新書》："八卷。"項岱撰。
漢書集解音義二十四卷　應劭撰。
論前漢事一卷　諸葛亮撰，從《新書》增。

---

① "又三卷(史記音義)"，殿本《舊唐志》同，殿本《新唐志》無"義"字。"鄒誕生"，殿本《新唐志》同，殿本《舊唐志》作"邵鄒生"。

漢書集注十四卷　晉灼撰。

漢書新注一卷　陸澄撰。

孔氏漢書集　《新書》作"音"。義抄二卷　孔文祥撰。①

漢書駁義二卷　劉寶撰。

漢書續訓二卷　韋稜撰。

漢書訓纂三十卷　姚察撰。

漢書音義九卷　孟康撰。

又七卷　韋昭撰。②

又二十六卷　劉嗣等撰。

又十七卷　晉灼撰，從《新書》增。

又二卷　崔浩撰，從《新書》增。

漢書音二卷　夏侯泳撰。③

又一卷　諸葛亮撰，從《新書》增。

又十二卷　包愷撰。

又十二卷　蕭該撰。

漢書決疑十二卷　顏延年撰。《新書》："顏游秦。"

漢書古今集義二十卷　顧胤撰。

漢書正義三十卷　釋務靜撰。

漢書正名氏義十三卷④

漢書辨惑三十卷　李善撰。《新書》："李喜。"案，《新書》不著錄又有李善《漢書辨惑十卷》。案，善本傳亦作三十卷，蓋訛。善爲喜而重出於後。⑤

---

① "集"，殿本《舊唐志》亦作"音"。"祥"，殿本《新唐志》同，殿本《舊唐志》作"詳"。
② "韋昭"，殿本《新唐志》同，殿本《舊唐志》作"韓韋"。
③ "漢書音"，殿本《新唐志》同，殿本《舊唐志》無"音"字。
④ "十三卷"，殿本《舊唐志》同，殿本《新唐志》作"十二卷"。
⑤ "辨"，殿本《新唐志》同，殿本《舊唐志》作"辯"。《漢書辨惑》，殿本《舊唐志》僅著錄李善三十卷，殿本《新唐志》著錄李喜二十卷，又李善一十卷。

漢書律曆志音義二卷① 陰景倫撰。

漢書英華八卷

東觀漢記一百二十七卷 劉珍撰。

後漢書一百三十三卷 《新書》又錄一卷。謝承撰。

後漢記一百卷 薛瑩撰。

後漢書八十三卷② 《新書》又錄一卷。司馬彪撰。

 又五十八卷 劉義慶撰。

 又三十一卷 華嶠撰。

 又一百二卷 謝沈撰。

後漢書外傳十卷 謝沈撰。

漢南紀五十八卷 張瑩撰。

後漢書一百二卷 袁山松撰。③

 又九十二卷 范曄撰。

後漢書論贊五卷 范曄撰。

後漢書一百二十二卷 劉熙注，從《新書》增。

後漢書五十八卷 劉昭補注。

 又一百卷 《新書》："皇太子賢命劉訥言、格希玄等注。"

後漢書音三卷 蕭該撰。

 又一卷 劉芳撰，從《新書》增。

 又三卷 臧兢撰。

後漢書音義二十七卷 韋機撰。

魏書四十四卷 《新書》："四十七卷。"王沈撰。

---

① "二卷"，殿本《舊唐志》《新唐志》俱作"一卷"。
② "後漢書"，殿本《舊唐志》同，殿本《新唐志》作"續漢書"。
③ "一百二卷"，殿本《舊唐志》同，殿本《新唐志》作"一百一卷"，注云"又錄一卷"。"袁山松"，殿本《舊唐志》同，殿本《新唐志》作"袁崧"。

魏略三十八卷[1]　魚豢撰。又見雜史類，《新書》列雜史類。

魏國志三十卷　陳壽撰，裴松之注。

晉書八十九卷　王隱撰。

  又五十八卷　虞預撰。

  又十四卷　朱鳳撰。

  又三十五卷　《新書》又錄一卷。謝靈運撰。

晉中興書八十卷　何法盛撰。

晉書一百一十卷　臧榮緒撰。

  又二十二卷　干寶撰，從《新書》增。

  又九卷　蕭子雲撰。

  又一百三　《新書》："二。"十卷　《新書》："房玄齡、褚遂良、許敬宗、來濟、陸元仕、劉子翼、令狐德棻、李義府、薛元超、上官儀、崔行功、李淳風、辛丘馭、劉引之、陽仁卿、李延壽、張文恭、敬播、李安期、李懷儼、趙弘智等修，而名爲御撰。"

宋書四十二卷　徐爰撰。

  又四十六卷　《新書》："五十八卷。"孫嚴撰。

  又一百卷　沈約撰。

  又三十卷　王智深撰，從《新書》增。

後魏書一百三十卷　魏收撰。

  又一百七卷　魏澹撰。

  又一百卷　張大素撰。

後周書五十卷　令狐德棻撰。

隋書八十五卷　《新書》："《志》三十卷，顏師古、孔穎達、于志寧、李淳風、韋安化、李延壽與令狐德棻、敬播、趙弘智、魏徵等撰。"

  又三十二卷　張大素撰。

  又八十八卷　王劭撰，從《新書》增。《舊書》："八十卷"，入雜史類。

---

[1] 魚豢之書，雜史類作"典略五十卷"，與殿本《舊唐志》前後兩處著錄情況相同，殿本《新唐志》僅于雜史類著錄《魏略》五十卷。

齊書五十九卷　《新書》:"六十卷。"蕭子顯撰。

又八卷　《新書》:"十三卷。"劉陟撰。

梁書三十四卷　《新書》:"三十六卷。"謝昊、姚察等撰。①

又五十卷　《新書》:"五十六卷。"姚思廉撰。

齊志十七卷　王劭撰,從《新書》增。《舊書》入編年類,《新書》同,疑重。

陳書三卷　顧野王撰。

又三卷　傅縡撰。

又三十六卷　姚思廉撰。

北齊未修書二十四卷　李德林撰。

北齊書五十卷　李百藥撰。

又二十卷　張大素撰。

通史六百二卷　梁武帝撰。

南史八十卷　李延壽撰。

北史一百卷　李延壽撰。

右八十一部,史記六家,前漢二十五家,後漢十七家,魏三家,晉八家,宋三家,後魏三家,後周一家,隋二家,齊二家,梁二家,陳三家,北齊三家,都史三家,凡四千四百四十三卷。今案,上凡四千四百四十六卷。從《新書》增十一部,三百二卷。

王元感注《史記》一百三十卷。徐堅注《史記》一百三十卷。李鎮注《史記》一百三十卷,鎮開元十七年上,授門下典儀。又《義林》二十卷。陳伯宣注《史記》一百三十卷,貞元中上。韓琬《續史記》一百三十卷。司馬貞《史記索隱》三十卷。貞,開元潤州別駕。案,《劉子玄傳》有博士司馬貞。劉伯莊《史記地名》二十卷,《漢書音義》二十卷。張守節《史記正義》三十卷。竇群《史記名臣疏》三十四卷。敬播注《漢書》四十卷,又《漢書音義》十二卷。元懷景《漢書議苑》,卷亡。懷景,開元右庶子,

---

① "三十六",殿本《新唐志》亦作"三十四"。

武陵縣男，諡曰文。姚庭《漢書紹訓》四十卷。沈遵《漢書問答》五卷。李善《漢書辨惑》一十卷。疑重，當刪。十卷，亦誤。徐堅《晋書》一百一十卷。高希嶠注《晋書》一百三十卷。希嶠開元十年上，授清池主簿。何超《晋書音義》三卷。超，處士。《武德貞觀兩朝史》八十卷，長孫无忌、令狐德棻、顧胤等撰。吳兢《齊史》十卷，《梁史》十卷，《陳史》五卷，《周史》十卷。《隋史》二十卷。《唐書》一百卷，又一百三十卷，兢、韋述、柳芳、令狐峘、于休烈等撰。《國史》一百六卷，又一百一十三卷。裴安時《史記纂訓》二十卷，又《元魏書》三十卷。安時，字適之，大中江陵少尹。高氏《小史》一百二十卷。高峻，初六十卷，其子迥釐益之。峻，元和中人。劉氏《洞史》二十卷。劉權，忠州刺史晏曾孫。姚康復《統史》二百卷。康復，大中太子詹事。右不著錄正史二十三家，一千七百九十卷。案，上止一千七百八十八卷，作九十者誤。集史三家，四百四十卷。案，上止三百四十卷，作四百者誤。

紀年十四卷 汲冢書。

漢紀三十卷 荀悅撰。

又三十卷 應劭注，從《新書》增。

漢紀音義三卷 崔浩撰。

漢皇德紀三十卷 侯瑾撰。

後漢紀三十卷 張璠撰。

又三十卷 袁宏撰。

漢晋春秋五十四卷 習鑿齒撰。

漢靈獻二帝紀六卷 劉芳撰。

漢獻帝春秋十卷 袁曄撰。

山陽公載紀① 　《新書》："十卷。"樂資撰。

魏武本紀三卷　《新書》："四卷。"

魏武春秋二十卷　孫盛撰。

魏紀十二卷②　魏澹撰。當從《隋書》作"陰澹"。

國紀　《新書》："魏書國紀。"十卷　梁祚撰。

吳紀十卷　環濟撰。

晉帝紀四卷　陸機撰。

晉錄五卷

晉紀二十二卷　干寶撰。

　又六十卷　干寶撰，劉协注。

晉陽秋二十二卷　孫盛撰，從《新書》增。

　又二十卷　檀道鸞撰。

　又二十二卷③　鄧粲撰。

晉紀二十卷　劉謙之撰。

　又十卷　曹嘉之撰。

　又四十五卷　徐廣撰。

　又十一卷　鄧粲撰。

晉史草三十卷　蕭景暢撰。

晉續紀五卷　郭李產撰。④

戰國春秋二十卷　李槩撰。

崇安紀二卷⑤　周祗撰。案，"崇安"本"隆安"，晉安帝年號，避明皇諱，改。後晉

---

① "載紀"，殿本《舊唐志》作"義紀"，殿本《新唐志》作"載記"。

② "紀"，殿本《舊唐志》《新唐志》皆作"記"。

③ "又二十二卷(晉陽秋)"，殿本《舊唐志》作"晉陽春秋二十二卷"，殿本《新唐志》作"又晉陽秋三十二卷"。

④ "紀"，殿本《舊唐志》作"記"，殿本《新唐志》作"紏"。"郭秀產"，殿本《新唐志》同，殿本《舊唐志》作"郭秀彥"。

⑤ "紀"，殿本《舊唐志》《新唐志》皆作"記"。

"崇安"同。《新書》入雜史類。

又十卷　王韶之撰，《新書》入雜史類。

三十國春秋三十卷　蕭方撰。

又一百卷　武敏之撰。

晉春秋略二十卷　杜延業撰。

宋紀三十卷　王智深撰。

宋略二十卷　裴子野撰。

宋春秋二十卷　鮑衡卿撰。

又二十卷　王琰撰，從《新書》增。

齊紀二十卷　沈約撰。

齊春秋三十卷①　吳均撰。

乘輿龍飛記二卷②　鮑衡卿撰，《新書》入雜史類。

梁典三十卷　劉璠撰。

又三十九卷　謝昊撰，從《新書》增。

又三十卷　何元之撰。

梁太清紀十卷　蕭韶撰。

皇帝紀七卷

梁撮要三十卷　陰僧仁撰，《新書》入雜史類。

淮海亂離志四卷　蕭大圜撰，《新書》入雜史類。

棲鳳春秋五卷　臧嚴撰。

梁昭後略十卷　姚最撰。

天啓紀十卷　守節先生撰。

梁末代紀一卷

後梁春秋十卷　蔡允恭撰。

北齊紀二十卷

① "三十卷"，殿本《新唐志》同，殿本《舊唐志》作"三卷"。
② "龍飛"，殿本《舊唐志》同，殿本《新唐志》作"飛龍"。

北齊志十七卷　　王劭撰。

鄴洛鼎峙紀十卷

隋大業略紀三卷　　趙毅撰。

隋後略十卷　　張大素撰。

蜀國志十五卷　　陳壽撰。

吳國志二十一卷　　陳壽撰。

吳書五十五卷　　韋昭撰。《蜀國志》以下，《新書》入正史類。

華陽國志三卷　　常璩撰。

漢之書十卷　　常璩撰，從《新書》增。

蜀季書九卷　　常據撰。①

漢趙紀十卷②　　《新書》："十四卷。"和包撰。

趙石紀二十卷　　田融撰。

二石紀二十卷　　田融撰。

符朝雜紀一卷　　從《新書》增。

二石僞事六卷　　王度、隋翩等撰。

二石書十卷　　從《新書》增。

燕書二十卷　　范亨撰。

秦記十一卷　　裴景仁撰，杜惠明注。

涼記十卷　　張諮撰。③

　又十卷　　段龜龍撰，從《新書》增。

西河記二卷　　段龜龍撰。

涼書十卷　　劉昞撰，從《新書》增。

南燕錄六卷　　王景暄撰，《新書》："王景暉。"

―――――――

① "季"，殿本《舊唐志》《新唐志》皆作"李"。"常據"，殿本《舊唐志》《新唐志》皆作"常璩"。

② "紀"，殿本《新唐志》同，殿本《舊唐志》作"記"。

③ "諮"，殿本《新唐志》同，殿本《舊唐志》作"諮"。

南燕書五卷　《新書》："十卷。"張銓撰。

拓跋涼録十卷①

燕志十卷　《新書》："高閭撰。"

十六國春秋一百二十卷　崔鴻撰。

右七十五部，今案，上止七十三部。**編年五十五家，雜僞國史二十家，凡一千四百一十卷**。今案，上止一千三百四十卷。從《新書》增九部，一百五十二卷。

柳芳《唐曆》四十卷。《續唐曆》二十二卷，韋澳、蔣偕、李荀、張彥遠、崔瑄撰，崔龜從監修。吳兢《唐春秋》三十卷。韋述《唐春秋》三十卷。陸長源《唐春秋》六十卷。陳嶽《唐統紀》一百卷。焦璐《唐朝年代紀》十卷。璐，徐州從事，龐勛亂遇害。李仁實《通曆》七卷。馬總《通曆》十卷。王起《王氏五位圖》十卷，《廣五運圖》，卷亡。苗台符《古今通要》四卷。台符，宣、懿時人。賈欽文《古今年代曆》一卷。欽文，大中時人。曹圭《五運録》十二卷。張敦素《建元曆》二卷。劉軻《帝王曆數歌》一卷。軻，字希仁，元和末進士第，洛州刺史。封演《古今年號録》一卷。演，天寶末進士第。韋美《嘉號録》一卷。美，中和中進士。柳璨《正閏位曆》三卷。李匡文《兩漢至唐年紀》一卷。匡文，昭宗時宗正少卿。右不著録編年十九家，三百五十五卷。案，上止三百四十五卷。作五十者誤。

汲冢周書十卷　從《新書》增。

周書八卷　孔晁注。

古文鎖語四卷

春秋前傳十卷　何承天撰。

---

① "跋"，殿本《舊唐志》同，殿本《新唐志》作"拔"。

春秋前傳雜語十卷　何承天撰。

周載三十卷　孟儀注。

春秋時國語十卷①　孔衍撰。

春秋後國語十卷　孔衍撰，從《新書》增。

越絕書十六卷　子貢撰。

吳越春秋十二卷　趙曄撰。

吳越春秋削煩五卷　楊方撰。

吳越春秋傳十卷　皇甫遵撰。

吳越記六卷

春秋後傳三十卷　樂資撰。

戰國策三十二卷　劉向撰。

　　又三十二卷　高誘注。

戰國策論一卷　延篤撰。

魯後春秋二十卷　劉允濟撰。

楚漢春秋二十卷　《新書》："九卷。"陸賈撰。

漢尚書十卷　孔衍撰。

漢春秋十卷　孔衍撰。

後漢尚書六卷　孔衍撰。

後漢春秋六卷　孔衍撰。

後魏尚書十四卷　張溫撰。《新書》："孔衍撰。"②

後魏春秋九卷　孔衍撰。

典　《新書》作"魏"。略五十卷③　魚豢撰，又見正史類。

三國典略三十卷　丘悅撰，從《新書》增。

三史要略三十卷　張溫撰。

---

① "春秋時國語"，殿本《新唐志》同，殿本《舊唐志》作"春秋國語"。
② "魏"，殿本《新唐志》同，殿本《舊唐志》作"漢"。
③ 見前正史類"魏略三十八卷"注。

正史削繁十四卷　阮孝緒撰。

東殿新書二百卷　《新書》:"許敬宗、李義府奉詔於武德殿內修撰,其書自《史記》至《晉書》,刪其繁辭,龍朔元年上,高宗製序。"《新書》入丙部子錄類事類。

史記要傳十卷　衛颯撰。

古史考二十五卷　譙周撰。

史記正傳九卷　張瑩撰。

史要三十八卷　王延秀撰。

合史二十卷　《新書》又錄一卷。蕭肅撰。

史漢要集二卷　王蔑撰。

史記鈔十四卷　葛洪撰,從《新書》增。

漢書鈔三十卷　葛洪撰,從《新書》增。

後漢書鈔三十卷　葛洪撰。

後漢書纘十三卷　范曄撰。

後漢書略二十五卷　張緬撰。《新書》又見編年類,作二十七卷,疑重出。①

後漢文武釋論二十卷　王越客撰。

三國評三卷　徐衆撰。

三國志序評一卷　王濤撰,從《新書》增。

晉書鈔三十卷　張緬撰。

代譜四十八卷②　周武帝敕撰。

漢末英雄記十卷　王粲撰。③

九州春秋九卷　司馬彪撰。

魏陽秋異同八卷　孫壽撰。

魏武本紀年曆五卷

---

①　"後漢書略",殿本《舊唐志》同,殿本《新唐志》史部編年類二十七卷本題作"後漢略",雜史類二十五卷本題作"後漢書略"。

②　"四十八卷",殿本《新唐志》同,殿本《舊唐志》作"四百八十卷"。

③　"末",殿本《舊唐志》《新唐志》皆作"書"。"王粲"下,殿本《舊唐志》有"等"字。

漢表十卷　袁希之撰。

刪補蜀記七卷　王隱撰。

吳錄三十卷　張勃撰。

魏紀三十三卷　盧彥卿撰。

關東風俗傳六十三卷　宋孝王撰。

隋書八十卷　《新書》："八十八卷"，入正史類。王劭撰。①

王業曆二卷　趙弘禮撰。

隋開業平陳記十二卷　裴矩撰。

古今注八卷　伏无忌撰。《新書》入丙部子錄雜家。

帝王本紀十卷　來奧撰。

拾遺錄三卷　王嘉撰。

王子年拾遺記十卷②　蕭綺撰。

帝王略要十二卷　環濟撰。

先聖本紀十卷　劉紹撰。③

華夷帝王記三十七卷　楊曄撰。

後漢雜事十卷

漢魏晉帝要記三卷　賈匪之撰。

魏晉代語十卷④　郭頒撰。

左史六卷　李概撰，從《新書》增。

吳朝人士品秩狀八卷　胡沖撰。

吳士人行狀名品二卷　虞尚撰。《新書》："虞禹。"

江表傳五卷　虞溥撰。

---

　　①　"八十八卷"，殿本《新唐志》亦作"八十卷"。"劭"，殿本《新唐志》同，殿本《舊唐志》作"邵"。

　　②　"王子年拾遺記"，殿本《舊唐志》作"王子拾遺記"，殿本《新唐志》作"(王嘉)又拾遺記"。"蕭綺撰"，殿本《舊唐志》《新唐志》皆作"蕭綺錄"。

　　③　"劉紹"，殿本《舊唐志》《新唐志》皆作"劉滔"。

　　④　"語"，殿本《舊唐志》同。清嘉慶十八年海寧查世倓刻丁子復《唐書合鈔補正》（以下簡稱《唐書合鈔補正》）云："《新志》作'說'。"

晉諸公讚二十二卷 傅暢撰。

晉後略記五卷 荀綽撰。

宋拾遺錄十卷 謝綽撰。

宋齊語錄十卷 孔思尚撰。

帝王略論五卷 虞世南撰。《新書》入丙部子錄雜家。

十世興王論十卷 朱敬則撰。《新書》入丙部子錄雜家。

洞曆記九卷 周樹撰。

帝系譜二卷 張愔等撰。

洞記九卷① 《新書》："四卷。"韋昭撰。

三五曆記二卷 徐整撰。

通曆二卷 徐整撰。

雜曆五卷 徐整撰。

國志曆五卷 孔衍撰。

帝王代記十卷② 皇甫謐撰。

年曆六卷 皇甫謐撰。

續帝王代記十卷③ 何集撰。《新書》："何茂林。"

十五代略十卷 吉文甫撰。

吳曆六卷 胡沖撰。

晉曆二卷

帝王代記十六卷

年曆帝紀二十六卷 姚恭撰。

帝錄十卷 諸葛耽撰。④

長曆十四卷

---

① "記"，殿本《舊唐志》同，殿本《新唐志》作"紀"。
② "記"，殿本《舊唐志》同，殿本《新唐志》作"紀"。
③ "記"，殿本《舊唐志》同，殿本《新唐志》作"紀"。
④ "耽"，殿本《新唐志》同，殿本《舊唐志》作"忱"。

歷代記三十卷 _{庾和之撰。}
千年曆二卷
千歲曆三卷 _{許氏撰。}
十代記十卷 _{熊襄撰。}
帝王年曆五卷 _{陶弘景撰。}
分王年表 _{《新書》作"曆"。}八卷 _{《新書》："五卷。"羊瑗撰。}
曆紀十卷
通曆七卷 _{李仁實撰。}
帝王編年錄五十一卷 _{盧元福撰。}
共和已來甲乙紀年二卷 _{盧元福撰。}
帝王紀錄三卷 _{《新書》："褚无量撰。"}

右雜史一百二部，_{今案，上止九十九部。}凡二千九百五十九卷。_{今案，上止一千六百十二卷。從《新書》增七部九十一卷。}

元行沖《魏典》三十卷。員半千《三國春秋》二十卷。李筌《閫外春秋》十卷。李吉甫《六代略》三十卷。張絢《古五代新記》二卷。許嵩《建康實錄》二十卷。柳仲郢《柳氏自備》三十卷。鄭暐《史雋》十卷。呂才《隋記》二十卷。丘啓期《隋記》十卷。啓期，開元管城尉。杜寶《大業雜記》十卷。杜儒童《隋季革命記》五卷。儒童，武后時人。劉仁軌《劉氏行年記》二十卷。崔良佐《三國春秋》，卷亡。良佐，深州安平人，日用從子，居於白鹿山，門人諡曰貞文孝父。裴遵度《王政記》，卷亡。楊岑《皇王寶運錄》，卷亡。岑，憲宗時人。《功臣錄》三十卷。唐穎《稽典》一百三十卷。開元中，穎罷臨汾尉，上之，張說奏留史館修史，兼集賢待制。王彥威《唐典》七十卷。吳兢《唐書備闕記》十卷。《續皇王寶運錄》十卷，韋昭度、楊涉撰。韓祐《續古今人表》十卷。祐開元十七年上，授太常寺太祝。張薦《宰輔傳略》，卷亡。蔣乂《大唐宰輔錄》七十卷，又《凌煙功臣》《秦府十八學士》《史臣》等《傳》四十卷。凌璠《唐錄政要》

十二卷。璠，昭宗時江都尉。南卓《唐朝綱領圖》一卷。薛璠《唐聖運圖》一卷。劉肅《大唐新語》十三卷。肅，元和中江都主簿。李肇《國史補》三卷。肇，翰林學士，坐薦柏耆，自中書舍人左遷將作少監。林恩《補國史》十卷。恩，僖宗時進士。《傳載》一卷。《史遺》一卷。溫大雅《今上王業記》六卷。李延壽《太宗政典》三十卷。吳兢《太宗勳史》一卷，又《貞觀政要》十卷。李康《明皇政錄》十卷。鄭處誨《明皇雜錄》二卷。鄭棨《開天傳信記》一卷。溫畬《天寶亂離西幸記》一卷。宋巨《明皇幸蜀記》一卷。姚汝能《安祿山事迹》三卷。汝能，華陽尉。包諝《河洛春秋》二卷，安祿山史，思明事。徐岱《奉天記》一卷，德宗西狩事。崔光庭《德宗幸奉天錄》一卷。趙元一《奉天錄》四卷。張讀《建中西狩錄》十卷。讀，字聖用，僖宗時吏部侍郎。袁皓《興元聖功錄》三卷。谷況《燕南記》三卷，張孝忠事。路隋《平淮西記》一卷。杜信《史略》三十卷，又《閑居錄》三十卷。鄭澣《涼國公平蔡錄》一卷。澣，字蘊士，李愬山南東道掌書記，開州刺史。薛圖存《河南記》一卷，李師道事。李潛用《乙卯記》一卷，李訓、鄭注事。《大和摧凶記》一卷。《野史甘露記》二卷。《開成紀事》二卷。李石《開成承詔錄》二卷。李德裕《次柳氏舊聞》一卷，又《文武兩朝獻替記》三卷，《會昌伐叛記》一卷，《上黨紀叛》一卷，劉從諫事。韓昱《壺關錄》三卷。裴庭裕《東觀奏記》三卷。大順中，詔修宣、懿、僖實錄，以日曆注記亡缺，因摭宣宗政事，奏記於監修國史杜讓能。庭裕，字膺餘，昭宗時翰林學士、左散騎常侍，貶湖南，卒。令狐澄《貞陵遺事》二卷。澄，綯子，乾符中書舍人。柳玭《續貞陵遺事》一卷。鄭言《平剡錄》一卷，裘甫事。言，字垂之，浙西觀察使王式從事，咸通翰林學士、戶部侍郎。張雲《咸通解圍錄》一卷。雲，字景之，一字瑞卿，起居舍人。

鄭樵《彭門紀亂》三卷，龐勛事。王坤《驚聽錄》一卷，黃巢事。郭廷誨《廣陵妖亂志》三卷，高駢事。《乾寧會稽錄》一卷，董昌事。韓偓《金鑾密記》五卷。王振《汴水滔天錄》一卷，昭宗時拾遺。公沙仲穆《大和野史》十卷，起大和，盡龍紀。右不著錄六十八家，八百六十一卷。案，李延壽《太宗政典》三十卷，《舊書》入儀注類。又案，上止八百三十一卷，作六十一者誤。

穆天子傳六卷　　郭璞撰。
漢獻帝起居注五卷
晉太始起居注二十卷　　李軌撰。
晉愍帝　　《新書》作"咸寧"。**起居注三十卷**　　《新書》："二十二卷。"李軌撰。
晉太康起居注二十二卷　　李軌撰。
晉永平起居注八卷　　李軌撰。
晉建武大興永昌起居注二十二卷。
晉咸和起居注十八卷　　李軌撰。
晉咸康起居注二十二卷　　李軌撰。
晉建元起居注四卷
晉永和起居注二十四卷
晉升平起居注十卷
晉隆和興寧起居注五卷
晉太和起居注六卷
晉咸安起居注三卷
晉寧康起居注六卷
晉太元起居注五十二卷
晉崇寧起居注十卷　　案，晉無崇寧，當是隆安，避諱改"隆"爲"崇"。又誤"安"爲"寧"也。
晉元興起居注九卷

晉義熙起居注三十四卷
晉元熙起居注二卷
晉起居注三百二十卷　　劉道薈撰。①
晉起居鈔五十一卷　　何始真撰,從《新書》增。
晉起居注鈔二十四卷　　從《新書》增。
宋永初起居注六卷
宋景平起居注三卷
宋元嘉起居注六十卷　　《新書》:"七十一卷。"
宋孝建起居注十七卷　　從《新書》增。
宋大明起居注八卷　　《新書》:"十五卷。"
齊永明起居注二十五卷　　從《新書》增。
梁大同七年起居注十卷　　從《新書》增。
梁皇帝實錄三卷　　《新書》:"二卷。"周興嗣撰。
　　又五卷　　《新書》:"謝昊撰。"
梁太清實錄八卷　　《新書》:"十卷。"
後魏起居注二百七十六卷
陳起居注四十一卷
隋開皇元年起居注六卷　　從《新書》增。
三代起居注鈔十五卷　　王逡之撰,從《新書》增。
流別起居注四十七卷　　從《新書》增。
大唐創業起居注三卷　　溫大雅撰。
高祖實錄二十卷　　《新書》:"敬播撰,房玄齡監修,許敬宗刪改。"
太宗實錄二十卷　　《新書》:"敬播、顧胤撰,房玄齡監修。"②
太宗　　《新書》作"貞觀"。實錄四十卷　　長孫无忌撰。
高宗實錄三十卷　　許敬宗撰。

---

① "薈",殿本《新唐志》同,殿本《舊唐志》作"會",下同。
② "太宗",殿本《舊唐志》同,殿本《新唐志》作"今上"。

高宗後修實錄三十卷　《新書》:"初令狐德棻撰,止乾封。劉知幾、吳兢續成。"
　　從《新書》增。
高宗實錄三十卷　韋述撰,從《新書》增。
高宗實錄一百卷　天后撰。
述聖記一卷　天后撰。
則天皇后實錄三十卷　《新書》:"魏元忠、武三思、祝欽明、徐彥伯、柳沖、韋承
　　慶、崔融、岑羲、徐堅等撰,劉知幾、吳兢刪正。"從《新書》增。
聖母神皇實錄十八卷　宗秦客撰。
中宗實錄二十卷　吳兢撰。
漢武故事二卷
西京雜記一卷　《新書》:"二卷。"葛洪撰。①
三輔舊事一卷　韋氏撰。
秦漢已來舊事八卷
永平故事二卷　從《新書》增。
漢諸王奏事十卷　從《新書》增。
漢魏吳蜀舊事八卷
魏名臣奏事三十卷　從《新書》增。
晉雜詔書一百卷②
　又二十八卷
　又六十六卷
晉詔書黃素制五卷
晉定品　《新書》作"雜"。制一卷③
晉太元副詔二十一卷

----

①　《西京雜記》一卷,又見後地理類。殿本《舊唐志》《新唐志》亦兩見于故事類、地理類,《舊唐志》皆作一卷,《新唐志》皆作二卷。
②　"晉雜詔書",殿本《舊唐志》同,殿本《新唐志》作"晉書雜詔書"。
③　"一卷",殿本《舊唐志》同,殿本《新唐志》作"八卷"。

晉崇安元興大享副詔八卷①
晉義熙詔二十二卷
晉故事四十三卷
晉諸雜故事二十二卷
尚書大事二十一卷　《新書》："范汪撰。"②
晉太始太康故事五卷　《新書》："八卷。"
晉建武咸和咸康故事四卷　孔愉撰。
晉建武已來故事三卷
修復山陵故事五卷　車灌撰。
先朝故事二十卷　劉道薈撰。
東宮舊事十一卷　張敞撰。
交州雜故事九卷
四王起事四卷③　盧綝撰。
晉八王故事十二卷　盧綝撰。
華林故事名一卷　從《新書》增。
晉故事三卷④
晉朝雜事二卷
晉要事三卷　從《新書》增。
江南故事三卷　《新書》："應詹撰。"
大司馬陶公故事三卷
郄太尉爲尚書令故事三卷⑤
桓公僞事二卷

---

① "大享"，殿本《舊唐志》同，殿本《新唐志》作"大亨"。
② "大事"，殿本《新唐志》同，殿本《舊唐志》作"大義"。
③ "事"，殿本《新唐志》同，殿本《舊唐志》作"居"。
④ "晉故事"，殿本《舊唐志》同，殿本《新唐志》作"晉氏故事"。
⑤ "郄"，殿本《舊唐志》同，殿本《新唐志》作"郗"。"三卷"，殿本《新唐志》同，殿本《舊唐志》作"二卷"。

救襄陽上都督府事一卷　王愆期撰。

荆揚二州遷代記四卷① 　《新書》入雜傳記類。

宋永初詔六卷

宋元嘉詔二十一卷

晉宋舊事一百三十卷

中興伐逆事二卷

魏永安故事三卷　溫子昇撰，從《新書》增。

梁魏舊事三十卷　蕭大圓撰，從《新書》增。

天正舊事三卷　從《新書》增。

東宮儀記二十二卷　張鏡撰，《新書》入儀注類。

東宮典記七十卷　宇文愷等撰，《新書》入儀注類。②

春坊要錄四卷　杜正倫撰。

南宮故事十二卷　王方慶撰，從《新書》增。

春坊舊事三卷

漢官儀十卷　應劭撰。③

漢官五卷　應劭撰，從《新書》增。

公卿故 《新書》作"舊"。事二卷　王方慶撰。

漢官解故事　《新書》："王隆《漢官解詁》。"三卷　《新書》："胡廣注。"

漢官典儀一卷　蔡質撰，從《新書》增。

漢官儀式選用一卷　丁孚撰，從《新書》增。

魏官儀一卷　荀攸撰。

晉公卿禮秩九卷　傅暢撰。

百官名四十卷　《新書》："十四卷。"

晉惠帝百官名三卷　陸機撰。

---

① "荆揚二州"，殿本《舊唐志》作"荆江揚州"，殿本《新唐志》"揚"作"楊"。
② "宇文"，原作"字文"，據殿本《舊唐志》《新唐志》改。
③ "劭"，殿本《新唐志》同，殿本《舊唐志》作"邵"。

晉官屬名四卷

晉過江人士目一卷

晉永嘉流士二卷① 衛禹撰。

登城三戰簿三卷

百官階次一卷 范曄撰。

宋百官階次三卷 荀欽明撰。

宋百官春秋六卷 從《新書》增。

百官春秋十三卷 王道秀撰。

齊職官儀五十卷② 范曄撰。《新書》："王珪之。"當從《新書》。

職官要錄三十卷 陶藻撰，《新書》："陶彥藻。"

梁選簿三卷 徐勉撰。

梁新定官品十六卷 沈約撰，從《新書》增。

梁百官人名十五卷 從《新書》增。

陳將軍簿一卷

魏官品令一卷 從《新書》增。

職令百官古今注十卷 郭演之撰。

大建十一年百官簿狀二卷

隋官序錄十二卷 郎楚之撰，從《新書》增。

職員舊事三十卷

右一百四部，今案上止一百二部。列代起居注四十一家，列代故事四十二家，列代職官二十一家，凡二千二百三十三卷。今案，上凡二千二百九十九卷。從《新書》增二十八部，四百六十二卷。

《開元起居注》二千六百八十二卷，失撰人名。姚璹《修時政記》四十卷。以上起居注。劉知幾《太上皇實錄》十卷。吳兢《睿

---

① "二卷"，殿本《新唐志》同，殿本《舊唐志》作"十三卷"。
② "齊職官儀"，殿本《新唐志》同，殿本《舊唐志》無"官"字。

宗實錄》五卷。張說《今上實錄》二十卷，說與唐穎撰次，[①]玄宗開元初事。《開元實錄》四十七卷，失撰人名。《玄宗實錄》一百卷，令狐峘撰，《肅宗實錄》三十卷，皆元載監修。令狐峘《代宗實錄》四十卷。沈既濟《建中實錄》十卷。《德宗實錄》五十卷，蔣乂、樊紳、林寶、韋處厚、獨孤郁撰，裴垍監修。《順宗實錄》五卷，韓愈、沈傳師、宇文籍撰，李吉甫監修。《憲宗實錄》四十卷，沈傳師、鄭澣、宇文籍、蔣係、李漢、陳夷行、蘇景胤撰，杜元穎、韋處厚、路隋監修。景胤，弁子也，中書舍人。《穆宗實錄》二十卷，蘇景胤、王彥威、楊漢公、蘇滌、裴休撰，路隋監修。滌，字玄獻，冕子也，荊南節度使、吏部尚書。《敬宗實錄》十卷，陳商、鄭亞撰，李讓夷監修。商，字述聖，禮部侍郎、秘書監。《文宗實錄》四十卷，盧耽、蔣偕、王沨、盧告、牛叢撰，魏謩監修。耽，字子嚴，一字子重，歷西川節度使、同中書門下平章事。沨，字中德，歷東都留守。告，字子有，弘宣子也，歷吏部侍郎。案《弘宣傳》，終給事中。《武宗實錄》三十卷，韋保衡監修。以上實錄。溫彥博《古今詔集》三十卷。李義府《古今詔集》一百卷。薛克構《聖朝詔集》三十卷。《唐德音錄》三十卷。《太平內制》五卷。《明皇制詔錄》十卷。《元和制集》十卷。王起《寫宣》十卷。馬文敏《王言會最》五卷。《唐舊制編錄》六卷，費氏集。《擬狀注制》十卷。以上詔令。裴矩《鄴都故事》十卷。馬總《唐年小錄》八卷。張齊賢《孝和中興故事》三卷。盧若虛《南宮故事》三十卷。令狐德棻《凌煙閣功臣故事》四卷。敬播《文貞公傳事》四卷。劉禕之《文貞公故事》六卷。張大業《魏文貞故事》八卷。王方慶《文貞公事錄》一卷。李仁實《衛公平突厥故事》二卷。謝偃《英公故

[①] "唐穎"，殿本《新唐志》作"唐潁"。

事》四卷。劉禕之《英國貞武公故事》四卷。陳諫等《彭城公故事》一卷，劉晏事。《張九齡事迹》一卷。《李渤事迹》一卷。《杜悰事迹》一卷。①《吳湘事迹》一卷。丘據《相國涼公錄》一卷，李抱玉事。據，諫議大夫。以上故事。《六典》三十卷，開元十年，起居舍人陸堅被詔集賢院修六典，玄宗手寫六條，曰理典、教典、禮典、政典、刑典、事典。張説知院，委徐堅，經歲無規制，乃命母煚、余欽、咸廙業、孫季良、韋述參撰，始以令式象《周禮》六官爲制。蕭嵩知院，加劉鄭蘭、蕭晟、盧若虛。張九齡知院，加陸善經。李林甫代九齡，加苑咸。二十六年書成。王方慶《尚書考功簿》五卷，又《尚書考功狀績簿》十卷。《尚書科配簿》五卷。《五省遷除》二十卷。裴行儉《選譜》十卷。《唐循資格》一卷，天寶中定。沈既濟《選舉志》十卷。梁載言《具員故事》十卷，又《具員事迹》十卷。杜英師《職該》二卷。任戩《官品纂要》十卷。溫大雅《大丞相唐王官屬記》二卷。杜易簡《御史臺雜注》五卷。韓琬《御史臺記》十二卷。韋述《御史臺記》十卷，又《集賢注記》三卷。李構《御史臺故事》三卷。劉眖《天官舊事》一卷。柳芳《大唐宰相表》三卷。馬宇《鳳池錄》五十卷。賀蘭正元《輔佐記》十卷，又《舉選衡鑒》三卷。正元，昭義判官，貞元十三年上。韋琯《國相事狀》七卷。琯，憲宗時人。張之緒《文昌損益》二卷。之緒，德宗時人。李肇《翰林志》一卷。李吉甫《元和國計簿》十卷，又《元和百司舉要》一卷。王涯《唐循資格》五卷。韋處厚《大和國計》二十卷。王彥威《占額圖》一卷。孫結《大唐國照圖》一卷。結，文宗時人。《大唐國要圖》五卷，左僕射賈耽纂，監察御史褚璆重修。《翰林内志》一卷。楊鉅《翰林學士院舊規》

---

① "杜悰"，殿本《新唐志》作"杜悰"。

一卷。鉅，字文碩，①收子也，昭宗時翰林學士、吏部侍郎。以上職官。右不著錄起居注二千七百二十二卷，實錄四百五十七卷，詔令十一家二百二十二卷。案，上二百四十六卷，作二十二者誤。又案，溫彥博以下三家一百六十卷，《舊書》入丁部集錄總集類，故事十六家九十卷，職官二十九家二百八十卷。

三輔決錄七卷 趙岐撰，摯虞注。②
海內士品錄二卷③ 《新書》："三卷。"魏文帝撰。
海內先賢傳四卷 《新書》："五卷。"魏明帝撰。④
海內先賢行狀三卷 李氏撰。
四海耆舊傳一卷 李氏撰。《新書》："韋氏。"
廬江七賢傳一卷
陳留耆舊傳三卷 蘇林撰。
陳留先賢像讚一卷⑤ 陳英宗撰。
陳留人物志十五卷 江敞撰。⑥
汝南先賢傳三卷 《新書》："五卷。"周斐撰。
廣州先賢傳七卷 陸胤撰。
又七卷 劉勞撰，從《新書》增。
諸國先賢傳一卷

---

① "字"，原作"宇"，據殿本《新唐志》及《新唐書·楊收傳》改。
② "岐"，殿本《新唐志》同，殿本《舊唐志》作"政"。"七卷"，殿本《舊唐志》同，殿本《新唐志》作"十卷"。
③ "士"，殿本《舊唐志》同，殿本《新唐志》作"四"。
④ "魏明帝撰"，殿本《舊唐志》同，殿本《新唐志》"撰"上有"時"字。
⑤ "先賢像讚"，殿本《舊唐志》同，殿本《新唐志》"像"上有"傳"字。
⑥ "陳留人物志"，殿本《新唐志》同，殿本《舊唐志》作"陳留志"。"江敞"，殿本《新唐志》同，殿本《舊唐志》作"江徵"。

豫章舊志八卷　徐整撰。
豫章烈士傳三卷　徐整撰,從《新書》增。
濟北先賢傳一卷
廣陵烈士傳一卷　華隔撰。
桂陽先賢畫讚五卷　張勝撰。
會稽記四卷　朱育撰。
會稽典錄二十四卷　虞預撰。
會稽先賢傳五卷　《新書》:"七卷。"謝承撰。
會稽後賢傳三卷①　鍾離岫撰。
會稽先賢像讚四卷　賀氏撰。
會稽太守像讚二卷　賀氏撰。
吳國先賢讚三卷②　自《會稽先賢像讚》以下,又見丁部集錄總集類。
吳國先賢傳五卷　陸凱撰,從《新書》增。
益部耆舊傳十四卷　陳壽撰。
益州耆舊雜傳記二卷　從《新書》增。
魯國先賢志十四卷　白褒撰。
楚國先賢傳讚十二卷　張方撰。③
荊州先賢傳三卷　《新書》:"一卷。"高範撰。
兗州山陽先賢讚一卷　仲長統撰。
東萊耆舊傳一卷　王基撰,從《新書》增。
交州先賢傳四卷　范瑗撰。
襄陽耆舊傳五卷　習鑿齒撰。
零陵先賢傳一卷

---

①　"三卷",原脱,據吳本及殿本《舊唐志》《新唐志》補。
②　"先賢讚",殿本《舊唐志》同,殿本《新唐志》"讚"上有"像"字。
③　"楚國先賢傳讚",殿本《舊唐志》作"楚國先賢志",殿本《新唐志》作"楚國先賢傳"。"張方",殿本《新唐志》同,殿本《舊唐志》作"楊方"。

長沙舊邦傳讚三卷 　劉彧撰。①

徐州先賢傳九卷 　《新書》："八卷。"劉義慶撰。案，劉義慶者，劉宋之臨川王也。《新書》又有王義度《徐州先賢傳》九卷，此即臨川王義慶所撰。蓋史書於宗室諸王都不書姓故，遂以王爲姓，而誤"義"爲"義"，誤"慶"爲"度"，遂若人爲兩人，書有兩書矣。

徐州先賢傳一卷

燉煌實録二十卷 　劉延明撰，《新書》："劉昞。"又見僞史類。

武昌先賢傳三卷 　郭緣生撰。②

江表傳三卷 　虞溥撰，從《新書》增。

海岱志十卷 　崔蔚祖撰。

吳郡錢塘先賢傳三卷③ 　吳均撰。

幽州古今人物志十三卷 　《新書》："三十卷。"陽休之撰。

東陽朝堂像讚一卷 　劉叔先撰，從《新書》增。

孝子傳十五卷 　蕭廣濟撰。

 又八卷 　師覺授撰。

 又十五卷 　王韶之撰。

 又十卷 　《新書》："二十卷。"宗躬撰。

 又一卷 　虞盤佐撰。

 又三卷 　徐廣撰。④

 又三十卷 　梁武帝撰，從《新書》增。

雜孝子傳二卷

孝子傳讚二卷 　王韶之撰，從《新書》增。

 又十卷 　鄭緝之撰。

---

① "三卷"，殿本《舊唐志》同，殿本《新唐志》作"四卷"。"彧"，殿本《新唐志》同，殿本《舊唐志》作"戎"。

② "緣"，殿本《新唐志》同，殿本《舊唐志》作"延"。

③ "三卷"，殿本《新唐志》《舊唐志》皆作"五卷"。

④ "徐廣"，殿本《新唐志》同，殿本《舊唐志》作"徐庶"。

孝德傳三十卷　梁元帝撰。
孝友傳八卷　梁元帝撰,《新書》無。
　又八卷　申秀撰,從《新書》增。
兄弟傳三卷　裴懷貴撰,從《新書》增。
忠臣傳三十卷　梁元帝撰。
顯忠錄二十卷　元懌撰。
忠孝圖傳讚二十卷　李襲譽撰。
英藩可錄事二卷　《新書》:"三卷。"殷系撰,一云張萬賢撰。
自古諸侯王善惡錄二卷　魏徵撰。
列藩正論三十卷　章懷太子撰。已上二書,《新書》又見丙部子錄儒家類。
良吏傳十卷① 　鍾岏撰。
丹陽尹傳十卷　梁元帝撰。
高士傳三卷② 　《新書》:"八卷"。嵇康撰。
　又七卷　《新書》:"十卷。"皇甫謐撰。
　又二卷　虞盤佐撰。
續高士傳八卷　周弘讓撰。
上古以來聖賢高士傳讚三卷　周續之撰。
逸人傳三卷　張顯撰。
　又十卷　鍾離儒撰,從《新書》增。
逸士傳二卷　皇甫謐撰,從《新書》增。
逸人高士傳八卷　習鑿齒撰。
名士傳三卷　袁宏撰。
竹林七賢論二卷　戴逵撰。
真隱傳二卷　袁淑撰。
高隱傳二卷　《新書》:"十卷。"阮孝緒撰。

---

① "良吏",殿本《新唐志》同,殿本《舊唐志》作"良史"。
② "高士",殿本《舊唐志》同,殿本《新唐志》"高"上有"聖賢"二字。

七賢傳七卷　孟仲暉撰。
高才不遇傳四卷　劉晝撰。①
陰德傳二卷　范晏撰。
止足傳十卷　蕭子良撰。②
　又十卷　宗躬撰，從《新書》增。
同姓名録一卷　梁元帝撰。
全德志一卷　梁元帝撰。
懷德志九卷　從《新書》增。
悼善列傳四卷
幼童傳十卷　劉昭撰。
知己傳一卷　盧思道撰。
交游傳二卷　鄭世翼撰。
秘録二百七十卷　元暉等撰。
畫讚五十卷　漢明帝撰。
春秋列國名臣傳九卷　孫敏撰。
四科傳讚四卷　姚澹撰。
七國叙讚十卷　又見丁部集録總集類。
益州文翁學堂圖一卷
孔子弟子傳五卷
先儒傳五卷
雜傳六十五卷　《新書》："六十九卷。"
　又九卷
　又四十卷
　又一百二十卷　任昉撰，從《新書》增。案，《隋書・經籍志》作三十六卷，注云本百四十七卷，亡。此云一百二十卷，既非原本，又非闕本，未詳何據。

---

① "晝"，殿本《新唐志》同，殿本《舊唐志》作"畫"。
② "蕭子良"，殿本《舊唐志》作"王子良"，殿本《新唐志》作"齊竟陵文宣王子良"。

集記一百卷　王孝恭撰。
東方朔傳二卷　《新書》："八卷",誤。
李固別傳七卷
梁冀傳二卷
何顒傳一卷
曹瞞傳一卷　吳人撰。
母丘儉記三卷
管輅傳二卷　管辰撰。
諸葛亮隱没五事一卷①　郭沖撰。
玄晏春秋二卷　皇甫謐撰。
薛常侍傳二卷　荀伯子撰。
桓玄傳二卷
文林館記十卷　鄭忱撰。
文士傳五十卷　張騭撰。
文館詞林文人傳一百卷　許敬宗撰。
列仙傳讚二卷　劉向撰。
神仙傳十卷　葛洪撰。
洞仙傳十卷　見素子撰。
高士老君內傳三卷　尹喜、張林亭撰。
老子傳一卷　《新書》無。
關令尹喜傳一卷　鬼谷先生撰,四皓注。
王喬傳一卷
茅君內傳一卷　《新書》："李遵撰。"
漢武帝傳一卷　《新書》："二卷。"
清虛真人王君內傳一卷

---

① "一卷",原脱,據殿本《舊唐志》《新唐志》補。

蘇君記一卷　周季通撰。
靈人辛玄子自序一卷
三天法師張君內傳一卷　王莨撰。
太極左仙公葛君內傳一卷　呂先生注。
紫陽真人周君傳一卷　華嶠撰。
仙人馬君陰君內傳一卷　趙昇撰。
清虛真人裴君內傳一卷① 　鄭子雲撰。《新書》作"雲千"。
九華真妃內記一卷
紫陽元君南岳夫人內傳一卷　范邈撰。②
紫虛元君魏夫人內傳一卷　項宗撰，從《新書》增。
許先生傳一卷　王羲之撰。
養性傳二卷
周氏冥通記一卷　陶弘景撰，《新書》無。
學道傳二十卷　馬樞撰。
嵩高少室寇天師傳三卷　宋都能撰。
華陽子自序一卷　茅處玄撰。③
漢別國洞冥記一卷　郭憲撰。
名僧傳三十卷　釋寶唱撰。
比丘尼傳四卷　釋寶唱撰。
高僧傳六卷　虞孝敬撰。
　又十四卷　釋惠皎撰。
續高僧傳三十卷　《新書》："三十二卷。"釋道宣撰。
　又二十卷　釋道宣撰。《新書》："起梁初，盡貞觀十九年。"
西域求法高僧傳二卷　釋義淨撰。

---

① "清虛真人裴君內傳"，殿本《舊唐志》同，殿本《新唐志》"真"下無"人裴"二字。
② "紫陽"，殿本《舊唐志》《新唐志》皆作"紫虛"。
③ "處"，殿本《新唐志》同，殿本《舊唐志》作"廞"。

名僧録十五卷　　裴子野撰。
薩婆多部傳四卷　　《新書》:"薩婆多師資傳。"釋僧佑撰。①
草堂法師傳一卷　　陶弘景撰。
　又一卷　　蕭理撰。《新書》:"蕭回理。"
稠禪師傳一卷　　自《列仙傳讚》以下,《新書》入丙部道家類。
列異傳三卷　　《新書》:"一卷。"張華撰。②
甄異傳三卷　　戴祚撰。
徵應集二卷
雜傳十卷　　《新書》無。
搜神記三十卷　　干寶撰。
志怪四卷　　祖台之撰。
　又四卷　　孔氏撰。
靈鬼志三卷　　荀氏撰。
鬼神列傳二卷　　謝氏撰。
幽明錄三十卷　　劉義慶撰。
齊諧記七卷　　東陽無疑撰。
續齊諧記一卷　　吳均撰。
古異傳三卷　　袁仁壽撰。③
述異記十卷　　祖沖之撰。
感應傳八卷　　王延秀撰。④
冥祥記十卷　　王琰撰。
續冥祥記十一卷　　王曼穎撰。⑤

---

① "釋僧佑",殿本《舊唐志》同,殿本《新唐志》作"僧僧祐"。
② "一卷",殿本《新唐志》亦作"三卷"。
③ "古",殿本《新唐志》同,殿本《舊唐志》作"石"。"袁仁壽",殿本《舊唐志》同,殿本《新唐志》作"袁王壽"。
④ "延",殿本《新唐志》同,殿本《舊唐志》作"廷"。
⑤ "王曼穎",殿本《新唐志》同,殿本《舊唐志》作"王曼"。

繫應驗記一卷　陸果撰。
神錄五卷　劉之遴撰。①
妍神記十卷　梁元帝撰。
因果記十卷　劉泳撰。
近異錄二卷　劉質撰。
冤魂志三卷　顏之推撰。
集靈記十卷　顏之推撰。
旌異記十五卷　侯君素撰。②自《列異傳》以下，《新書》入丙部子錄小説家類。
冥報記二卷　唐臨撰。《新書》入不著錄，又見丙部子錄小説家。
列女傳二卷　劉向撰。
　又十五卷　劉向撰，曹大家注，從《新書》增。
　又六卷　皇甫謐撰。
　又七卷　綦毋邃撰。
　又八卷　劉熙撰，從《新書》增。
　又七卷　趙母撰，從《新書》增。
　又一百卷　天后撰。
列女後傳十卷　顏原撰，《新書》："項宗。"
列女傳頌一卷　曹植撰，從《新書》增。
女記十卷　杜預撰。
列女傳序讚一卷　孫夫人撰，又見丁部集錄總集類。
后妃記四卷　虞通之撰。③
妬記二卷　虞通之撰，從《新書》增。
貞潔記一卷　諸葛亮撰，從《新書》增。
列女傳略七卷　魏徵撰，從《新書》增。

---

①　"遴"，殿本《新唐志》同，殿本《舊唐志》作"道"。
②　"素"，殿本《新唐志》同，殿本《舊唐志》作"集"。
③　"通"，殿本《新唐志》同，殿本《舊唐志》作"道"。

孝女傳二十卷　天后撰，從《新書》增。
古今内範記一百卷　天后撰。①
内範要略十卷　天后撰。
保傅乳母傳一卷　天后撰。
右雜傳一百九十四部，案，上止一百七十九部。裒先賢耆舊三十九家，孝友十家，忠節三家，列藩三家，良史二家，高逸十八家，雜傳五家，科錄一家，雜傳十一家，文士三家，仙靈二十六家，高僧十家，鬼神二十六家，列女十六家，凡一千九百七十八卷。今案，上止一千九百三十卷。從《新書》增二十五部一百七十九卷。

崔玄暐《友義傳》十卷，又《義士傳》十五卷。傅奕《高識傳》十卷。郎餘令《孝子後傳》三十卷。平貞昚《養德傳》，卷亡。徐堅《大隱傳》三卷。裴朏《續文士傳》十卷。朏，開元中懷州司馬。李襲譽《江東記》三十卷。李義府《宦游記》七十卷。王方慶《友悌錄》十五卷，又《王氏訓誡》五卷，《王氏列傳》十五卷，《王氏尚書傳》五卷，《魏文貞故事》十卷。② 唐臨《寘報記》二卷。李筌《中台志》十卷。盧詵《四公記》一卷，一作梁載言撰。王瓘《廣軒轅本紀》三卷。李渤《六賢圖讚》一卷。陸龜蒙《小名錄》五卷。張昌宗《古文紀年新傳》三卷。昌宗，冀州南宮人，太子舍人。王緒《永寧公輔梁記》十卷。緒，開元人，僧辨兄孫也，永寧即僧辨所封。賈閏甫《李密傳》三卷。閏甫，密舊屬。顏師古《安興貴家傳》，卷亡。陸師儒《陸氏英賢徵記》三卷。李邕《狄仁傑傳》三卷。郭湜《高氏外傳》一卷，力士。湜，大曆大理司直。李翰《張巡姚誾傳》二卷。陳翃

---

① "古今内範記一百卷"，此書與下條《内範要略》，殿本《新唐志》附見於"武后訓記雜載十卷"條下，云"采《青宮紀要》《維城典訓》《古今内範》《内範要略》等書爲《雜載》"，未言卷數。

② "故事"，殿本《新唐志》作"故書"。

《郭公家傳》八卷，子儀。翃嘗爲其僚屬，後又從事渾瑊河中幕。殷亮《顏氏家傳》一卷，杲卿。殷仲容《顏氏行狀》一卷，真卿。馬宇《段公別傳》二卷，秀實。宇，元和秘書少監，史館修撰。李繁《相國鄴侯家傳》十卷。王起《李趙公行狀》一卷，吉甫。張茂樞《河東張氏家傳》三卷。茂樞，弘靖孫。崔氏《唐顯慶登科記》五卷，失名。姚康《科第錄》十六卷。康，字汝諧，南仲孫也，兵部郎中，金吾將軍。李弈《唐登科記》二卷，《文塲盛事》一卷。張鷟《朝野僉載》二十卷。鷟，自號浮休子。封演《封氏聞見記》五卷。劉餗《國朝傳記》三卷，《國朝舊事》四十卷。蘇特《唐代衣冠盛事錄》一卷。李綽《尚書故實》一卷。尚書，即張延賞。柳玭《柳氏訓序》一卷。武平一《景龍文館記》十卷。蕭叔和《天祚永歸記》一卷，睿宗事。韋機《西征記》，卷亡。韓琬《南征記》十卷。凌準《邠志》二卷。陸贄《遣使錄》一卷。裴肅《平戎記》五卷。肅，休父。房千里《投荒雜錄》一卷。千里，字鵠舉，大和初進士第，高州刺史。杜佑《賓佐記》一卷。《文宗朝備問》一卷。黃璞《閩川名士傳》一卷。璞，字紹山，大順中進士第。魏徵《祥瑞錄》十卷。徐景《玉璽正錄》一卷。《國寶傳》一卷。許康佐《九鼎記》四卷。顏師古《王會圖》，卷亡。李德裕《異域歸忠傳》二卷。《西蕃會盟記》三卷。《西戎記》二卷。《英雄錄》一卷。趙琮《孝行志》二十卷。琮，字盈之，晉州岳陽人，會昌中。武誼《自古忠臣傳》二十卷。誼，字子思，楚州盱眙人，咸通中官州從事。王方慶《王氏女記》十卷，又《王氏王嬪傳》五卷，《續妬記》五卷。尚宮宋氏《女論語》十篇。薛蒙妻韋氏《續曹大家女訓》十二章，韋溫女。蒙，字中明，開成中進士第。王摶妻楊氏《女誡》一卷。右不著錄雜傳記類五十一家，四百九十三卷。案，唐臨《冥報記》二卷，《舊書》已著錄，《新書》作二千五百七十四卷者誤。女訓五家八十三卷。案，上止四十三卷，作八十者誤。

漢舊儀四卷　　衛宏撰。①
輿服志一卷　　董巴撰。
甲辰儀注五卷
車服雜注一卷　　徐廣撰。
晉尚書儀曹新定儀注四十一卷　　徐廣撰。
司徒儀注五卷　　干寶撰。《新書》入職官類。
冠婚儀四卷
婚儀祭儀二卷　　崔浩撰，從《新書》增。
雜祭注六卷　　盧諶撰，從《新書》增。
祀典五卷　　盧辨撰，從《新書》增。
大駕鹵簿一卷
晉儀注三十九卷
晉新定儀注四十卷　　傅瑗撰，從《新書》增。
晉雜儀注二十一卷
宋尚書儀注三十六卷②
諸王國雜儀十卷
決疑要注一卷　　摯虞撰，從《新書》增。
雜府州郡儀十卷　　范汪撰。③
祭典三卷　　范汪撰，從《新書》增。
雜儀注一百八卷　　《新書》："一百卷。"
古今輿服雜事十卷　　周遷撰。
　又二十卷　　蕭子雲撰，從《新書》增。

---

① "舊"，殿本《新唐志》同，殿本《舊唐志》作"書"。
② "宋尚書儀注"，殿本《新唐志》同，殿本《舊唐志》無"尚書"二字。
③ "范汪"，殿本《舊唐志》《新唐志》皆作"范注"，下條同。

晉尚書儀曹吉禮儀注三卷
晉尚書儀曹事九卷　　從《新書》增。
宋儀注二卷
南齊儀注二十八卷　　嚴植之撰,從《新書》增。
梁祭地祇陰陽儀注二卷　　沈約撰。
梁吉禮儀注十卷
　　又四卷　　從《新書》增。
梁吉禮十八卷　　明山賓等撰。①
陳吉禮儀注五十卷
北齊吉禮七十二卷　　趙彥深撰。②
隋吉禮五十四卷　　高熲等撰。
梁皇帝崩凶儀十一卷　　嚴植之撰。
梁凶禮天子喪禮七卷③
梁凶禮天子喪禮五卷　　嚴植之撰。
梁皇太子喪禮五卷　　從《新書》增。
梁太子妃薨凶儀注九卷
梁王侯已下凶禮九卷　　嚴植之撰。
梁諸侯世子凶儀注九卷
士喪禮儀注十四卷　　從《新書》增。
北齊皇太子　《新書》:"皇太后。"喪禮十卷　　趙彥深撰。
隋書禮七卷　　高熲等撰,《新書》無。
梁賓禮一卷　　賀瑒撰。④
梁賓禮儀注十三卷　　從《新書》增。

---

① "明山賓",殿本《新唐志》同,殿本《舊唐志》無"賓"字。
② "趙彥深",殿本《新唐志》同,殿本《舊唐志》作"趙彥琛"。
③ "梁凶禮",殿本《舊唐志》同,殿本《新唐志》無"凶禮"二字。
④ "賀瑒",殿本《舊唐志》作"賀錫等",殿本《新唐志》作"賀瑒等"。

陳賓禮儀注六卷　　張彥撰。

梁嘉禮三十五卷　　司馬褧撰。①

梁嘉禮儀注二十一卷　　《新書》："四十五卷。"司馬褧撰。

梁軍禮四卷　　陸璉撰。

梁儀注十卷　　沈約撰。

梁尚書儀注十八卷

　　又二十卷　　從《新書》增。

陳尚書曹儀注　　《新書》："雜吉儀注"。二十卷②

梁陳大行皇帝崩儀注八卷

梁大行皇后　　《新書》："皇帝。"崩儀注一卷③

陳諸帝后崩儀注五卷

陳雜吉儀注三十卷

陳雜儀注凶儀十三卷

陳皇太子妃薨儀注五卷　　儀曹撰。

陳雜儀注六卷

陳皇太后崩儀注四卷　　儀曹撰。

喪服治禮儀注九卷　　何胤撰,從《新書》增。

理禮儀注九卷　　何點撰。

後魏儀注三十二卷　　《新書》："五十卷。"常景撰。

魏明帝謚議二卷　　何晏撰。

晉謚議八卷

晉簡文謚議四卷

魏氏郊丘三卷

---

① "褧",殿本《新唐志》同,殿本《舊唐志》作"聚"。

② "陳尚書曹儀注二十卷",殿本《舊唐志》同,後有小注"雜志"二字,殿本《新唐志》作"陳雜吉儀注三十卷"。

③ "皇后",殿本《舊唐志》同,殿本《新唐志》作"皇帝皇后"。

魏臺雜訪儀三卷　　高堂隆撰。《新書》又見故事類。①

晉明堂郊社議三卷　　孔朝等撰。

晉七廟議三卷　　蔡謨撰。

雜議五卷　　干寶撰。

晉雜議十卷　　荀顗等撰。《新書》又見故事類。

要典三十九卷　　王景之撰。

齊典四卷　　王逸撰。

皇典五卷　　丘孝仲撰。《新書》："丘仲孚。"

太宗文皇帝政典三卷　　李延壽撰。《新書》入雜史類不著錄。

家儀一卷　　徐爰撰，從《新書》增。

吉儀二卷　　王儉撰，從新書增。

弔答書儀十卷　　王儉撰。

皇室書儀七卷　　從《新書》增。

書筆儀二十卷　　謝朏撰。

書儀二卷　　謝允撰，從《新書》增。

雜儀三十卷　　鮑臮撰。

皇室書儀十三卷　　鮑衡卿撰。②

婦人書儀八卷　　唐瑾撰。

童悟十三卷

大唐書儀十卷　　裴矩、虞世南等撰。③

皇帝封禪儀六卷　　令狐德棻撰。

封禪錄十卷　　孟利貞撰。

神岳封禪儀注十卷　　裴守貞撰。

---

①　"儀"，殿本《舊唐志》同，殿本《新唐志》作"議"，此書《新唐志》雜史類作"魏臺訪議三卷"。"高堂隆"，殿本《新唐志》同，殿本《舊唐志》作"高崇"。

②　"衡"，殿本《新唐志》同，殿本《舊唐志》作"行"。

③　"裴矩"下，殿本《舊唐志》無"虞世南等"。

玉璽譜一卷　　紀僧貞撰。①

傳國璽十卷　　姚察撰。

玉璽正録一卷　　徐令信撰。《新書》："徐令言。"

明堂儀一卷　　張大瓚撰。《新書》："張大頤。"

大享明堂儀注二卷　　郭山惲撰。

親享太廟儀三卷　　郭山惲撰。

明堂儀注七卷　　《新書》："三卷。"姚璠等撰。

皇太子方岳亞獻儀二卷

東宮雜事二十卷　　蕭子雲撰，從《新書》增。

右儀注類八十四部，今案，上止八十部。凡一千一百四十六卷。今案，上止九百五十一卷。從《新書》增二十部，二百一十一卷。

竇維鋈《吉凶禮要》二十卷。②韋叔夏《五禮要記》三十卷。王愨中《禮儀注》八卷。楊炯《家禮》十卷。《大唐儀禮》一百卷，長孫无忌等撰。《永徽五禮》一百三十卷，長孫无忌、侍中許敬宗、兼中書令李義府、黃門侍郎劉祥道、許圉師、太常卿韋琨、博士蕭楚材、孔志約等撰，削國恤，以爲豫凶事非臣子所宜論次，定著二百九十九篇，顯慶三年上。武后《紫宸禮要》十卷。《開元禮》一百五十卷，開元中，通事舍人王嵒請改《禮記》，附唐制度，張説引嵒就集賢書院詳議。説奏："《禮記》，漢代舊文，不可更，請修貞觀、永徽五禮爲《開元禮》。"命賈登、張烜、施敬本、李鋭、王仲丘、陸善經、洪孝昌撰緝，蕭嵩總之。蕭嵩《開元禮義鏡》一百卷。《開元禮京兆義羅》十卷。《開元禮類釋》二十卷。《開元禮百問》二卷。③顔真卿《禮樂集》十卷，真卿爲禮儀使所定。韋渠牟《貞元新集開元後禮》

---

① "紀僧貞"，殿本《舊唐志》作"僧約貞"，殿本《新唐志》作"紀僧真"。

② "鋈"，殿本《新唐志》作"鎏"。

③ "問"，原作"間"，據殿本《新唐志》改。

二十卷。柳逞《唐禮纂要》六卷。韋公肅《禮閣新儀》二十卷。公肅,元和人。王彦威《元和曲臺禮》三十卷,又《續曲臺禮》三十卷。李弘澤《直禮》一卷。弘澤,林甫孫,開成太府卿。韋述《東封記》一卷。李襲譽《明堂序》一卷。員半千《明堂新禮》三卷。李嗣真《明堂新禮》十卷。王涇《大唐郊祀錄》十卷,貞元九年上,時爲太常禮院修撰。裴瑾《崇豐二陵集禮》,卷亡。瑾,字封叔光,庭曾孫,元和吉州刺史。王方慶《三品官祔廟禮》二卷,又《古今儀集》五十卷。孟詵《家祭禮》一卷。徐閏《家祭儀》一卷。范傳式《寢堂時饗儀》一卷。鄭正則《祠享儀》一卷。周元陽《祭錄》一卷。賈頊《家薦儀》一卷。盧弘宣《家祭儀》,卷亡。孫日用《孫氏仲享儀》一卷。劉孝孫《二儀實錄》一卷。袁郊《二儀實錄衣服名義圖》一卷,又《服飾變古元錄》一卷。郊,字之儀,滋子也,昭宗翰林學士。王晉《使範》一卷。戴至德《喪服變除》一卷。張戩《喪儀纂要》九卷。孟詵《喪服正要》二卷。商价《喪禮極議》一卷。張薦《五服圖》,卷亡。仲子陵《五服圖》十卷,貞元九年上。裴茝《内外親族五服儀》二卷,又《書儀》三卷,朱儔注。茝,元和太常少卿。《葬王播儀》一卷。鄭餘慶《鄭氏書儀》二卷。裴度《書儀》二卷。杜有晉《書儀》二卷。右不著錄四十九家,八百九十三卷。案,上止八百三十卷。作九十三者誤。又案,《大唐儀禮》一百卷、武后《紫宸禮要》十卷,《舊書》已著錄入甲部經錄禮類。

漢建武律令故事三卷　《新書》又見故事類。
漢朝駁義三十卷　應劭撰。《新書》又見故事類。
漢名臣奏事三十卷[①]　陳壽撰。

---

①　"漢名臣奏事",殿本《新唐志》同,殿本《舊唐志》無"事"字。

漢名臣奏二十九卷

廷尉決事二十卷　《新書》又見故事類,止十卷。

廷尉駁事十一卷

廷尉雜詔書二十六卷

晉令四十卷　賈充等撰。

南臺奏事二十二卷　《新書》又見故事類,止九卷。

晉駁事四卷

晉彈事九卷

刑法律本二十一卷　賈充等撰。

齊永明律八卷　宗躬撰。①

梁律二十卷　蔡法度撰。

梁令三十卷　蔡法度撰。

梁科二卷　蔡法度撰。

條鈔晉宋齊梁二十卷　從《新書》增。

陳律九卷　范泉等撰,從《新書》增。

陳令三十卷　范泉等撰。

陳科三十卷　范泉等撰。

北齊律二十卷　趙郡王叡撰。②

北齊令八卷

麟趾格四卷　文襄帝時撰,從《新書》增。

周大律二十五卷　趙肅等撰。

大統式三卷　蘇綽撰,從《新書》增。

律略論五卷　劉邵撰。

律解二十一卷　《新書》:"二十卷"。張斐撰。

隋律十二卷　高熲等撰。

---

①　"宗躬",殿本《新唐志》同,殿本《舊唐志》作"宋躬"。
②　"趙郡王叡",殿本《新唐志》同,殿本《舊唐志》作"趙邵王獻"。

隋大業律十八卷

隋開皇令三十卷　　裴正等撰。

武德律十二卷　　裴寂撰。①

武德式十四卷　　從《新書》增。

武德令三十一卷　　《新書》："尚書左僕射裴寂、右僕射蕭瑀、大理卿崔善爲、給事中王敬業、中書舍人劉林甫、顏師古、王孝達、涇州別駕竇靖延、太常丞丁孝烏、隋大理丞房軸、天策上將府參軍李桐客、太常博士徐上機等奉詔撰定。以五十三條附新律，餘無增改，武德七年上。"

貞觀律十二卷　　從《新書》增。

貞觀令二十七卷　　從《新書》增。

貞觀格十八卷

貞觀留司格一卷　　從《新書》增。

貞觀式三十三卷　　中書令房玄齡、右僕射長孫无忌、蜀王府法曹參軍裴弘獻等奉詔撰定。凡律五百條，令一千五百四十六條，格七百條，以尚書省諸曹爲目，其常務留本司者，著爲留司格。從《新書》增。

永徽律十二卷　　從《新書》增。

永徽成式十四卷

永徽式本四卷②

永徽令三十卷

永徽散頒天下格七卷

永徽留本司行格十八卷　　太尉无忌、司空李勣、左僕射于志寧、右僕射張行成、侍中高季輔、黃門侍郎宇文節、柳奭、尚書右丞段寶玄、太常少卿令狐德棻、吏部侍郎高敬言、刑部侍郎劉燕客、給事中趙文恪、中書舍人李友益、少府丞張行實、太府丞王文端、大理丞元紹、刑部郎中賈敏行等奉詔撰定。分格爲二部，以曹司常務爲"行格"，天下所共爲"散頒格"。永徽三年上，至龍朔二年，詔司刑太常伯源直心、少常伯李敬玄、司刑大夫李文禮復刪定，唯改官曹局名而已，題行格曰"留本司行格中

---

① "武德律"，殿本《新唐志》同，殿本《舊唐志》作"令律"。"裴寂"，殿本《舊唐志》同，殿本《新唐志》接下二條"又式十四卷""令三十一卷"後題裴寂、蕭瑀等人撰。

② "永徽式本"，殿本《新唐志》同，殿本《舊唐志》作"永徽中式本"。

本",散頒格曰"天下散行格中本"。

永徽散行天下格中本七卷

永徽留本司行中本十八卷①

律疏三十卷　无忌、李勣、于志寧、刑部尚書唐臨、大理卿段寶玄、尚書右丞劉燕客、御史中丞賈敏行等奉詔撰,永徽四年上。

永徽留本司格後十一卷　左僕射劉仁軌、右僕射戴至德、侍中張文瓘、中書令李敬玄、右庶子郝處俊、黃門侍郎來恒、左庶子高智周、右庶子李義琰、吏部侍郎裴行儉、馬載、兵部侍郎蕭德昭、裴炎、工部侍郎李義琛、刑部侍郎張楚金、金部郎中盧律師等奉詔撰,儀鳳二年上。

法例二卷　趙仁本撰,從《新書》增。

　又二卷　崔知悌撰。

垂拱式二十卷

垂拱格十卷　從《新書》增。

垂拱新格二卷②

垂拱散頒格三卷　從《新書》增。

垂拱留司格六卷　秋官尚書裴居道、夏官尚書同鳳閣鸞臺三品岑長倩、鳳閣侍郎同鳳閣鸞臺平章事韋方質、删定官袁智弘、咸陽尉王守慎奉詔撰。加計帳、勾帳二式,垂拱元年上新格,武后製序。

删垂拱式二十卷　從《新書》增。

散頒格七卷　中書令韋安石、禮部尚書同中書門下三品祝欽明、尚書右丞蘇瓌、兵部郎中狄光嗣等删定,神龍元年上。從《新書》增。

太極格十卷　戶部尚書同中書門下三品岑羲、中書侍郎同中書門下三品陸象先、右散騎常侍徐堅、司勳郎中賈紹、刑部員外郎邵知新、大理寺丞陳義海、評事張名播、右衛長史張處斌、左衛率府倉曹參軍羅思貞、刑部主事閻義顗等删定,太極元年上。從《新書》增。

開元前格十卷　兵部尚書兼紫微令姚崇、黃門監盧懷慎、紫微侍郎兼刑部尚書李

---

① "十八卷",殿本《舊唐志》作"十七卷"。此書與前書《永徽散行天下格中本》,殿本《新唐志》附見于"永徽留本司行格十八卷"條下。

② "垂拱新格",殿本《新唐志》同,殿本《舊唐志》無"新"字。

乂、紫微侍郎蘇頲、舍人吕延祚、給事中魏奉古、大理評事高智静、韓城縣丞侯郢璀、瀛州司法參軍閻義顓等奉詔删定，開元三年上。

開元後格九卷　《新書》："十卷。"

開元令三十卷①

開元式二十卷　吏部尚書兼侍中宋璟、中書侍郎蘇頲、尚書左丞盧從愿、吏部侍郎裴漼、慕容珣、户部侍郎楊滔、中書舍人劉令植、大理司直高智静、幽州司功參軍侯郢璀等删定，開元七年上。

格後長行敕六卷　侍中裴光庭、中書令蕭嵩等删次，開元十九年上。從《新書》增。

右刑法五十一部，今案，上止四十六部。**凡八百一十四卷**。今案，上止八百三卷。從《新書》增十七部，一百九十六卷。

《開元新格》十卷。《格式律令事類》四十卷，中書令李林甫、侍中牛仙客、御史中丞王敬從、右武衛冑曹參軍崔晃、衛州司户參軍直中書陳承信、酸棗尉直刑部俞元杞等删定，開元二十五年上。《度支長行旨》五卷。王行先《律令手鑒》二卷。元泳《式苑》四卷。裴光庭《開元格令科要》一卷。《元和格敕》三十卷，權德輿、劉伯芻等集。《元和删定制敕》三十卷，許孟容、韋貫之、蔣乂、柳登等集。《大和格後敕》四十卷。《格後敕》五十卷。初，前大理丞謝登纂，凡六十卷，詔刑部詳定，去其繁複，大和七年上。狄兼謩《開成詳定格》十卷。《大中刑法總要格後敕》六十卷，刑部侍郎劉瑑等纂。張戣《大中刑律統類》十二卷。盧紓《刑法要録》十卷，裴向上之。張伾《判格》三卷。李崇《法鑒》八卷。右不著録十三家三百二十三卷。案，上止三百十五卷。作二十三者誤。

七略别録二十卷　劉向撰。

---

① "開元令"，殿本《舊唐志》無"開元"二字。殿本《新唐志》作"開元後格十卷　又三十卷式二十卷"，"又"下疑脱一"令"字。

七略七卷　　劉歆撰。

今書七志七十卷　　王儉撰，賀縱補。

七錄十二卷　　阮孝緒撰。

中經簿十四卷　　荀勖撰。

元徽元年書目四卷　　王儉撰。

梁天監四年書目四卷　　丘賓卿撰。

梁東宮四部書目四卷　　劉遵撰，從《新書》增。

陳天嘉四部書目四卷

隋開皇四年書目四卷　　牛弘撰。

隋開皇二十年書目四卷　　王邵撰。

四部書目序錄三十九卷　　殷淳撰，從《新書》增。

史目三卷　　楊松珍撰。

文章志四卷　　摯虞撰。

晉江左文章志二卷　　宋明帝撰，從《新書》增。

宋世文章志二卷　　沈約撰，從《新書》增。

新撰文章家集叙五卷　　荀勖撰。

續文章志二卷　　傅亮撰。

義熙已來雜①　　《新書》作"新"。集目錄三卷　　丘深之撰。

名手畫錄一卷　　《新書》又見丙部子錄雜藝術類。

法書目錄六卷　　虞和撰。《新書》又見甲部經錄小學類。

群書四錄二百卷　　《新書》："殷踐猷、王愜、韋述、余欽、母煚、劉彥直、王灣、王仲丘、元行沖上之。"

右雜四部書目十八部，凡二百一十七卷。今案，上凡三百六十七卷。從《新書》增四部四十七卷。

母煚《古今書錄》四十卷。韋述《集賢書目》一卷。李肇《經史釋題》二卷。宗諫注《十三代史目》十卷。常寶鼎《文選著作

---

① "義熙"上，殿本《新唐志》有"晉"字。

人名目》三卷。尹植文《樞秘要目》七卷，鈔《文思博要》《藝文類聚》爲秘要。《唐書叙例目錄》一卷。孫玉汝《唐列聖實錄目》二十五卷。吳兢《吳氏西齋書目》一卷。《河南東齋史目》三卷。蔣彧《新集書目》一卷。杜信《東齋籍》二十卷。信，字立言，元和國子司業。右不著錄十一家一百十四卷。

世本四卷　宋衷撰。
世本別錄一卷
帝譜世本七卷　宋均注。
世本譜二卷　《新書》："王氏注。"
漢氏帝王譜二卷
司馬氏世家二卷
百家集譜十卷　王儉撰。
百家譜三十卷　王僧孺撰。
氏族要狀十五卷　賈希景撰。《新書》："賈希鏡。"
齊永元中表簿六卷①
姓氏英賢譜一百卷　賈執撰。
百家譜五卷　賈執撰。
官族傳十五卷　從《新書》增。
國親皇太子親傳四卷　賈冠撰。
大同四年中表簿三卷
齊梁宗簿三卷
梁親表譜五卷　從《新書》增。
後魏辨宗錄二卷　元暉業撰。
後魏皇帝宗族譜四卷　從《新書》增。

---

① "齊永元"，殿本《新唐志》同，殿本《舊唐志》無"齊"字。

姓苑十卷　何承天撰。
後魏譜二卷
後魏方司格一卷
齊高氏譜六卷　從《新書》增。
周宇文氏譜一卷　從《新書》增。
十八州譜七百一十二卷　王僧孺撰。
百官譜二十卷　徐勉撰，從《新書》增。
冀州譜七卷①
洪州譜九卷②
袁州譜七卷
大唐氏族志一百卷　《新書》："高士廉、韋挺、岑文本、令狐德棻撰。"
姓氏譜二百卷　《新書》："許敬宗、李義府、孔志約、陽仁卿、史玄道、呂才撰。"③
著姓略記十卷　路敬淳撰。
衣冠譜六十卷　路敬淳撰。
大唐姓族系録二百卷　柳沖撰。
楊氏譜一卷
蘇氏譜一卷
韋氏譜十卷　韋鼎撰。
裴氏家牒二十卷　裴守貞撰。
褚氏家傳一卷　褚結撰，褚陶注。
殷氏家傳三卷　《新書》："殷敬撰。"④

---

① "冀州譜"，殿本《新唐志》同，殿本《舊唐志》作"冀州姓族譜"。
② "洪州譜"，殿本《新唐志》同，殿本《舊唐志》作"洪州諸姓譜"。
③ "呂才"，殿本《新唐志》作"李才"。
④ "殷敬"下，殿本《舊唐志》有"等"字。

桂 《新書》作"崔"。 **氏世傳二卷** 桂顏撰。①

邵氏家傳十卷

韋氏家傳一卷 《新書》："三卷。"皇甫謐撰。

王氏家傳二十一卷

江氏家傳一卷 江饒撰。②

暨氏家傳一卷

虞氏家傳五卷 虞覽撰。

裴氏家記三卷 裴松之撰。

諸葛傳五卷

曹氏家傳一卷 曹毗撰。

荀氏家傳十卷 荀伯子撰。

諸王傳一卷

陸史十五卷 陸煦撰。

明氏世傳③ 《新書》作"錄"。**五卷** 《新書》："六卷。"明粲撰。

庾氏 《新書》："漢南庾氏。"**家傳二卷** 《新書》："三卷。"庾守業撰。④

爾朱氏家傳二卷 王邵撰。

何妥家傳二卷

令狐家傳一卷 令狐德棻撰。

裴若彌家傳一卷

燉煌張氏家傳二十卷 張大素撰。自《褚氏家傳》以下，《新書》入傳記類。

孫氏譜記十五卷

---

① "二卷"，殿本《舊唐志》作"七卷"。殿本《新唐志》作"崔氏世傳七卷崔鴻"。《唐書合鈔補正》云："沈氏注《新書》作'崔'。案《新志》作'《崔氏世傳》七卷'，注崔鴻。沈氏從《舊書》而削去鴻名，當兩存也。"

② "一卷"，殿本《舊唐志》《新唐志》同，俱作"七卷"。"江饒"，殿本《新唐志》同，殿本《舊唐志》作"江統"。

③ "傳"，殿本《舊唐志》《新唐志》皆作"錄"。

④ "二卷"，殿本《舊唐志》《新唐志》皆作"三卷"。

右雜譜牒五十五部，凡一千六百九十一卷。今案，上止一千六百五十五卷。從《新書》增六部五十一卷。

王元感《姓氏實論》十卷。崔日用《姓苑略》一卷。岑義《氏族錄》，卷亡。王方慶《王氏家牒》十五卷，又《家譜》二十卷，《王氏著錄》十卷。韋述《開元譜》二十卷，《國朝宰相甲族》一卷，《百家類例》三卷。《唐新定諸家譜錄》一卷，李林甫等撰。林寶《元和姓纂》十卷。寶從一《系纂》七卷。陳湘《姓林》五卷。孔至《姓氏雜錄》一卷。李利涉《唐官姓氏記》五卷。初十卷，利涉貶南方，亡其半，又編《古命氏》三卷。柳璨《姓氏韻略》六卷。蕭穎士《梁蕭史譜》二十卷。柳芳《永泰新譜》二十卷，一作《皇室新譜》。柳璟《續譜》十卷。《皇唐玉牒》一百一十卷，開成二年，李衢林寶撰。《唐皇室維城錄》一卷。李匡文《天潢源派譜》一卷，又《唐偕日譜》一卷，《玉牒行樓》一卷，《皇孫郡王譜》一卷，《元和縣主譜》一卷，《家譜》一卷。李衢《大唐皇室新譜》一卷。黃恭之《孔子系葉傳》二卷。《謝氏家譜》一卷。《東萊呂氏家譜》一卷。《薛氏家譜》一卷。《顏氏家譜》一卷。《虞氏家譜》一卷。《孫氏家譜》一卷。陸景獻《吳郡陸氏宗系譜》一卷。劉子玄《劉氏譜考》三卷，又《劉氏家史》十五卷。《紀王慎家譜》一卷。《蔣王惲家譜》一卷。《李用休家譜》二卷。用休，紀王慎之後。徐商《徐氏譜》一卷。《徐義倫家譜》一卷。《劉晏家譜》一卷。《劉興家譜》一卷。《周長球家譜》一卷。《施氏家譜》二卷。《萬氏家譜》一卷。《滎陽鄭氏家譜》一卷。竇澄之《竇氏家譜》一卷。澄之，懿宗時國子博士。《鮮于氏家譜》一卷。《趙郡東祖李氏家譜》二卷。《李氏房從譜》一卷。韋絢《韋氏諸房略》一卷。《諱行錄》一卷。右不著錄二十二家，三百三十三卷。

山海經十八卷　《新書》："二十三卷。"郭璞撰。

山海經圖讚二卷　　郭璞撰。

山海經音二卷

水經二卷　　《新書》："三卷。"郭璞撰。《新書》："桑欽撰，一作郭璞撰。"

　　又四十卷　　酈道元注。

三輔黃圖一卷

三輔舊事三卷　　從《新書》增。

漢宮閣簿三卷

洛陽宮殿簿三卷

關中記一卷　　潘岳撰。

洛陽記一卷　　陸機撰。

西京雜記一卷　　葛洪撰，又見故事類。

洛陽圖一卷　　楊佺期撰。

洛陽記一卷　　戴延之撰。

後魏洛陽記五卷　　從《新書》增。

廟記一卷

洛陽伽藍記五卷　　楊衒之撰。①《新書》入丙部子錄道家類。

西京記一卷　　《新書》："三卷。"薛冥撰。②

東都記三十卷　　鄧行儼撰，貞觀著作郎。

分吳會丹陽三郡記三卷③

西河舊事一卷　　從《新書》增。

陳留風俗傳三卷　　圈稱撰。《新書》又見雜傳記類。④

風土記十卷　　周處撰。

吳地記一卷　　張勃撰。

---

① "楊"，殿本《舊唐志》同，殿本《新唐志》作"陽"。

② "一卷"，殿本《新唐志》《舊唐志》皆作"三卷"。

③ "三卷"，殿本《舊唐志》同，殿本《新唐志》作"二卷"。

④ "圈"，殿本《新唐志》同，殿本《舊唐志》作"闕"。

益州記三卷　李克撰，從《新書》增。
荊州記二卷　郭仲産撰，從《新書》增。
南雍州記三卷　郭仲産撰。《新書》："鮑堅。"當從《新書》。①
南徐州記二卷　山謙之撰。
南兗州記一卷　阮叙之撰，從《新書》增。
東陽記一卷　鄭緝之撰。
潯陽記二卷　張僧監撰，從《新書》增。
京口記二卷　劉損之撰。
　又二卷　從《新書》增。
豫章記一卷　雷次宗撰，從《新書》增。
湘州圖記　《新書》："副記。"一卷
湘州記四卷　從《新書》增。
徐地録一卷　劉芳撰。
荊南地志二卷　梁元帝撰，從《新書》增。
齊州記四卷　李叔布撰。
齊地記一卷　晏模撰，從《新書》增。
鄴中記二卷　陸翽撰，從《新書》增。
中岳潁州志五卷　樊文深撰。
潤州圖經二十卷　孫處玄撰。
秣陵記二卷　從《新書》增。
地記五卷　太康三年撰。
州郡縣名五卷　太康三年撰。
十三州志十四卷　闞駰撰。
魏諸州記二十卷②

――――――――

① "郭仲産"，殿本《舊唐志》作"郭仲彥"。
② "魏諸州記"，殿本《舊唐志》同，殿本《新唐志》作"後魏諸州記"。

地理書一百三十卷　《新書》："一百五十卷。"鄧基、陸澄撰。①

地記二百五十二卷　任昉撰。

雜志記十二卷

雜地記五卷

地理志書鈔十卷　從《新書》增。

地域方丈圖一卷　從《新書》增。

地域方尺圖一卷　從《新書》增。

國都城記九卷　周明帝撰。②

輿地志三十卷　顧野王撰。

十國都城記十卷　顧野王撰，從《新書》增。

周地圖九十卷　《新書》："一百三十卷。"

隋圖經集記一百卷　郎蔚之撰。

區宇圖一百二十八卷　虞茂撰。

括地志五百五十卷　魏王泰命著作郎蕭德言、秘書郎顧胤、記室參軍蔣亞卿、功曹參軍謝偃、蘇勖撰。(《濮王泰傳》少蘇勖一人。)從《新書》增。

括地志序略五卷　魏王泰撰。

交州異物志一卷　楊孚撰。

暢異物志一卷　陳祈撰。

南州異物志一卷　萬震撰。

扶南異物志一卷　朱應撰。

臨海水土異物志一卷　沈瑩撰。

江圖二卷　從《新書》增。

江記五卷　庾仲雍撰。

漢水記五卷　庾仲雍撰。

---

　　① "書"，殿本《舊唐志》同，殿本《新唐志》作"志"。"陸"上，《舊唐志》無"鄧基"二字。

　　② "都"，殿本《新唐志》同，殿本《舊唐志》作"郡"。

尋江源記五卷　庚仲雍撰。
永初山川古今記二十卷　劉澄之撰，從《新書》增。
宜都山川記一卷　李氏撰，從《新書》增。
四海百川水源記一卷　釋道安撰。
　又一卷
西征記一卷　戴祚撰。
述征記二卷　郭緣生撰。①
隋王入沔記十卷　沈懷文撰。
輿駕東幸記一卷　薛泰撰。
述行記二卷　姚最撰。
魏聘使行記五卷
聖賢塚墓記一卷　李彤撰，從《新書》增。
巡總揚州記七卷　諸葛穎撰。
諸郡土俗物產記十九卷
涼州異物志一卷　從《新書》增。
京兆郡方物志三十卷②
十州記一卷　東方朔撰。《新書》入丙部子錄道家類。
神異經二卷　東方朔撰。《新書》入丙部子錄道家類。
蜀王本紀一卷　楊雄撰。
三巴記一卷　譙周撰。
外國傳一卷　釋智猛撰。
歷國傳二卷　釋法盛撰。
南越志五卷　沈懷遠撰。
交廣二州記一卷　王範撰，從《新書》增。
日南傳一卷

---

① "郭緣生"，殿本《新唐志》同，殿本《舊唐志》作"郭象"。
② "三十卷"，殿本《舊唐志》同，殿本《新唐志》作"二十卷"。

職貢圖一卷　梁元帝撰。
林邑國記一卷
真臘國事一卷
魏國已西十一國事一卷　宋雲撰。
交州已來外國傳一卷
奉使高麗記一卷
西域道理記三卷①　《新書》："程士章撰。"
赤土國記二卷　常駿等撰。
高麗風俗一卷　裴矩撰。
中天竺國行記十卷　王玄策撰。
西南蠻入朝首領記一卷
職方記十六卷
長安四年十道圖十三卷
開元三年十道圖十卷
劍南地圖二卷
右地理九十三部，今案，上止八十六部。凡一千七百八十二卷。今案，上止一千一百五十一卷。從《新書》增二十五部，六百二十九卷。

　　李播《方志圖》，卷亡。《西域圖志》六十卷。高宗遣使分往康國、吐火羅，訪其風俗物產畫圖以聞，詔史官撰次，許敬宗領之，顯慶三年上。李吉甫《元和郡縣圖誌》五十四卷，又《十道圖》十卷，《古今地名》三卷，《删水經》十卷。梁載言《十道志》十六卷。王方慶《九崚山志》十卷。賈耽《地圖》十卷，又《皇華四達記》十卷，《古今郡國縣道四夷述》四十卷，《關中隴右山南九州別録》六卷，《貞元十道録》四卷，《吐蕃黃河録》四卷。韋澳《諸道山河地名要略》九卷，一作《處分語》。劉之推《文括九州要略》三卷。《郡國志》十卷。馬敬實《諸道行程血

---

① "理"，殿本《舊唐志》同，殿本《新唐志》作"里"。

脈圖》一卷。① 鄧世隆《東都記》三十卷。韋機《東都記》二十卷。韋述《兩京新記》五卷,《兩京道里記》三卷。李仁實《戎州記》一卷。盧鴻《嵩山記》一卷,天寶人。馬溫《鄴都故事》二卷,肅、代時人。劉公銳《鄴城新記》三卷。張周封《華陽風俗錄》一卷。周封,字子望,西川節度使,李德裕從事,試協律郎。盧求《成都記》五卷。求,西川節度使,白敏中從事。鄭暐《益州理亂記》三卷。李璋《太原事迹記》十四卷。張文規《吳興雜錄》七卷。房千里《南方異物志》一卷。孟琯《嶺南異物志》一卷。劉恂《嶺表錄異》三卷。余知古《渚宫故事》十卷,文宗時人。吳從政《襄沔記》三卷。張氏《燕吳行役記》二卷,宣宗時人,失名。韋宙《零陵錄》一卷。張密《廬山雜記》一卷。張容《九江新舊錄》三卷,咸通人。莫休符《桂林風土記》三卷。段公路《北戶雜錄》三卷。公路,文昌孫。林諝《閩中記》十卷。裴矩又撰《西域圖記》三卷。顧愔《新羅國記》一卷。大曆中,歸崇敬使新羅,愔爲從事。張建章《渤海國記》三卷。戴斗《諸蕃記》一卷。達奚通《海南諸蕃行記》一卷。袁滋《雲南記》五卷。李繁《北荒君長錄》三卷。高少逸《四夷朝貢錄》十卷。呂述《黠戛斯朝貢圖傳》一卷。述,字脩業,會昌秘書少監、商州刺史。樊綽《蠻書》十卷。綽,咸通嶺南西道節度使蔡襲從事。竇滂《雲南別錄》一卷,《雲南行記》一卷。徐雲虔《南詔錄》三卷,乾符中人。右不著錄五十三家,九百八十九卷,案,上止四百三十九卷,作九百八十者誤。

---

① "馬敬實",殿本《新唐志》作"馬敬寔"。

經籍三

丙部子録十七家七百五十三部，今案，止七百四十九部。一萬五千六百三十七卷。今案，止一萬四千八百三十一卷。從《新書》增著録一百五十四部，一千四百五十一卷。不著録六百七十二部，五千四百七十四卷。

儒家類一　道家類二　法家類三　名家類四　墨家類五　縱橫家類六　雜家類七　農家類八　小説類九　天文類十　曆算類十一　兵書類十二　五行類十三　雜藝術類十四　事類十五　經脈類十六　醫術類十七

曾子二卷　曾參撰。
晏子春秋七卷　晏嬰撰。
子思子八卷　《新書》："七卷。"孔伋撰。
公孫尼子一卷　公孫尼撰。
孟子十四卷　孟軻撰，趙岐注。
　又七卷　劉熙注。
　又七卷　鄭玄注。
　又七卷　綦母邃注。
孫卿子十二卷　荀況撰。
董子二卷　《新書》："一卷。"董無心撰。
魯連子五卷　《新書》："一卷。"魯仲連撰。
新語二卷　陸賈撰。
賈子九卷　《新書》："十卷。"賈誼撰。①
鹽鐵論十卷　桓寬撰。

---

① 殿本《新唐志》無賈誼《賈子》一書，但有賈誼《新書》十卷，即指此。另有《賈子》一卷，作者爲"開元中藍田尉。失名"。

新序三十卷　劉向撰。
説苑三十卷　劉向撰。
揚子法言六卷　揚雄撰。
　又十卷　宋衷注。
　又十三卷　《新書》："三卷。"李軌注。
揚子太玄經十二卷　揚雄撰，陸績注。
　又十四卷　虞翻注。
　又十二卷　范望注。
　又十卷　蔡文邵注。
　又十二卷　宋仲孚注，從《新書》增。
桓子新論十七卷　桓譚撰。
潛夫論十卷　王符撰。
申鑒五卷　荀悦撰。
魏子三卷　魏朗撰。
典論五卷　魏文帝撰。
徐氏中論六卷　徐幹撰。
去伐論集三卷①　王粲撰。
政論十卷　王肅撰，從《新書》增。
杜氏體論四卷　杜恕撰。
顧子新語五卷　顧譚撰。
通語十卷　文禮撰，殷興續。
集誡二卷　諸葛亮撰。
典訓十卷　陸景撰。
譙子法訓八卷　譙周撰。
古今通論三卷　王嬰撰。

---

①　"伐"，殿本《舊唐志》同，殿本《新唐志》作"代"。

周生烈子五卷　周生烈撰。

譙子五教五卷　譙周撰。

袁子正論二十卷　袁準撰。

袁子正書二十五卷　袁準撰。

孫氏成敗志三卷　孫毓撰。

新論十卷　夏侯湛撰。

物理論十六卷　楊泉撰。

太元經十四卷　楊泉撰，劉緝注。

新論十卷　華譚撰。

志林新書二十卷　虞喜撰。

後林新書十卷　虞喜撰。

顧子義訓十卷　顧夷撰。

清化經十卷　蔡洪撰。

正言十卷　干寶撰。

要覽五卷　呂竦撰。

立言十卷　干寶撰。

閎論二卷　蔡韶撰，從《新書》增。

正覽六卷　周捨撰。

缺文十卷　陸澄撰。《新書》入雜家。

魯史欹器圖一卷　謝徽撰。①

誡林三卷　綦母氏撰。

家訓七卷　顏之推撰。

典言四卷　李穆叔撰。②

墳典三十卷　盧辨撰。

中說五卷　王通撰。

---

① "謝徽"，殿本《舊唐志》《新唐志》皆作"劉徽"。
② "李穆叔"，殿本《新唐志》同，殿本《舊唐志》作"李若等"。

讀書記三十二卷　王邵撰。
正訓二十卷　辛德源撰。
太宗序志一卷　太宗撰。
帝範四卷　太宗撰，賈行注。
天訓四卷　高宗撰。①
紫樞要錄十卷　武后撰。②
青宮紀要三十卷　武后撰。③
小陽正範三十卷　武后撰。④
臣軌二卷　武后撰。
百僚新誡四卷　《新書》："五卷。"武后撰。⑤
春宮要錄十卷　章懷太子撰。
君臣相起發事三卷　章懷太子撰。
脩身要錄　《新書》作"覽"。十卷　章懷太子撰。
百里昌言二卷　王滂撰。
崔子至言六卷　崔靈童撰。
平臺百一寓言三卷　張太素撰。《新書》作"太玄"。
君臣政理論三卷　楊相如撰，從《新書》增。
女誡一卷　曹大家撰。
內訓二十卷　辛德源、王邵等撰。
女則要錄十卷　文德皇后撰。

---

① "高宗"，殿本《新唐志》同，殿本《舊唐志》作"高宗天皇大帝"。
② "武后"，殿本《新唐志》同，殿本《舊唐志》作"太聖天后"。
③ "紀"，殿本《新唐志》同，殿本《舊唐志》作"記"。"武后"，殿本《新唐志》同，殿本《舊唐志》作"天后"，下同。
④ "小"，殿本《舊唐志》《新唐志》皆作"少"。"三十卷"，殿本《新唐志》同，殿本《舊唐志》作"二十卷"。
⑤ "僚"，殿本《新唐志》《舊唐志》皆作"寮"。

鳳樓新誡二十卷　張后撰。① 自《女誡》以下，《新書》入乙部史錄雜傳記類。

右儒家二十八部，今案，上凡八十一部。**凡七百七十六卷**。今案，上凡七百九十二卷。從《新書》增四部二十七卷。

陸善經注《孟子》七卷。張鎰《孟子音義》三卷。楊倞注《荀子》二十卷。倞，汝士子，大理評事。王涯注《太玄經》六卷。員俶《太玄幽贊》十卷。開元四年京兆府童子，進書，召試及第，授散官文學，直弘文館。柳宗元注《楊子法言》十三卷。李襲譽《五經妙言》四十卷。鄭澣《經史要錄》二十卷。劉覛《續説苑》十卷。杜正倫《百行章》一卷。憲宗《前代君臣事迹》十四卷。武后《訓記雜載》十卷，采《青宮紀要》《維城典訓》《古今内範》《内範要略》等書爲《雜載》云。《維城典訓》二十卷。褚无量《翼善記》，卷亡。裴光庭《瑶山往則》一卷，② 又《維城前軌》一卷。丁公著《皇太子諸王訓》十卷。《六經法言》二十卷，韋處厚、路隋撰。崔郾《諸經纂要》十卷。于志寧《諫苑》二十卷。王方慶《諫林》二十卷。楊浚《聖典》三卷，校書郎，開元中上。張九齡《千秋金鏡錄》五卷。唐次《辨謗略》三卷。《元和辨謗略》十卷，令狐楚、沈傳師、杜元穎撰。裴潾《大和新脩辨謗略》三卷。李仁實《格論》三卷。趙冬曦《王政》三卷，景龍二年上。馮中庸《政錄》十卷，開元十九年上，授汜水尉。《賈子》一卷，開元中藍田尉，失名。儲光羲《正論》十五卷。光羲，兗州人，別集類作延陵人。開元進士第，又詔中書試文章，歷監察御史，安禄山反，陷賊自歸。牛希濟《理源》二卷。陸質《君臣圖翼》二十五卷。李吉甫《古今説苑》十一卷。李德裕《御臣要略》，卷亡。丘光庭《康教論》一卷。元結《元子》十卷，又《浪説》七篇，《漫説》七篇。杜信《元和子》

---

① "張后"，殿本《舊唐志》同，殿本《新唐志》作"武后"。

② "瑶"，殿本《新唐志》作"摇"。

二卷。林慎思《伸蒙子》三卷,咸通中人。冀重《冀子》五卷。重,字子泉,定州容城人,廣明脩武令。崔憩《儒玄論》三卷。憩,字敬之,後魏白馬侯浩七世孫,中和光祿丞。右不著錄三十九家,三百七十一卷。案,上三百八十八卷,作七十一者誤。又案,于志寧《諫苑》二十卷,《舊書》已入雜家。

老子二卷 老子撰。
　又二卷 河上公注。
　又二卷 湘注。《新書》無。
　又二卷 鍾會注。
　又二卷 羊祜注。
　又二卷 程韶集注。
　又二卷 王尚注。
　又二卷 蜀才注。
　又二卷 孫登注。
　又二卷 袁真注。
　又二卷 張憑注。
　又二卷 鳩摩羅什注。
　又二卷 釋惠嚴注。
　又四卷 陶弘景注。
　又二卷 樹鍾山注。
　又二卷 傅奕注。
　又二卷 楊上善注。
　又四卷 張道相集注。
　又二卷 盧景裕、梁曠等注,從《新書》增。
　又二卷 辟閭仁諝注。《新書》:"聖曆司禮博士。"
　又二卷 成玄英注。《新書》人不著錄。

又二卷 李允愿注。

又二卷 陳嗣古注。

又二卷 釋義盈注。

又二卷 劉仲融注,從《新書》增。

又二卷 釋惠琳注,從《新書》增。

老子章句二卷 安丘望之撰。

道德經指趣四卷 《新書》:"三卷。"安丘望之撰。

玄言新記道德二卷 王弼注。

又二卷 王肅注,從《新書》增。

道德經品四卷 梁曠注。

道德經集解四卷 任真子注。

老子節解二卷 劉遺民撰。①

道德簡要義五卷 玄景先生撰。

老子指歸十三卷 馮廓撰。

道德經序訣二卷 葛洪撰。

老子指歸十四卷 嚴遵撰。

玄元皇帝道德經二卷 楊上器撰。《新書》無。

太上老君玄元皇帝聖紀十卷② 尹父操撰。《新書》:"楊上器注。"入不著錄。

老子章門一卷 劉遺民撰。③

老子玄旨八卷 韓莊撰。

老子玄譜一卷 劉遺民撰。

老子道德論二卷 何晏撰。

老子指例略二卷 《新書》:"王弼撰。"

---

① 殿本《舊唐志》不著撰人。
② "太上老君",殿本《舊唐志》同,殿本《新唐志》無"老君"二字。
③ 殿本《舊唐志》不著撰人。

道德經義疏四卷　顧歡撰。
　又四卷　《新書》:"五卷。"孟智周撰。
　又六卷　戴詵撰,從《新書》增。
義疏理綱一卷　《新書》:"顧歡撰。"①
老子解釋四卷　羊祜撰。
老子講疏四卷　何晏撰,從《新書》增。
　又四卷　《新書》:"梁武帝撰。"
　又六卷　梁武帝撰。
老子私記十卷　梁簡文帝撰。
老子述義十卷　賈大隱撰。
道德指略論二卷　楊上善撰。
略論　《新書》:"道德經三略論。"三卷　楊上善撰。《新書》入不著錄。
老子音一卷　李軌撰,從《新書》增。
道德經三卷
老子西昇經一卷　《新書》:"西昇經義"。戴詵撰。
老子西昇經集解二卷　韋處玄撰,從《新書》增。
老子黃庭經一卷
老子探真經一卷
老君科律一卷
老子宣時誡一卷
老子入室經一卷
老子華蓋觀天訣一卷
老子消水經一卷
老子神策百二十條經一卷
莊子十卷　郭象注。

---

① "理",殿本《舊唐志》同,殿本《新唐志》作"治"。

又十卷　崔譔注。

又二十卷　向秀注。

又二十一卷　司馬彪注。

又十卷　楊上善注。

莊子集解二十卷　李頤撰。

又二十卷　王玄古撰。

莊子講疏三十卷　梁簡文帝撰。

莊子疏七卷

又十卷　王穆撰。

又十二卷　成玄英撰。《新書》入不著錄。玄英,字子實,陝州人,隱居東海。貞觀五年召至京師,永徽中,流郁州。書成,道王元慶遣文學賈鼎就授大義,嵩高山人李利涉爲序,唯《老子注》、《莊子疏》著錄。

南華仙人莊子論三十卷　梁曠撰。

釋莊子論二卷　李充撰。

南華真人道德論三卷

莊子文句義二十卷　陸德明撰。

莊子古今正義十卷　馮廓撰。

莊子音一卷　王穆撰。

又一卷　司馬彪撰,從《新書》增。

文子十二卷

鶡冠子三卷

列子八卷　列禦寇撰,張湛注。

廣成子十二卷　商洛公撰,張太衡注。①

任子道論十卷　任嘏撰。

渾輿經一卷　姬威撰。②

——————

① 殿本《舊唐志》無"張太衡注"四字。

② "姬",殿本《舊唐志》《新唐志》俱作"妲"。

唐子十卷　唐滂撰。
蘇子七卷　蘇彥撰。
宣子二卷　宣聘撰。
陸子十卷　陸雲撰。
抱朴子内篇十卷[①]　葛洪撰。
孫子十二卷　孫綽撰。
顧道士論三卷　顧谷撰。
幽求子三十卷　杜夷撰。
符子三十卷　符朗撰。
賀子十卷　賀道養撰。
真誥十卷　陶弘景撰。
無名子一卷　張太衡撰。
養生要集十卷　張湛撰。又見醫術類。
無上秘要七十二卷
玄書通義十卷　張機撰。
道要三十卷
登真隱訣二十五卷　陶弘景撰。
同光子八卷　劉無待撰，侯儼注。
牟子二卷　牟融撰。
淨住《新書》作"注"，下同。子二十卷　蕭子良撰，王融頌。
統略淨住子二卷　釋道宣撰。
法苑十五卷　釋僧祐撰。
釋迦譜十卷　從《新書》增。
內典博要三十卷　虞孝景撰。
真言要集十卷　釋賢明撰。

[①] "十卷"，殿本《新唐志》同，殿本《舊唐志》作"二十卷"。

歷代三寶記三卷　《新書》:"費長撰。① 成都人,隋翻經學士。"
修多羅法門二十卷　郭瑜撰。
集古今佛道論衡四卷　釋道宣撰。
六趣論六卷　楊上善撰。
十門辨惑論二卷　釋復禮撰。《新書》:"永隆二年,答太子文學權無二《釋典稽疑》。"
經論纂要十卷　駱子義撰。
通惑決疑錄二卷　釋道宣撰。
夷夏論二卷　顧歡撰。
笑道論三卷　甄鸞撰。
齊三教論七卷　衛元嵩撰。
辨正論八卷　釋法琳撰。《新書》:"陳子良注。"
破邪論三卷　《新書》:"二卷。"釋法琳撰。《新書》:"琳姓陳氏,太史令博奕請廢佛法,②琳諍之,放死蜀中。"
三教詮衡十卷　楊上善撰。
甄正論三卷　杜乂撰。
心鏡論十卷　李思慎撰。
崇正論六卷　釋彥琮撰。
沙門不拜俗議六卷　釋彥琮撰。以下從《新書》增。
福田論一卷
後集續高僧傳十卷
東夏三寶感通錄三卷
大唐貞觀內典錄十卷
右道家一百二十五部,今案,上止一百二十三部。老子六十一家,莊子

---

① "費長",殿本《新唐志》作"費長房"。按,此處應爲"費長房",其爲隨時人,曾參與佛經翻譯活動,詳見《續高僧傳》卷二、《開元釋教錄》卷七等。

② "博",殿本《新唐志》作"傅"。

十七家，道釋諸說四十七家，凡九百六十卷。今案，上止九百五十五卷。從《新書》增十五部六十二卷。

玄宗注《道德經》二卷，又《疏》八卷。天寶中加號《玄通道德經》，世不稱之。盧藏用注《老子》二卷，又注《莊子》內外篇十二卷。邢南和注《老子》，開元二十一年上。馮朝隱注《老子》。白履忠注《老子》。李播注《老子》。尹知章注《老子》。傅奕《老子音義》，並卷亡。陸德明《老子疏》十五卷。逢行珪注《鷽子》一卷。行珪，鄭縣尉。陳庭玉《老子疏》，開元二十年上，授校書郎，卷亡。陸希聲《道德經傳》四卷。吳善經注《道德經》二卷，貞元中人。道士成玄英《老子開題序訣義疏》七卷，注《莊子》三十卷。張游朝《南華象罔說》十卷，又《冲虛白馬非馬證》八卷。游朝，張志和父。孫思邈注《老子》，卷亡，又注《莊子》。柳縱注《莊子》，開元二十年上，授章懷太子廟丞。尹知章注《莊子》，並卷亡。甘暉、魏包注《莊子》，開元末奉詔注，卷亡。元載《南華通微》十卷。張志和《太易》十五卷，又《玄真子》十二卷，"十"字疑衍。韋詣作《內解》。陳庭玉《莊子疏》，卷亡。道士李含光《老子莊子周易學記》三卷，又《義略》三卷。含光，揚州江都人，本姓弘，避孝敬皇帝諱改焉，天寶間人。張隱居《莊子指要》三十三篇，名九垓，號渾淪子，代、德時人。師夜光《三玄異義》三十卷，[①]幽州人，開元二十年上，授校書郎，直國子監。徐靈府注《文子》十二卷。李暹訓注《文子》十二卷。王士元《亢倉子》二卷。天寶元年，詔號《莊子》為《南華真經》，然《亢桑子》求之不獲。襄陽處士王士元謂："《莊子》作'庚桑子'，太史公、《列子》作'亢倉子'，其實一也。"取諸子文義類者補其亡。《無能子》三卷，不著人名氏，光啟中隱民間。以上道家。《道藏音義目錄》一百一十三卷，

[①] "師"，殿本《新唐志》作"帥"。

崔湜、薛稷、沈佺期、道士史崇玄等撰。《集注陰符經》一卷，太公、范蠡、鬼谷子、張良、諸葛亮、李淳風、李筌、李治、李鑒、李銳、楊晟等。李靖《陰符機》一卷。道士李少卿《十異九迷論》一卷。道士劉進喜《老子通諸論》一卷，又《顯正論》一卷。張果《陰符經太無傳》一卷，又《陰符經辨命論》一卷，《氣訣》一卷，《神仙得道靈藥經》一卷，《罔象成名圖》一卷，《丹砂訣》一卷，開元二十二年上。韋弘《陰符經正卷》一卷。李筌《驪山母傳陰符玄義》一卷。筌，號少室山達觀子，於嵩山虎口巖石壁得《黃帝陰符本》，題云："魏道士寇謙之傳諸名山。"筌至驪山，老母傳其說。葉靜能《太上北帝靈文》三卷。李淳風注《泰乾秘要》三卷。崔少元《老子心鏡》一卷。《皇天原太上老君現迹記》一卷，文明元年老子降事。呂氏《老子昌言》二卷。王方慶《神仙後傳》十卷。《玄晉蘇元明太清石壁記》三卷，乾元中，劍州司馬纂，失名。《議化胡經狀》二卷。萬歲通天元年，僧惠澄上言乞毀《老子化胡經》，敕秋官侍郎劉知璿等議狀。《寧州寧真觀二十七宿真形圖讚》一卷，記天寶中，寧州羅川縣金華洞獲玉像，皆列宿之真，唯少氏宿，改縣爲寧真事。道士令狐見堯《正一真人二十四治圖》一卷，貞元人。孫思邈《馬陰二君內傳》一卷，又《太清真人煉雲母訣》二卷，《攝生真錄》一卷，《養生要錄》一卷，《氣訣》一卷，《燒煉秘訣》一卷，《龍虎通元訣》一卷，《龍虎亂日篇》一卷，《幽傳福壽論》一卷，《枕中素書》一卷，《會三教論》一卷。《龍虎篇》一卷，青羅子周希彭、少室山人孺登同注。朱少陽《道引錄》三卷。少陽，浮山隱士，代，德時人。張志和《玄真子》二卷。案，上已有十二卷。疑上"十"字衍，此屬重出也。戴簡《真教元符》三卷。楊嗣復《九徵心戒》一卷。裴煜《延壽赤書》一卷。紇干臮《序通解錄》一卷。臮，字咸一，大中江西觀察使。守真子《秦鑒語》一卷。

道士張仙庭《三洞瓊綱》三卷。段世貴《演正一炁化圖》三卷。女子胡愔《黃庭內景圖》一卷。道士司馬承禎《坐忘論》一卷，又《脩生養氣訣》一卷，《洞元靈寶五岳名山朝儀經》一卷。賈參寥《莊子通真論》三卷，垂拱中，隱武陵。白履忠注《黃庭內景經》，卷亡，又《三玄精辨論》一卷。吳筠《神仙可學論》一卷，又《玄綱論》三卷，《明真辨偽論》二卷，《輔正除邪論》一卷，《辨方正惑論》一卷，《道釋優劣論》一卷，《心目論》一卷，《復淳化論》一卷，《著生論》一卷，《形神可固論》一卷。李延章《集鄭綽錄中元論》一卷，大和人。施肩吾《辨疑論》一卷。肩吾，睦州人，元和進士第，隱洪州西山。道士令狐見堯《玉笥山記》一卷。道士李冲《昭南岳小錄》一卷。沈汾《續神仙傳》三卷。道士胡慧超《神仙內傳》一卷，《晉洪州西山十二真君內傳》一卷。李渤《真系傳》一卷。李遵《茅三君內傳》一卷。《新書》見著錄，《舊書》見雜傳記，疑重出。道士胡法超《許遜修行傳》一卷。張說《洪崖先生傳》一卷。張氳先生，唐初人。冲虛子《胡慧超傳》一卷，失名。慧超，高宗時道士。《潘尊師傳》一卷，名師正。《蔡尊師傳》一卷，名南玉，字叔寶，宋祠部尚書廓七世孫，歷金部員外郎，棄官入道，大曆中卒。劉谷神《葉法善傳》二卷。正元師《謫仙崔少元傳》二卷。陰日用《傳仙宗行記》一卷。仙宗，開元資陽道士。謝良嗣《吳天師內傳》一卷，傳吳筠事。溫造《瞿童述》一卷。大曆辰溪童子瞿柏庭升仙，造為朗州刺史，追述其事。李堅《東極真人傳》一卷，果州謝自然事。江積《八仙傳》一卷，大中後事。王仲丘《攝生纂錄》一卷。高福《攝生錄》三卷。郭霽《攝生經》一卷。上官翼《養生經》一卷。康仲熊《服內元氣訣》一卷。《氣經新舊服法》三卷。《康真人氣訣》一卷。《太无先生炁訣》一卷，失名。大曆中，遇羅浮王公傳氣術。《菩提達磨胎息訣》一卷。李林甫《唐朝煉大丹感應頌》一卷。崔元真《靈沙受氣用藥訣》一卷,又《雲母論》二卷,天寶隱岷山。劉知古《日月元樞》一卷。海蟾子《元英還金篇》一卷。還陽子《大還丹金虎白龍論》一卷,隱士,失姓名。陳少微《大洞煉真寶經修伏丹砂妙訣》一卷。嚴靜《大丹至論》一卷。以上神仙家。僧玄琬《佛教後代國王賞罰三寶法》一卷,又《安養蒼生論》一卷,《三德論》一卷。玄琬姓楊氏,新豐人,貞觀十年上。《入道方便門》二卷。《眾經目錄》五卷。《鏡諭論》一卷。《無礙緣起》一卷。《十種讀經儀》一卷。《無盡藏儀》一卷。《發戒緣起》二卷。《法界僧圖》一卷。《十不論》一卷。《懺悔罪法》一卷。《禮佛儀式》二卷。李師政《内德論》一卷。師政,上黨人,貞觀門下典儀。僧法雲《辨量三教論》三卷,又《十王正業論》十卷。法雲,絳州人。道宣注《戒本》二卷,《疏記》四卷,注《羯磨》二卷,《疏記》二卷,《行事删補律儀》三卷,或六卷,《釋門正行懺悔儀》三卷,《釋門亡物輕重儀》二卷,《釋門章服儀》二卷,《釋門歸敬儀》二卷,《釋門護法儀》二卷,《釋氏譜略》二卷,《聖迹見在圖贊》二卷,《佛化東漸圖贊》二卷,《釋迦方志》二卷。僧彥琮《大唐寺錄傳》十卷,又《沙門不敬錄》六卷。彥琮,龍朔時人,并隋有二彥琮。玄應《大唐眾經音義》二十五卷。玄煇《敬福論》十卷,又《略論二》卷,《大小乘觀門》十卷,《法苑珠林集》一百卷,《四分律僧尼討要略》五卷,《金剛般若經集注》三卷,《百願文》一卷。玄煇,本名道世。玄範注《金剛般若經》一卷,又注《二帝三藏聖教序》一卷,太宗、高宗。慧覺《華嚴十地維摩纘義章》十三卷。慧覺,姓范氏,武德時人。行友《己知沙門傳》一卷,序僧海順事。道岳《三藏本疏》二十二卷。道岳,姓孟氏,河陽人,貞觀中。道基《雜心玄章并鈔》八卷,又《大乘章鈔》八卷。道基,姓吕氏,東平人,貞觀時。智正《華嚴疏》十卷。智正，姓白氏，安喜人，貞觀中。慧淨《雜心玄文》三十卷。慧淨，姓房，隋國子博士徽遠從子。又《俱舍論文疏》三十卷，《大莊嚴論文疏》三十卷，《法華經纘述》十卷，《那提大乘集議論》四十卷，《釋疑論》一卷，《注金剛般若經》一卷，《諸經講序》一卷。玄會《義源文本》四卷，又《時文釋鈔》四卷，《涅槃義章句》四卷。玄會字懷默，姓席氏，安定人，貞觀中。慧休《雜心玄章鈔疏》，卷亡。慧休，姓樂氏，瀛州人。靈潤《涅槃義疏》十三卷，又《玄章》三卷，《遍攝大乘論義鈔》十三卷，《玄章》三卷。靈潤，姓梁氏，虞鄉人。辨相《攝論疏》五卷。辨相，居淨影寺。玄奘《大唐西域記》十二卷。玄奘，姓陳氏，緱氏人。辨機《西域記》十二卷。清徹《金陵塔寺記》三十六卷。師哲《前代國王修行記》五卷，盡中宗時。《大唐內典錄》十卷，西明寺僧撰。母煚《開元內外經錄》十卷。道、釋書二千五百餘部，九千五百餘卷，煚彙錄其目。智矩《寶林傳》十卷。法常《攝論義疏》八卷，又《玄章》五卷。法常，姓張氏，南陽人，貞觀末。慧能《金剛般若經口訣正義》一卷。慧能，姓盧氏，曲江人。僧灌頂《私記天台智者詞旨》一卷，又《義記》一卷。灌頂，字法雲，姓吳氏，章安人。道綽《淨土論》二卷。道綽，姓衛氏，并州文水人。道綽《行圖》一卷。智首《五部區分鈔》二十一卷。智首，姓皇甫氏。法礪《四分疏》十卷，又《羯磨疏》三卷，《捨懺儀》一卷，《輕重儀》一卷。法礪，姓李氏，趙郡人。慧滿《四分律疏》二十卷。慧滿，姓梁氏，京兆長安人。慧旻《十誦私記》十三卷，又《僧尼行事》三卷，《尼眾羯磨》二卷，《菩薩戒義疏》四卷。慧旻，字玄素，河東人。空藏《大乘要》句三卷。空藏，姓王氏，新豐人。道宗《續高僧傳》三十二卷。玄宗注《金剛般若經》一卷。道氤《御注金剛般若經疏宣演》三卷，《高僧懺殘傳》一卷，天寶時人。

元偉《真門聖胄集》五卷。僧法海《六祖法寶記》一卷。辛崇《僧伽行狀》一卷。神楷《維摩經疏》六卷。靈湍《攝山棲霞寺記》一卷。《破胡集》一卷,記會昌沙汰佛法詔敕。法藏《起信論疏》二卷,《法琳別傳》二卷,《大唐京師寺錄》,卷亡。玄覺《永嘉集》十卷,慶州刺史魏靖編次。懷海《禪門規式》一卷。希運《傳心法要》一卷,裴休集。玄嶷《甄正論》三卷。光瑤注《僧肇論》三卷。李繁《玄聖蘧廬》一卷。白居易《八漸通真議》一卷。《七科義狀》一卷,雲南國使段立之問,僧悟達答。《棲賢法雋》一卷,僧惠明與西川節度判官鄭愚、漢州刺史趙璘論佛書。《禪關八問》一卷,楊士達問,唐宗美答。僧一行《釋氏系錄》一卷。宗密《禪源諸詮集》一百一卷,又《起信論》二卷,《起信論鈔》三卷,《原人論》一卷,《圓覺經》大小疏鈔各一卷。楚南《般若經品頌偈》一卷,又《破邪論》一卷。楚南,大順中人。希還《參同契》一卷。良伯《大乘經要》一卷,又《激勵道俗頌偈》一卷。光仁《四大頌》一卷,又《略華嚴長者論》一卷。無殷《垂誡》十卷。神清《參元語錄》十卷。智月《僧美》三卷。惠可《達摩血脈》一卷。靖邁《古今譯經圖紀》四卷。智昇《續古今譯經圖紀》一卷,又《續大唐內典錄》一卷,《續古今佛道論衡》一卷。《對寒山子詩》七卷,天台隱士,台州刺史間丘胤序,僧道翹集。寒山子隱唐興縣寒山巖,於國清寺與隱者拾得往還。龐蘊《詩偈》三卷。蘊,字道玄,衡陽人,貞元初人,三百餘篇。智閑《偈頌》一卷,二百餘篇。李吉甫《一行傳》一卷。王彥威《內典目錄》十二卷。以上釋氏。右不著錄道家二百三十六卷,神仙家二百五十二卷,釋家九百四十三卷。

管子十八卷 《新書》:"十九卷。"管夷吾撰。

商子五卷　商鞅撰。
慎子十卷　慎到撰，滕輔注。①
申子三卷　申不害撰。
韓子二十卷　韓非撰。
晁氏新書三卷　《新書》："十卷"，誤。晁錯撰。②
崔氏政論五卷　《新書》："六卷。"崔寔撰。
劉氏法言十卷　劉邵撰。
劉氏正論五卷　劉廙撰。
阮子政論五卷　阮武撰。③
桓氏代要論十卷④　《新書》："十二卷。"桓範撰。
陳子要言十四卷　陳融撰。
治道集十卷　李文博撰。
春秋決獄十卷　董仲舒撰。《新書》："黃氏注。"
五經析疑三十卷　邯鄲綽撰。⑤
右法家十五部，凡一百五十八卷。

　　尹知章注《管子》三十卷，又注《韓子》，卷亡。杜佑《管氏指略》二卷。李敬玄《正論》三卷。右不著錄三家三十五卷。⑥

鄧析子一卷　鄧析撰。
尹文子二卷　《新書》："一卷。"尹文子撰。
公孫龍子三卷　公孫龍撰。⑦

---

① "滕"，殿本《舊唐志》《新唐志》俱作"滕"。
② "十卷"，殿本《新唐志》作"七卷"。
③ "政"，殿本《新唐志》同，殿本《舊唐志》作"正"。
④ "代"，殿本《舊唐志》同，殿本《新唐志》作"世"。
⑤ "鄲"，殿本《舊唐志》《新唐志》皆作"鄲"。
⑥ "右不著錄"，原作"又不著錄"，據文意改。
⑦ "公孫龍撰"，殿本《新唐志》同，殿本《舊唐志》無"公孫"二字。

又一卷　賈大隱注。

又一卷　陳嗣古注。

人物志三卷　劉邵撰。

又三卷　劉邵撰，劉炳注。

士緯十卷　姚信撰。

士操一卷　魏文帝撰。

九州人士論一卷　盧毓撰。

兼名苑十卷　釋遠年撰。

辨名苑十卷　范謐撰。

右名家十二部，凡五十六卷。今案，上止四十六卷。

趙武孟《河西人物志》十卷。杜周士《廣人物志》三卷。宋璒《吳興人物志》十卷。璒，字勝之，吳興烏程人，大中時。右不著錄三家二十三卷。

墨子十五卷　墨翟撰。

隨巢子一卷　從《新書》增。

胡非子一卷　胡非子撰。

右墨家二部，凡十六卷。從《新書》增一部一卷。

鬼谷子二卷　蘇秦注。

又三卷　樂臺注。

又三卷　尹知章注。《新書》入不著錄。

補闕子十卷　梁元帝撰。

右縱橫家四部，凡一十八卷。

尸子二十卷　尸佼撰。

尉繚子六卷　尉繚子撰。

呂氏春秋二十六卷　　呂不韋撰。《新書》："高誘注。"
淮南商詁二十一卷①　　劉安撰。《新書》："許慎注。"
淮南子注解二十一卷　　高誘撰。
淮南鴻烈音二卷　　高誘撰。②
三將軍論一卷　　嚴尤撰。
論衡三十卷　　王充撰。
風俗通義三十卷　　應劭撰。
仲長子昌言十卷　　仲長統撰。《新書》："儒家。"
萬機論八卷　　《新書》："十卷。"蔣濟撰。
篤論四卷　　杜恕撰。
芻蕘論五卷　　鍾會撰。
傅子一百二十卷　　傅玄撰。
默記三卷　　張儼撰。
新言五卷　　裴玄撰。
立言十卷　　蘇道撰，從《新書》增。
新義十八卷　　劉欽撰。
秦子三卷　　秦菁撰。
誓論二十卷　　張明撰，從《新書》增。
古訓十卷　　張明撰，從《新書》增。
抱朴子外篇二十卷③　　葛洪撰。
時務論十二卷　　楊偉撰。
古今善言三十卷　　范泰撰。
誓論三十卷　　張儼撰。
說林五卷　　孔衍撰。

---

① "淮南商詁"，殿本《舊唐志》同，殿本《新唐志》作"淮南子"。
② "高誘"，殿本《新唐志》同，殿本《舊唐志》作"何誘"。
③ "二十卷"，殿本《新唐志》同，殿本《舊唐志》作"五十卷"。

又二十卷　　張大素撰。《新書》入不著錄。

記聞三卷　　徐益壽撰。

何子五卷　　何楷撰。

劉子十卷　　劉勰撰。

金樓子十卷　　梁元帝撰。

語麗十卷　　朱澹遠撰。

語對十卷　　朱澹遠撰，從《新書》增。

袖中記一卷　　《新書》："二卷。"沈約撰。

廣志二卷　　郭義恭撰，從《新書》增。

要覽三卷　　陸士衡撰。

張公雜記一卷　　張華撰，從《新書》增。

古今注五卷　　崔豹撰。《新書》又見乙部史錄儀注類。

採璧記三卷　　庾肩吾撰。

新略十卷　　韋道孫撰。

名數十卷　　徐陵撰。

典墳數　　《新書》："典墳數集。"十卷　　范諡撰。

荊楚歲時記一卷　　宗懍撰。①《新書》入農家類。

又二卷　　杜公瞻撰。《新書》入農家類。

玉燭寶典十二卷　　杜臺卿撰。《新書》入農家類。

四時錄十二卷　　王氏撰。《新書》入農家類。

釋文十卷　　江邃撰，從《新書》增。

稱謂五卷　　盧辨撰，從《新書》增。

物始十卷　　謝昊撰。

事始三卷　　劉孝孫、房德懋撰。②《新書》入小說家不著錄。

古今辨作錄三卷

---

①　"一卷"，殿本《新唐志》同，殿本《舊唐志》作"十卷"。

②　殿本《舊唐志》無"房德懋"三字。

文章始一卷　　任昉撰，張績補。

續文章始一卷　　姚察撰。

戚苑纂要十卷　　劉揚名撰。《新書》入類書類不著錄。

祥瑞圖八卷　　侯亶撰，從《新書》增。

張掖郡玄石圖一卷　　孟衆撰。

瑞應圖記二卷　　《新書》："三卷。"孫柔之撰。

張掖郡玄石圖一卷　　高堂隆撰。

瑞應圖讚三卷　　熊理撰。

祥瑞圖十卷　　《新書》："顧野王撰。"

符瑞圖十卷　　顧野王撰。

皇隋靈感志十卷　　王邵撰。

皇隋瑞文十四卷　　許善心撰。

諫林十卷　　何望之撰。

善諫二卷　　虞通之撰。

諫事五卷　　魏徵撰。《新書》入儒家類。

諫苑三十卷　　于志寧撰。《新書》入儒家類不著錄。

子林二十卷　　孟儀撰。

　又三十卷　　薛克構撰。

子鈔三十卷　　沈約撰。

　又三十卷　　庾仲容撰。

論集九十六卷　　殷仲堪撰，從《新書》增。

帝王集要三十卷　　崔宏撰，從《新書》增。

述正論十三卷　　陸澄撰。

博覽十五卷

文府七卷　　《新書》："十卷。"[①]徐陵撰，宗道寧注。

───────

① "十卷"，殿本《新唐志》亦作"七卷"。

翰墨林十卷

新舊傳四卷　從《新書》增。

部略十五卷　從《新書》增。

群書治要五十卷　魏徵撰。

麟閣詞英六十卷　高宗敕撰。

四部言心十卷　劉守敬撰。

右雜家七十一部，今案，上止六十九部。凡九百八十二卷。今案，上止八百九十八卷。從《新書》增十三部二百二十一卷。

虞世南《帝王略論》五卷。劉伯莊《群書治要音》五卷。張大素《說林》二十卷。王方慶《續世說新書》十卷。韓潭《統載》三十卷。潭，夏綏銀節度使，貞元十三年上。熊執易《化統》五百卷。執易類九經爲書，三十年乃成，未及上，卒於西川，武元衡將爲寫進，妻薛藏之不許。李文成《博雅志》十三卷。文成，安國公興貴子。元懷景《屬文要義》十卷。崔玄暐《行己要範》十卷。盧藏用《子書要略》一卷。馬總《意林》一卷。《魏氏手略》二十卷，魏薔撰。辛之鄂《叙訓》二卷，開元十七年上，授長社尉。《博聞奇要》二十卷，開元武功縣人徐闓上，召試文章，留集賢院校理。周蒙《續古今注》三卷。薛洪《古今精義》十五卷。趙贇《長短要術》十卷。贇，字大賓，梓州人，開元中召之，不赴。杜佑《理道要訣》十卷。賀蘭正元《用人權衡》十卷，貞元十二年上。樊宗師《魁紀公》三十卷，又《樊子》三十卷。郭昭度《治書》十卷。朱朴《致理書》十卷。蘇源《治亂集》三卷，唐末人。張薦《江左寓居錄》，卷亡。張楚金《紳誡》三卷。馮伉《諭蒙》一卷。庾敬休《論善錄》七卷。蕭佚《牧宰政術》二卷。佚，耒陽令。魯人初《公侯政術》十卷。魯人，名初，不著姓，大中人。李知保《儉志》三卷。知保，代宗時信州司倉參軍。王範《續蒙求》三卷。白延翰《唐蒙求》三卷，廣明人。李伉《系蒙》二卷。盧景亮《三足記》二卷。右不著録三十四家八百一十六卷。案，上止八百一十四卷。作一十六者誤。又案，虞世南《帝王略論》五卷，《舊書》入乙部史録雜史類。張大素《說林》二十卷，《舊書》已著録。

氾勝之書二卷　　氾勝之撰。
尹都尉書三卷　　從《新書》增。
四民月令一卷　　崔寔撰。①
齊民要術十卷　　賈勰撰。②
竹譜一卷　　戴凱之撰。
錢譜一卷　　顧烜撰。
禁苑實録一卷
種植法七十七卷　　諸葛穎撰。
兆人本業三卷　　天后撰。
相鶴經一卷　　浮丘公撰。
鷙擊録二十卷　　堯須跋撰。③
鷹經一卷
蠶經一卷
　又二卷　　從《新書》增。
相馬經一卷　　伯樂撰。④
　又三卷⑤

----

① "民"，殿本《新唐志》《舊唐志》皆作"人"。"寔"，殿本《舊唐志》同，殿本《新唐志》作"湜"。
② "民"，殿本《新唐志》同，殿本《舊唐志》作"人"。"賈勰"，殿本《舊唐志》同，殿本《新唐志》作"賈思協"。
③ "跋"，殿本《新唐志》同，殿本《舊唐志》作"跂"。
④ "樂"，殿本《新唐志》同，殿本《舊唐志》作"鑾"。
⑤ "三卷"，殿本《新唐志》同，殿本《舊唐志》作"二卷"。

又二卷　徐成等撰。

又六十卷　諸葛穎等撰。

相牛經一卷　寧戚撰。

相貝經一卷

養魚經一卷　范蠡撰。

右農家二十部，今案，上止十九部。凡一百九十二卷。今案，上止一百八十八卷。從《新書》增二部五卷。

王方慶《園庭草木疏》二十一卷。孫思邈《孫氏千金月令》三卷。李淳風《演齊民要術》，卷亡。李邕金《谷園記》一卷。薛登《四時記》二十卷。裴澄《乘輿月令》十二卷。澄，國子司業，貞元十一年上。王涯《月令圖》一軸。李綽《秦中歲時記》一卷。韋行規《保生月錄一》卷。韓鄂《四時纂要》五卷。《歲華記麗》二卷。右不著錄十一家六十六卷。

鬻子一卷　鬻熊撰。《新書》入道家。

燕丹子三卷　《新書》："一卷。"燕太子撰。

笑林三卷　邯鄲淳撰。

類林三卷　裴子野撰，從《新書》增。

博物志十卷　張華撰。

郭子三卷　郭澄之撰，賈泉注。

世說八卷　劉義慶撰。

續世說十卷　劉孝標撰。

小說十卷　劉義慶撰。

又十卷　殷芸撰。

釋俗語八卷　劉霽撰。①

辨林二十卷　蕭賁撰。

---

① "鬻"，殿本《新唐志》《舊唐志》皆作"齊"。

酒孝經一卷 劉炫定撰。
座右方三卷 庚元威撰。
啓顏録十卷 侯白撰。
雜語五卷 從《新書》增。

右小說家十三部，今案，上凡十四部。**凡九十卷**。今案，上凡一百卷。從《新書》增二部八卷。

李恕《誡子拾遺》四卷。《開元御集誡子書》一卷。王方慶《王氏神通記》十卷。狄仁傑《家範》一卷。《盧公家範》一卷，盧僎撰。蘇瓌《中樞龜鏡》一卷。姚元崇《六誡》一卷。劉孝孫、房德懋《事始》三卷。劉睿《續事始》三卷。元結《猗犴子》一卷。趙自勤《造化權輿》六卷。① 通微子《十物志》一卷。吳筠《兩同書》一卷。李涪《刊誤》二卷。李匡文《資暇》三卷。王叡《炙轂子雜録注解》五卷。蘇鶚《演義》十卷，又《杜陽雜編》三卷。鶚，字德祥，光啓中進士第。《柳氏家學要録》二卷，柳程撰。盧光啓《初舉子》一卷。光啓，字子忠，相昭宗。劉訥言《俳諧集》十五卷。陳翺《卓異記》一卷，憲、穆時人。裴紫芝《續卓異記》一卷。薛用弱《集異記》三卷。用弱，字中勝，長慶光州刺史。李玫《纂異記》一卷，大中時人。李亢《獨異志》十卷。谷神子《博異志》三卷。沈如筠《異物志》三卷，《古異記》一卷。劉餗《傳記》三卷，一作《國史異纂》。牛肅《紀聞》十卷。陳鴻《開元升平源》一卷。鴻，字大亮，貞元主客郎中。張薦《靈怪集》二卷。陸長源《辨疑志》三卷。李繁《説纂》四卷。戴少平《還魂記》一卷。少平，貞元待詔。牛僧孺《玄怪録》十卷。李復言《續玄怪録》五卷。陳翰《異聞集》一卷。翰，唐末屯田員外郎。鄭遂《洽聞記》一卷。鍾簵《前定録》一卷。趙自勤《定命論》十卷。自勤，天寶秘書監。吕道

---

① "勤"，殿本《新唐志》作"勔"。

生《定命録》二卷。大和中,道生增趙自勤之説。温畬《續定命録》一卷。胡璩《譚賓録》十卷。璩,字子温,文、武時人。韋絢《劉公嘉話録》一卷。絢,字文明,秘如子也,① 咸通義武軍節度使。劉公,禹錫也。《戎幕閑談》一卷。趙璘《因話録》六卷。璘,字澤章,大中衢州刺史。袁郊《甘澤謡》一卷。温庭筠《乾𦠆子》三卷,又《採茶録》一卷。段成式《酉陽雜俎》三十卷,《廬陵官下記》二卷。康軿《劇談録》三卷。軿,字駕言,乾符進士第。高彦休《闕史》三卷,《盧子史録》,卷亡,又《逸史》三卷,大中時人。李隱《大唐奇事記》十卷,咸通中人。陳邵《通幽記》一卷。范攄《雲溪友議》三卷。咸通時,自稱五雲溪人。李躍《嵐齋集》二十五卷。尉遲樞《南楚新聞》三卷,竝唐末人。張固《幽閒鼓吹》一卷。柳珵《常侍言旨》一卷。《盧氏雜説》一卷。《桂苑叢譚》一卷,馮翊子子休。《樹萱録》一卷。《會昌解頤》四卷。《松窗録》一卷。《芝田録》一卷。《玉泉子見聞真録》五卷。張讀《宣室志》十卷。柳祥《瀟湘録》十卷。皇甫松《醉鄉日月》三卷。何自然《笑林》三卷。焦璐《窮神秘苑》十卷。裴鉶《傳奇》三卷,高駢從事。劉軻《牛羊日曆》一卷,牛僧孺、楊虞卿事,檀欒子、皇甫松序。《補江總白猿傳》一卷。郭良輔《武孝經》一卷。陸羽《茶經》三卷。張又新《煎茶水記》一卷。封演《續錢譜》一卷。右不著録七十八家三百二十七卷。案,上三百二十一卷,作二十七者誤。又案,《事始》三卷,《舊書》已著録。

周髀一卷 趙嬰注。
又一卷 甄鸞注。

---

① "秘如",殿本《新唐志》作"執誼"。

又二卷　李淳風釋。《新書》又見曆算類。

靈憲圖一卷　張衡撰。

渾天儀一卷　張衡撰。

渾天象注一卷　王蕃撰。

昕天論一卷　姚信撰。

石氏星經簿贊一卷　石申甫撰。

安天論一卷　虞喜撰。

甘氏四七法一卷　甘德撰。

論二十八宿度數一卷

荊州星占二卷　劉表撰。

又二十卷　劉叡撰。

天文集占七卷　陳卓撰。

四方星占一卷　陳卓撰。

五星占二卷　《新書》："一卷。"陳卓撰。

天文集占三卷

天文要集四十卷　韓楊撰，從《新書》增。

天文錄三十卷　祖暅之撰。

天文橫圖一卷　高文洪撰。

天文雜占一卷　吳雲撰。

星占三十三卷　孫僧化撰。

十二次二十八宿星占十二卷　史崇撰。

乙巳占十卷　《新書》："十二卷。"李淳風撰。

靈臺秘苑一百二十卷　庾季才撰。

玄機內事七卷　逢行珪撰。

五星兵法一卷　已下從《新書》增。

黃道略星占一卷

孝經內記星圖一卷

周易分野星圖一卷

右天文二十六部，今案，上止二十五部。凡二百六十卷。今案，上凡二百六十一卷。從《新書》增五部四十四卷。

李淳風《天文占》一卷，《大象元文》一卷，《乾坤秘奧》七卷，《法象志》七卷。《太白會運逆兆通代記圖》一卷，淳風與袁天綱集。《武密古今通占鏡》三十卷。《大唐開元占經》一百一十卷，瞿曇悉達集。董和《通乾論》十五卷。和，本名純，避憲宗名改，善曆算。裴冑爲荊南節度使，館之，著是書云。《長慶算五星所在宿度圖》一卷，司天少監徐昇撰。黃冠子李播《天文大象賦》一卷，①李台集解。王希明《丹元子步天歌》一卷。右不著錄六家一百七十五卷。

三統曆一卷　劉歆撰。

乾象曆三卷　闞澤撰，闞洋注。②

魏景初曆三卷　《新書》："二卷。"楊偉撰。③

四分曆一卷

推漢書律曆志術一卷　從《新書》增。

乾象曆術三卷　劉洪撰，闞澤注。④

乾象曆三卷　《新書》無，疑即上闞澤撰之三卷重出。

宋元嘉曆二卷　何承天撰。

梁大同曆一卷　虞劇撰。

後魏永安曆一卷　孫僧化撰。

後魏武定曆一卷

---

① "李"上，原衍一"子"字，據殿本《新唐志》刪。
② "闞澤撰闞洋注"，殿本《舊唐志》"闞洋"作"閔洋"，殿本《新唐志》不著撰人。
③ "楊偉"，殿本《新唐志》同，殿本《舊唐志》作"楊偉"。
④ 殿本《舊唐志》無"闞澤注"三字。

後魏甲子曆一卷　李業興撰，從《新書》增。

北齊天保曆一卷　宋景業撰。

周天象曆二卷　王琛撰。

周甲寅元曆一卷　馬顯撰，從《新書》增。

隋開皇曆一卷　劉孝孫撰。

又一卷　李德林撰。

隋大業曆一卷　張胄玄撰。

皇極曆一卷　劉焯撰。

又一卷　李淳風撰。

河西壬辰元曆一卷　趙䣋撰。

河西甲寅元曆一卷　李淳風撰。

周甲子元曆一卷

北齊甲子曆一卷①

大唐戊寅曆一卷　《新書》："傅仁均撰。"

大唐麟德曆一卷②

麟德出生記十卷　從《新書》增。

大唐光宅曆草十卷③　《新書》："南宮説撰。"

大唐甲子元辰曆一卷　瞿曇撰。④

陳七曜曆五卷　吳伯善撰。

七曜本起曆二卷　《新書》："五卷。"甄鸞撰。

七曜曆算二卷　甄鸞撰。

七曜雜術二卷　劉孝孫撰。

七曜曆疏三卷　張胄玄撰。

---

① "北齊甲子曆"，殿本《舊唐志》無"北"字，殿本《新唐志》"甲子"下有"元"字。
② "大唐"，殿本《舊唐志》同，殿本《新唐志》無"大"字。
③ "大唐"，殿本《舊唐志》同，殿本《新唐志》無此二字。
④ "瞿曇"，殿本《舊唐志》同，殿本《新唐志》作"瞿曇謙"。

曆疏 《新書》:"律曆術。"**一卷** 崔浩撰。
正曆四卷 劉智撰,薛夏訓,從《新書》增。
曆術一卷 甄鸞撰。
　又一卷 姜氏撰,從《新書》增。
曆日義統一卷 從《新書》增。
曆日吉凶注一卷 從《新書》增。
元曆術一卷 張胄玄撰。
刻漏經①**一卷** 何承天撰。
　又一卷 朱史撰。
　又一卷 宋景撰。
大唐刻漏經一卷
九章算經一卷② 《新書》:"九卷",誤。徐岳撰。
　又九卷 甄鸞撰。
九章重差一卷 劉向撰。
九章重差圖一卷 劉徽撰。
九章雜算文二卷 劉祜撰。③
九章術疏九卷 宋泉之撰。
九章算術九卷 李淳風注,從《新書》增。
九章算經要略一卷 李淳風注,從《新書》增。
五曹算經五卷 甄鸞撰。
　又二卷 李淳風注,從《新書》增。
　又三卷 《新書》:"五卷。"韓延撰。④

---

① 《唐書合鈔補正》云:"本作'漏刻經'。"
② "經",殿本《舊唐志》同,殿本《新唐志》作"術"。
③ "祜",殿本《舊唐志》《新唐志》皆作"祐"。
④ 殿本《舊唐志》無韓延《五曹算經》,曆算類著錄甄鸞《五曹算經》五卷,後又著錄甄氏《五曹算經》三卷。殿本《新唐志》則著錄韓延《五曹算經》五卷,甄鸞五卷,無三卷者。

孫子算經三卷　甄鸞注。《新書》：李淳風注。

五曹孫子等算經二十卷　李淳風注，從《新書》增。

海島算經一卷　劉徽撰。①

又一卷　李淳風注，從《新書》增。

張邱丘建算經一卷　甄鸞注。

又三卷　李淳風注，從《新書》增。

夏侯陽算經三卷　《新書》："一卷。"甄鸞注。

又一卷　韓延注，從《新書》增。

數術記遺一卷　徐岳撰，甄鸞注。

三等數一卷　董泉撰，甄鸞注。

算經要用百法一卷　徐岳撰。

綴術五卷　祖沖之撰，李淳風注。

七經算術通義七卷　陰景愉撰。

器準三卷　信都芳撰，從《新書》增。

黃鍾算法四十卷　從《新書》增。

緝古算術四卷　王孝通撰，李淳風注。

算經表序一卷

右曆算五十八部，今案，上止五十六部。凡一百六十七卷。今案，上止一百二十四卷。從《新書》增十七部一百卷。

王勃《千歲曆》，卷亡。謝察《微算經》三卷。江本《一位算法》二卷。陳從運《得一算經》七卷。魯靖《新集五曹時要術》三卷。邢和璞《穎陽書》三卷。②　和璞隱潁陽石堂山。僧一行《開元大衍曆》一卷，又《曆議》十卷，《曆立成》十二卷，《曆草》二十四卷，《七政長曆》三卷。《心機算術括》一卷，黃栖巖注。《寶應五紀曆》四十卷。《建中正元曆》二十八卷。曹士蒍《七

---

① "劉徽"，殿本《新唐志》同，殿本《舊唐志》作"劉徵"。

② "穎陽"，殿本《新唐志》作"潁陽"。

曜符天曆》二卷,建中時人。《七曜符天人元曆》三卷。龍受《算法》二卷,貞元時人。《長慶宣明曆》三十四卷。《長慶宣明曆要略》一卷。《宣明曆超捷例要略》一卷。邊岡《景福崇玄曆》四十卷。岡稱處士。《大衍通元鑒新曆》二卷,貞元至大中止。《大唐長曆》一卷。《都利聿斯經》二卷。貞元中,都利術士李彌乾傳自西天竺,有璩公者譯其文。陳輔《聿斯四門經》一卷。右不著錄十九家二百二十六卷。

黃帝問玄女法三卷　　《新書》:"二卷。"①
黃帝用兵法訣一卷　　從《新書》增。
黃帝兵法孤虛雜記一卷　　從《新書》增。
黃帝太一兵曆一卷　　從《新書》增。
太公陰謀三卷
太公金匱二卷
太公六韜六卷
當敵一卷　　從《新書》增。
司馬法三卷　　田穰苴撰。
周書陰符六卷　　從《新書》增。
周呂書一卷　　從《新書》增。
孫子兵法十三卷　　《新書》:"三卷。"孫武撰,魏武帝注。
　又二卷　　孟氏解。
　又二卷　　沈友注。
續孫子兵法二卷　　魏武帝撰,從《新書》增。
黃石公三略三卷
三略訓三卷　　《新書》:"成氏撰。"

---

① "二卷",殿本《新唐志》亦作"三卷"。

張良經一卷　張良撰。

雜　《新書》作"新"。　兵法二十四卷

兵書捷要七卷①　魏武帝撰。

兵書要略十卷②　魏文帝撰。

兵法要略一卷　宋高祖撰，從《新書》增。

兵記十二卷　司馬彪撰。

兵林六卷　孔衍撰。

兵法一卷　梁武帝撰，從《新書》增。

玉韜十卷　梁元帝撰。

真人水鏡十卷　陶弘景撰。

握鏡一卷　《新書》："三卷。"陶弘景撰。

王略武林一卷　從《新書》增。

兵書要略十卷　宇文憲撰。

太一兵法一卷

太公陰謀三十六用一卷

伍子胥兵法一卷

吳子兵法一卷　吳起撰，賈詡注，從《新書》增。

吳孫子三十二壘經一卷

玉帳經一卷

黃石公陰謀乘斗魁岡行軍秘一卷③

兵法雲氣推占一卷　從《新書》增。

兵法孤虛月時秘要法一卷　葛洪撰。從《新書》增。

武德圖五兵八陣法要一卷

三陰圖一卷

---

① "兵書"，殿本《新唐志》同，殿本《舊唐志》作"兵法"。

② "兵書"，殿本《新唐志》同，殿本《舊唐志》作"兵法"。

③ "岡"，殿本《新唐志》《舊唐志》皆作"剛"。

黄帝太公三宮法要訣一卷

張氏七篇七卷　張良撰。

承神兵書八卷

兵機十五卷

兵書要略十卷

新授　《新書》作"撰"。兵書三十卷　隋高祖撰。

六軍鏡三卷　李靖撰。

用兵撮要二卷

用兵要術一卷　從《新書》增。

兵法要訣一卷　從《新書》增。

獸鬭亭亭一卷　從《新書》增。

兵春秋一卷

許子新書軍勝十卷

金海四十七卷　蕭吉撰。

王佐秘書五卷[①]　樂產撰。

金韜十卷　劉祐撰。

懸鏡十卷　李淳風撰。

龍武玄兵圖二卷　解忠鯉撰。

臨戎孝經二卷　員半千撰。

右兵書四十五部，今案，上止四十四部。凡二百八十九卷，今案，上凡三百二卷。從《新書》增十六部二十五卷。

李筌注《孫子》二卷，又《太白陰經》十卷，《青囊括》一卷。杜牧注《孫子》三卷。陳皞注《孫子》一卷。賈林注《孫子》一卷。孫鎬注《吳子》一卷。裴行儉《安置軍營行陣等四十六訣》一卷。李嶠《軍謀前鑒》十卷。郭元振《定遠安邊策》三卷。吳兢《兵家正史》九卷。李處祐《兵法》，卷亡。處祐，開元中左

[①] "書"，殿本《新唐志》同，殿本《舊唐志》作"珠"。

衛中郎將，奉詔撰。鄭虔《天寶軍防錄》，卷亡。劉秩《止戈記》七卷，《至德新議》十二卷。董承祖《至德元寶玉函經》十卷。李光弼《統軍靈轄秘策》一卷，一作《武記》。裴守一《軍誡》三卷。裴緒《裴子新令》二卷。韓滉《天事序議》一卷。韋皋《開復西南夷事狀》十七卷。范傳正《西陲要略》三卷。王公亮《兵書》十八卷。公亮，商州刺史，長慶元年上。《行師要類》七卷。燕僧利正《長慶人事軍律》三卷。李渤《禦戎新錄》二十卷。李德裕《西南備邊錄》十三卷。杜希全《新集兵書要訣》三卷。張道古《兵論》一卷。道古，字子美，景福進士第。右不著錄二十五家，一百六十三卷。

焦氏周易林十六卷　　焦贛撰。

沈思經一卷　　史蘇撰，從《新書》增。

京氏周易四時候二卷　　京房撰。

京氏周易飛候六卷　　京房撰。

京氏周易混沌四卷　　京房撰。

京氏周易錯卦八卷　　京房撰。

費氏周易林二卷　　費直撰。

崔氏周易林十六卷　　《新書》："崔篆撰。"

許氏周易雜占七卷　　許峻撰。

周易參同契二卷　　魏伯陽撰。

周易五相類一卷　　魏伯陽撰。

周易林四卷　　管輅撰。

周易雜占八卷　　尚廣撰。

徐氏周易筮占二十四卷　　徐苗撰。

周易立成占六卷

武氏周易雜占八卷

周易集林十二卷　伏曼容撰。①
　又一卷　伏氏撰。
周易集林律曆一卷　虞翻撰，從《新書》增。
連山三十卷　梁元帝撰。
易林十四卷
新易林占三卷　杜氏撰。
周易雜占筮決文二卷　梁運撰。
周易新林一卷
周易林七卷　張滿撰。
易律曆一卷
周易服藥法一卷
周易洞林解三卷　郭璞撰。
洞林三卷　梁元帝撰。
易三備三卷
　又一卷　《新書》："三卷。"
易髓一卷
周易問十卷
周易雜圖序一卷
周易八卦斗內圖一卷
　又三卷
周易內卦神筮法二卷
周易雜筮占四卷
老子神符易一卷　自《周易問》以下從《新書》增。
易腦一卷　郭氏撰。
孝經元辰二卷

---

①　"伏曼容"，殿本《新唐志》同，殿本《舊唐志》無"容"字。

推元辰厄命一卷

元辰章三卷

元辰一卷　從《新書》增。

雜元辰錄命二卷　從《新書》增。

澁河錄命二卷　從《新書》增。

六甲周　《新書》作"開"。天曆一卷①　孫僧化撰。

風角要候一卷　翼奉撰。

風角六情訣一卷　王琛撰。

風角十卷

風角鳥情二卷　劉孝恭撰。

鳥情占一卷　《新書》無，疑即《鳥情逆占》。②

鳥情逆占一卷　管輅撰。

九宫經解二卷　《新書》："三卷。"

九宫行碁經三卷　鄭玄注。

九宫行碁立成一卷　王琛撰。

逆剌三卷　京房撰。

費氏周易逆剌占災異十二卷　費直撰，從《新書》增。

婚嫁書二卷

推産婦何時産法一卷　王琛撰。

産圖一卷　崔知悌撰。

登壇經一卷

太一大游曆二卷

大游太一曆一卷

曜靈經一卷

七政曆一卷

---

① "一卷"，殿本《舊唐志》同，殿本《新唐志》作"二卷"。

② 殿本《舊唐志》有"鳥情占一卷"。

六壬曆一卷
六壬擇非經六卷　從《新書》增。
靈寶登圖一卷
光明符十二卷　梁王榮撰，從《新書》增。
推二十四氣曆一卷
太一曆一卷
式經一卷　宋琨撰。①
曹氏黃帝式經三十六用一卷
玄女式經一卷
董氏大龍首式經一卷
桓公式經一卷
六壬式經雜占九卷
雷公式經一卷
太一式經二卷
太一式經雜占十卷
黃帝式用常陽經一卷
黃帝龍首經二卷
黃帝集靈三卷
黃帝降國一卷
黃帝斗曆一卷　自《曹氏黃帝式經》以下，從《新書》增。
九旗飛變一卷　鄭玄撰，李淳風注。
太史公萬歲曆一卷　司馬談撰。
萬歲曆祠二卷
千歲曆祠二卷　任氏撰。
舉百事要略一卷　從《新書》增。

---

① "琨"，殿本《新唐志》同，殿本《舊唐志》作"珖"。

黃帝飛鳥曆一卷　　張衡撰。

太一飛鳥曆一卷①

太一九宮雜占十卷　　從《新書》增。

九宮經三卷　　從《新書》增。

堪輿曆注二卷

黃帝四序堪輿二卷　　《新書》："一卷。"殷紹撰。

地節堪輿二卷　　從《新書》增。

遁甲經一卷　　《新書》："十卷。"

　又二卷　　信都芳撰，從《新書》增。

遁甲文一卷　　伍子胥撰。

遁甲囊中經一卷

三元遁甲圖三卷　　葛洪撰。

三元遁甲六卷　　許昉撰，從《新書》增。

　又一卷　　杜仲撰，從《新書》增。

遁甲萬一訣三卷

遁甲　　《新書》："三元遁甲。"立成圖二卷

遁甲立成法三卷

遁甲九宮八門圖一卷

遁甲開山圖一卷　　王琛撰。

　又二卷　　榮氏撰。

遁甲推要一卷　　自此至《遁甲三元九甲立成》，從《新書》增。

遁甲秘要一卷

遁甲九星曆一卷

遁甲三奇三卷

陽遁甲九卷

----

① "太一"，殿本《新唐志》同，殿本《舊唐志》作"太乙"。

陰遁甲九卷
遁甲三元九甲立成一卷
白澤圖一卷
武王須臾二卷
師曠占書一卷
東方朔占書一卷
范子問計然十五卷　范蠡問，計然答，《新書》入農家。
淮南王萬畢術一卷　劉安撰。
神樞靈轄十卷　樂產撰。
祿命書二十卷　劉孝恭撰。
　又二卷　王琛撰。
五行記五卷　蕭吉撰。
五姓宅經二卷　《新書》："二十卷。"蕭吉撰。
陰陽書五十卷　《新書》："五十三卷。"呂才撰。
廣濟陰陽百忌曆一卷　呂才撰，從《新書》增。
青烏子三卷
葬經八卷
　又十卷
　又二卷　蕭吉撰。
葬書地脈經一卷
墓書五陰一卷
雜墓圖一卷
墓圖立成一卷
六甲冢名雜忌要訣二卷
五姓墓圖要訣五卷　郭氏撰。①

----

① "郭氏"，殿本《新唐志》同，殿本《舊唐志》作"孫氏"。

壇中伏尸一卷

新撰陰陽書三十卷　　王璨撰。①

玄女彈五音法相冢經一卷　　胡君撰。

大唐地理經十卷　　呂才撰,貞觀中上,從《新書》增。

龜經三卷　　柳彥詢撰。

　　又一卷　　劉寶真撰。

　　又一卷　　王弘禮撰。

　　又一卷　　莊道名撰。

　　又一卷　　孫思邈撰。

　　又三卷　　柳世隆撰。已下三部從《新書》增。

五兆算經一卷

龜上五兆動搖經訣一卷

百怪書一卷

祠竈經一卷

解文一卷

占夢書二卷

　　又三卷　　周宣撰。

玄悟經三卷　　李淳風撰。

福祿論三卷　　已下從《新書》增。

四民福祿論三卷　　李淳風撰。

太一元鑒五卷　　李淳風撰。

占燈經一卷　　李淳風撰。

三元經一卷

太一樞會賦一卷　　玄宗注。

---

①　"王璨",殿本《新唐志》同,殿本《舊唐志》作"王粲"。

右五行一百一十三部，今案，上止一百一十二部。**凡四百八十五卷**。今案，上止四百五十九卷。從《新書》增五十二部一百六十七卷。

袁天綱《相書》七卷，《要訣》三卷。陳恭釗《天寶曆》二卷。天寶中詔定。趙同珍《壇經》一卷。黎幹蓬《瀛書》三卷。賈耽《唐七聖曆》一卷。李遠《龍紀聖異曆》一卷。竇維鋈《廣古今五行記》三十卷。濮陽夏樵子《五行志》五卷。《祿命人元經》三卷。楊龍光《推計祿命厄運詩》一卷。王希明《太一金鏡式經》十卷，開元中詔撰。僧一行《天一太一經》一卷，又《遁甲十八局》一卷，《太一局遁甲經》一卷，《五音地理經》十五卷，《六壬明鏡連珠歌》一卷，《六壬髓經》三卷。馬先《天寶太一靈應式記》五卷。李鼎祚《連珠明鏡式經》十卷，開耀中上之。蕭君靖《遁甲圖》，卷亡。君靖，開元僕寺主簿，奉詔撰。司馬驥《遁甲符寶萬歲經國曆》一卷，驥與弟裕同撰。曹士蔿《金匱經》三卷。馬雄《絳囊經》一卷，雄稱居士。李靖《玉帳經》一卷。李筌《六壬大玉帳歌》十卷。王叔政《推太歲行年吉凶厄》一卷。由吾公裕《葬經》三卷。孫季邕《葬範》三卷。盧重元《夢書》四卷，開元時人。柳粲《夢雋》一卷。右不著錄二十五家一百三十二卷。

投壺經一卷 郝冲、虞譚法撰。
大小博法二卷
皇博經一卷 魏文帝撰。
大博經行碁戲法二卷
小博經一卷 鮑宏撰。
博塞經一卷 鮑宏撰。
雜博戲五卷 從《新書》增。
二儀簿經一卷 隋煬帝撰。

大博經二卷 　吕才撰,《新書》人不著錄。
碁勢六卷
碁品五卷 　范汪等注。
圍碁後九品序錄一卷
竹苑仙碁圖一卷
碁評一卷 　梁武帝撰。
象經一卷 　周武帝撰。
　又一卷 　何妥撰。
　又一卷 　王褒撰,從《新書》增。
　又一卷 　王裕撰。
今古術藝十五卷
名手畫錄一卷 　又見乙部史錄目錄類。已下從《新書》增。
畫後品一卷 　李嗣真撰。
禮圖等雜畫五十六卷
漢賢王圖 　漢王元昌畫。
文成公主降蕃圖 　閻立德畫。
玉華宫圖 　閻立德畫。
鬭雞圖 　閻立德畫。
秦府十八學士圖 　閻立本畫。
凌煙閣功臣二十四人圖 　閻立本畫。
風俗圖 　范長壽畫。
醉道士圖 　范長壽畫。
本草訓戒圖 　王定畫。定,貞觀尚方令。
游春戲藝圖 　檀智敏畫。智敏,振武校尉。
皇朝九聖圖 　殷敳、韋无忝畫。
高祖及諸王圖
輦上圖 　太宗自定。

開元十八學士圖　開元時人畫。

輦車圖　董萼畫,字重照,開元時人。

高宗太宗諸子圖　曹元廓畫。元廓,武后左尚方令。

後周北齊梁陳隋武德貞觀永徽等朝臣圖　曹元廓畫。

秦府學士圖　曹元廓撰。

凌煙圖　曹元廓畫。

望賢宮圖　楊昇畫。昇,開元館畫直。

安祿山真　楊昇畫。

伎女圖　張萱畫。萱,開元館畫直。

乳母將嬰兒圖　張萱畫。

按羯鼓圖　張萱畫。

鞦韆圖　張萱畫。

武惠妃舞圖　談皎畫。

佳麗寒食圖　談皎畫。

佳麗伎樂圖　談皎畫。

龍朔功臣圖　韓幹畫。幹,大梁人,太府寺丞。

姚宋及安祿山圖　韓幹畫。

相馬圖　韓幹畫。

玄宗試馬圖　韓幹畫。

寧王調馬打毬圖　韓幹畫。

安祿山圖　陳宏畫。宏,永王府長史。

玄宗馬射圖　陳宏畫。

上黨十九瑞圖　陳宏畫。

鹵簿圖　王象畫。

洪厓子橘术圖　田琦畫。琦,德平子,汝南太守。

內庫瑞錦對雉鬭羊翔鳳游麟圖　竇師綸畫。師綸,字希言,太宗秦王府諮議相國錄事參軍,封陵陽公。

天竺胡僧渡水放牧圖　韋鷗畫。鷗,鑾子。

撲蝶、按筝、楊真人降真、五星等圖各一卷① 　周昉畫。昉，字景元。

右雜藝術一十八部，今案，上止一十七部。凡四十四卷。今案，上止四十三卷。從《新書》增四部八卷，圖畫一百一卷。

張彥遠《歷代名畫記》十卷。姚最《續畫品》一卷。裴孝源《畫品錄》一卷。孝源官中書舍人，記貞觀、顯慶年事。顧況《畫評》一卷。朱景玄《唐畫斷》三卷，會昌時人。竇蒙《畫拾遺》，卷亡。吳恬《畫山水錄》，卷亡。恬，一名玠，字建康，青州人。王琚《射經》一卷。張守忠《射記》一卷。任權《弓箭論》一卷。上官儀《投壺經》一卷。王積薪《金谷園九局圖》一卷。積薪，開元待詔。韋珽《碁圖》一卷。呂才《大博經》二卷。董叔經《博經》一卷，貞元中上。李郃《骰子選格》三卷。郃，字仲玄，賀州刺史。右不著錄一十六家一百一十七卷，案，上止二十八卷，作一百一十七者誤。又案，呂才《大博經》，《舊書》已著錄。

皇覽一百二十二卷　何承天并合。②

又八十四卷　徐爰并合。

類苑一百二十卷　劉孝標撰。

壽光書苑二百卷　劉香撰。

華林編略六百卷　徐勉撰。

脩文殿御覽三百六十卷　祖孝徵等撰。

長洲玉鏡一百《新書》：＂二百。＂三十八卷　虞綽等撰。

藝文類聚一百卷　《新書》：＂歐陽詢、令狐德棻、袁朗、趙弘智等同修。＂

北堂書鈔一百七十三卷　虞世南撰。

要錄六十卷

① ＂圖＂上，原衍＂星等＂二字，據殿本《新唐志》刪。
② ＂并合＂，殿本《新唐志》同，殿本《舊唐志》作＂撰＂。

書圖泉海七十卷　張氏撰。
檢事書一百六十卷
帝王要覽二十卷
玉藻瓊林一百卷　孟利貞撰。
玄覽一百卷　天后撰。
累璧四百卷　《新書》："又《目録》四卷。"許敬宗撰。
碧玉芳林四百五十卷　孟利貞撰。
策府五百八十二卷　張大素撰。
玄門寶海一百二十卷　諸葛穎撰。
文思博要并目一千二百一十二卷　《新書》："右僕射高士廉、左僕射房玄齡、特進魏徵、中書令楊師道、兼中書侍郎岑文本、禮部侍郎顏相時、國子司業朱子奢、博士劉伯莊、太學博士馬嘉運、給事中許敬宗、司文郎中崔行功、太常博士吕才、秘書丞李淳風、起居郎褚遂良、晋王友姚思廉、太子舍人司馬宅相等奉詔撰，貞觀十五年上。"
瑶山玉彩五百卷　孝敬皇帝令太子少師許敬宗、司議郎孟利貞、崇賢館學士郭瑜、顧胤、右史董思恭等撰。從《新書》增。
三教珠英并目一千三百一十三卷　張昌宗、李嶠、崔湜、閻朝隱、徐彦伯、張説、沈佺期、宋之問、富嘉謨、喬品、員半千、薛曜等撰。開成初改爲《海内珠英》，武后所改，字並復舊。
右類事二十二部，今案，上止二十一部。凡七千八十四卷，今案，上止六千四百八十四卷。從《新書》增一部五百卷。
王義方《筆海》十卷。《玄宗事類》一百三十卷，又《初學記》三十卷。張説類集要事以教諸王，徐堅、韋述、余欽、施敬本、張烜、李鋭、孫季良等分撰。是光又《十九部書語類》十卷。開元末，自秘書省正字上，授集賢院修撰，後賜姓齊。劉秩《政典》三十五卷。杜佑《通典》二百卷。蘇冕《會要》四十卷。《續會要》四十卷，楊紹復、裴德融、崔瑑、薛逢、鄭言、周膚敏、薛延望、于珪、于球等撰，崔鉉監修。陸贄《備舉文言》二十卷。劉綺莊《集類》一百卷。高丘《詞集類略》三十卷。陸羽

《警年》十卷。張仲素《詞圃》十卷。仲素,字繪之,元和翰林學士、中書舍人。元稹《元氏類集》三百卷。白居易《白氏經史事類》三十卷,一名《六帖》。王洛賓《王氏千門》四十卷。于立政《類林》十卷。郭道規《事鑒》五十卷。馬幼昌《穿楊集》四卷,判目。盛均《十三家帖》,卷亡。均,字之材,泉州南安人,終昭州刺史,以《白氏六帖》未備而廣之。竇蒙《青囊書》十卷。蒙,國子司業。韋稔《瀛類》十卷,《應用類對》十卷。高測《韻對》十卷。溫庭筠《學海》三十卷。王博古《修文海》十七卷。李途《記室新書》三十卷。孫翰《錦綉谷》五卷。張楚金《翰苑》七卷。皮氏《鹿門家鈔》九十卷。皮日休,字襲美,咸通太常博士。劉揚《名戚苑纂要》十卷。《戚苑英華》十卷,袁說重修。右不著錄三十一家一千三百二十八卷。案,《戚苑纂要》十卷,《舊書》入雜家類。

黃帝三部針經十三卷　皇甫謐注。
黃帝八十一難經一卷　秦越人撰。
赤烏神針經一卷　張子存撰。
黃帝明堂經三卷
黃帝針灸經十二卷
明堂圖三卷　秦承祖撰。
龍銜素針經并孔穴蝦蟇圖三卷
鍼灸要鈔一卷　徐叔嚮撰,從《新書》增。
明堂孔穴五卷　從《新書》增。
黃帝素問八卷　《新書》:"九卷。"全起元注。①
　又二十四卷　《釋文》一卷。王冰注。冰,號啓元子。從《新書》增。
黃帝內經明堂十三卷

---

① "全起元",殿本《新唐志》作"全元起"。

黄帝雜注針經一卷

黄帝十二經脈明堂五藏圖一卷

黄帝十二經明堂偃側人圖十二卷　《新書》："曹氏撰。"

黄帝針經十卷

黄帝明堂三卷

黄帝九靈經十二卷　靈寶注。

黄帝甲乙經十二卷　從《新書》增。

黄帝流注脈經一卷　從《新書》增。

玉匱針經十二卷

黄帝内經太素三十卷　楊上善注。

黄帝明堂經三卷　楊玄孫注。《新書》無"孫"字。

三部四時五藏辨候診色脈經一卷

黄帝内經明堂類成十三卷　楊上善注。

灸經一卷　《新書》："岐伯撰。"

　又一卷　雷氏撰，從《新書》增。

鈴和子十卷　賈和光撰。

脈經訣三卷　徐氏撰。

脈經二卷

　又十卷　從《新書》增。

　又二卷　王子顒撰，從《新書》增。

五藏訣一卷

五藏論一卷

右明堂經脈二十六部，凡一百七十三卷。從《新書》增八部五十七卷。甄權《脈經》一卷，《鍼經鈔》三卷，《鍼方》一卷，《明堂人形圖》一卷。米遂《明堂論》二卷。右不著録二家凡七卷。

神農本草三卷

又四卷　雷公集撰，從《新書》增。
桐君藥録三卷
雷公藥對二卷　《新書》："徐之才撰。"
藥類二卷
本草用藥要妙二卷　《新書》："九卷。"
本草病源合藥節度五卷
本草要術三卷
本草藥性三卷　甄立言撰。
療癰疽耳眼本草要妙五卷
芝草圖一卷
種芝經九卷
李氏本草三卷
吳氏本草因六卷　吳普撰。
藥目要用二卷
名醫別錄三卷
靈秀本草圖六卷　原平仲撰。
本草集注七卷　陶弘景撰。
四時採取諸藥及合和四卷
諸藥異名十卷　釋行智撰。
本草二十卷
目錄一卷
藥圖二十卷
圖經七卷　顯慶四年英國公李勣、太尉長孫无忌、兼侍中辛茂、將太子賓客弘文館學士許敬宗、禮部郎中兼太子洗馬弘文館大學士孔志約、尚藥奉御許孝崇、胡子家、蔣季璋、尚藥局直長蔺復珪、許弘直、侍御醫蔣孝瑜、太子藥藏監蔣孝瑜、吳嗣宗、丞蔣義方、太醫令蔣季琬、許弘、丞蔣茂昌、太常丞呂才、賈文通、太史令李淳風、潞王府參軍吳師哲、禮部主事顏仁楚、右監門府長史蘇敬等撰。從《新書》增。
本草圖經七卷　蘇敬撰。

新修本草二十一卷　蘇敬撰。
新修本草圖二十六卷　蘇敬撰。①
本草音三卷　蘇敬撰。
本草音義二卷　殷子嚴撰。
　又七卷　甄立言撰，一作"甄權"，從《新書》增。
　又二十卷　孔志約撰，從《新書》增。
太清神丹中經三卷
太清神仙服食經五卷
　又五卷②　抱朴子撰。
太清璿璣文七卷　沖和子撰。
金匱仙藥錄三卷　京里先生撰。
神仙服食經十二卷　京里先生撰。
太清諸丹藥要錄四卷③
神仙藥食經一卷
神仙服食方十卷
神仙服食藥方十卷
服玉法并禁忌一卷
太清諸草木方集要三卷
太清玉石丹藥要集三卷　陶弘景撰。
太一鐵胤神丹方三卷　蘇游撰。
彭祖養性經一卷　從《新書》增。
養生要集十卷　張湛撰，又見道家類。
補養方三卷　孟詵撰。

---

① "二十六卷"，殿本《新唐志》同，殿本《舊唐志》作"一十六卷"。"蘇敬撰"，殿本《新唐志》同，殿本《舊唐志》"蘇敬"下有"等"字。
② "五卷"，殿本《新唐志》同，殿本《舊唐志》作"一卷"。
③ "太清諸丹藥要錄"，殿本《新唐志》同，殿本《舊唐志》作"太清諸丹要錄集"。

食療本草三卷　孟詵撰，從《新書》增。
諸病源候論五十卷　吳景撰。
巢氏諸病源候論五十卷　巢元方撰，從《新書》增。
四海類聚單方十六卷　隋煬帝撰。
大官食法一卷
大官食方十九卷
四時御食經一卷　從《新書》增。
食經九卷　崔浩撰。
　又十卷　《新書》："竺暄撰。"
　又四卷　竺暄撰。
四時食法一卷　趙氏撰。
淮南王食經一百二十　《新書》："三十。"卷　諸葛穎撰。
淮南王食目十卷　諸葛穎撰。①
淮南王食經音十三卷　諸葛穎撰。
食經三卷　盧仁宗撰。
張仲景藥方十五卷　王叔和撰。
傷寒卒病論十卷　王叔和撰，從《新書》增。
華氏藥方十卷　華佗方，吳普集。
肘後救卒方四卷　《新書》："六卷。"葛洪撰。
補肘後救卒備急方六卷　陶弘景撰。
阮氏河南方十六卷②　阮炳撰。
　又十七卷　從《新書》增。疑即上十六卷重出。③
雜藥方一百七十卷　范注，方尹穆纂。④

---

① 殿本《舊唐志》不著撰人。
② "阮氏"，殿本《舊唐志》《新唐志》皆無"氏"字。
③ "即"，原為空格，據吳本補。
④ "范注"，殿本《舊唐志》作"范汪"。殿本《新唐志》于"尹穆纂范東陽雜藥方一百七十卷"後有小注"范注"二字。

胡居士方三卷　　胡洽撰。

劉涓子男方十卷　　龔慶宣撰。

療癰疽金瘡要方十四卷　　甘濬之撰。

雜療方二十卷　　徐叔嚮撰。①

體療雜病方六卷　　徐叔嚮撰。

脚弱方八卷　　徐叔嚮撰。

藥方十七卷　　《新書》："四十卷。"秦承祖撰。

療癰疽金瘡要方十二卷　　甘伯齊撰。

雜藥方十二卷　　褚澄撰。

　又十卷　　陳山提撰。

　又六卷

坐右方十卷　　梁武帝撰，從《新書》增。

如意方十卷　　從《新書》增。

效驗方十卷　　陶弘景撰。

百病膏方十卷

雜湯方八卷

療目方五卷

雜丸方一卷

調氣方一卷　　釋鸞撰。

黃素方十五卷　　《新書》："二十五卷。"謝泰撰。

雜湯丸散方五十七卷　　孝思撰。②

僧深集方三十卷　　釋僧深撰。

删繁方十二卷　　謝士太撰。③

千金方三卷　　范世英撰，從《新書》增。

---

①　"徐叔嚮"，殿本《新唐志》同，殿本《舊唐志》作"徐叔和"。下同。

②　"思"，殿本《新唐志》同，殿本《舊唐志》作"燕"。

③　"太"，殿本《新唐志》同，殿本《舊唐志》作"文"。

徐王八代效驗方十卷　徐之才撰。
徐氏落年方三卷　徐嗣伯撰。
雜病論一卷　徐嗣伯撰。
徐氏家秘方二卷　《新書》："三卷。"徐之才撰。
集驗方十卷　姚僧垣撰。
小品方十二卷　陳延之撰。
經心方八卷　《新書》："十卷。"宋俠撰。
名醫集驗方三卷
古今錄驗方五十卷　甄權撰。
崔氏纂要方十卷　崔知悌撰。《新書》："崔行功。"
孟氏必效方十卷　孟詵撰，《詵傳》作三卷。
延年秘錄十二卷
玄感傳屍方一卷　蘇游撰。
骨蒸病灸方一卷　崔知悌撰。
寒食散方并消息節度二卷
解寒食散方十五卷　徐叔嚮撰。
寒食散論二卷　從《新書》增。
婦人方十卷
　又二十卷
治小兒方四卷　俞氏撰，從《新書》增。
少小　《新書》作"女"，下同。方十卷
少小雜方二十卷
少小節療方一卷[①]　俞寶撰。
孤子雜訣三卷[②]

---

① "少小"，殿本《舊唐志》同，殿本《新唐志》作"小女"。
② "孤子"，殿本《新唐志》《舊唐志》皆作"狐子"。下同。

孤子方金訣三卷 葛仙公撰。①
陵陽子秘訣一卷 明月公撰。
神臨藥秘經一卷 黃公撰。
黃白秘法一卷
 又二十卷
玉房秘術一卷 葛氏撰。
玉房秘錄訣八卷② 沖和子撰,《新書》:"十卷,張鼎撰。"
類聚方二千六百卷③
右醫術本草二十五家,養生十六家,病源單方二家,食經十家,雜經方五十八家,類聚方一家,共一百一十家,今案,上止一百九部。**凡三千七百八十九卷**。今案,上凡三千八百一十四卷。從《新書》增十四部一百七十三卷。

王方慶《新本草》四十一卷,又《藥性要訣》五卷,《袖中備急要方》三卷,《嶺南急要方》二卷,《鍼灸服藥禁忌》五卷。李含光《本草音義》二卷。陳藏器《本草拾遺》十卷,開元中人。鄭虔《胡本草》七卷。孫思邈《千金方》三十卷,又《千金髓方》二十卷,《千金翼方》三十卷,《神枕方》一卷,《醫家要妙》五卷。楊太僕《醫方》一卷。失名,天授二年上。衛嵩《醫門金寶鑑》三卷。許咏《六十四問》一卷。段元亮《病源手鏡》一卷。伏適《伏氏醫苑》一卷。甘伯宗《名醫傳》七卷。王超《仙人水鏡圖訣》一卷,貞觀時人。吳兢《五藏論應象》一卷。裴璡《五藏論》一卷。劉清海《五藏類合賦》五卷。裴王廷《五色傍通五藏圖》一卷。張文懿《藏府通元賦》一卷。段元亮《五藏鏡源》

---

① "三卷",殿本《新唐志》同,殿本《舊唐志》作"二卷"。"撰",殿本《舊唐志》同,殿本《新唐志》作"錄"。
② "玉房秘訣",殿本《新唐志》同,殿本《舊唐志》無"玉"字。
③ "聚",殿本《新唐志》同,殿本《舊唐志》作"粢"。

四卷。喻義纂《療癰疽要訣》一卷,《瘡腫論》一卷。沈泰之《癰疽論》二卷。青溪子《萬病拾遺》三卷,又《消渴論》一卷,《脚氣論》三卷。李暄嶺《南脚氣論》一卷,又《方》一卷。《脚氣論》一卷,蘇鑑、徐玉等編集。鄭景岫《南中四時攝生論》一卷。蘇游《鐵粉論》一卷。陳元《北京要術》一卷。元爲太原少尹。司空輿《發熘錄》一卷。輿,圖父,大中時商州刺史。案《圖傳》,父輿官户部郎中,與此異。青羅子《道光通元秘要術》三卷,失姓,咸通中人。《乾寧晏先生制伏草石論》六卷,晏封撰。江承宗《删繁藥咏》三卷。承宗,鳳翔節度要籍。玄宗《開元廣濟方》五卷。劉貺《真人肘後方》三卷。王燾《外臺秘要方》四十卷,又《外臺要略》十卷。德宗《貞元集要廣利方》五卷。陸贄《陸氏集驗方》十五卷。賈耽《備急單方》一卷。薛弘慶《兵部手集方》三卷,兵部尚書李絳所傳方。弘慶,大和河中少尹。薛景晦《古今集驗方》十卷。景晦,元和刑部郎中,貶道州刺史。劉禹錫《傳信方》二卷。崔玄亮《海上集驗方》十卷。楊歸厚《産乳集驗方》三卷。歸厚,元和中,自左拾遺貶鳳州司馬,終虢州刺史,方九百一十一。鄭注《藥方》一卷。韋宙《韋氏集驗獨行方》十二卷。張文仲《隨身備急方》三卷。蘇越《群方秘要》三卷。李繼臯《南行方》三卷。白仁叙《唐興集驗方》五卷。包會《應驗方》一卷。許孝宗《篋中方》三卷。梅崇《獻方》五卷。姚和衆《童子秘訣》二卷,又《童延齡至寶方》十卷。孫會《嬰孺方》十卷。邵英《俊口齒論》一卷,又《排玉集》二卷,皆口齒方。李昭明《嵩臺集》三卷。陽罩《膳夫經手錄》四卷。嚴龜《食法》十卷。龜,震之後,鎮西軍節度使譔子也。昭宗時,宣慰汴寨。右不著録五十五家四百八卷。案,上止四百四卷,作八卷者誤。

經籍四

丁部集録三類共八百九十部，今案，止八百七十九部。一萬二千二十八卷，今案，止一萬一千八百七十五卷。從《新書》增著録十五部，一百二十九卷，不著録五百六十一部，六千二百五十卷。
　　楚詞類一　別集類二　總集類三

楚詞十六卷　王逸注。
　又十卷　郭璞注。
楚詞九悼一卷　劉穆撰。①
離騷草木蟲魚疏二卷　劉杳撰。
楚詞音一卷　孟奧撰。
　又一卷　徐邈撰。
　又一卷　釋道騫撰。
漢武帝集二卷
魏武帝集三十卷
魏文帝集十卷
魏明帝集十卷
魏高貴鄉公集二卷
晉宣帝集十卷
晉文帝集一卷　《新書》："二卷。"
晉明帝集五卷
晉簡文帝集五卷
宋武帝集二十卷

---

① "詞"，殿本《舊唐志》同，殿本《新唐志》作"辭"。"劉"，殿本《舊唐志》《新唐志》皆作"楊"。

宋文帝集十卷

梁文帝集十八卷

梁武帝集十卷

梁簡文帝集八十卷

梁元帝集五十卷

梁元帝集　《新書》："小集。"十卷

後魏明帝集一卷

後魏文帝集四十卷

後周明帝集十卷　《新書》："五十卷。"案《隋書》："九卷。""五"字疑衍。

陳後主集五十卷　《新書》："五十五卷。"

隋煬帝集三十卷　《新書》："五十卷。"

太宗文皇帝集三十卷　《新書》："四十卷。"

高宗大帝集八十六卷

中宗皇帝集四十卷

睿宗皇帝集十卷

垂拱集一百卷

金輪集十卷　武后撰。

漢淮南王　安。集二卷

漢東平王　蒼。集二卷

魏陳思王集二十卷

　又三十卷

晉齊王　攸。集二卷

晉會稽王　道子。集八卷

晉彭城王集八卷

晉譙王集三卷

宋長沙王　義欣。集十卷

宋臨川王　義慶。集八卷

宋衡陽王　義季。集十卷
宋江夏王　義恭。集十五卷①
宋南平王　鑠。集五卷
宋建平王　宏。集十卷
　又小集十五卷　《新書》："六卷。"
齊竟陵王集三十卷
梁昭明太子集二十卷
梁邵陵王　綸。集四卷②
梁武陵王　紀。集八卷
後周趙　平。王集十卷
後周滕　簡。王集十二卷
趙荀況集二卷
楚宋玉集二卷
前漢賈誼集二卷
枚乘集二卷　《新書》："一卷。"
司馬遷集二卷
東方朔集二卷
董仲舒集二卷
李陵集二卷
司馬相如集二卷
孔臧集二卷
魏相集二卷
張敞集二卷
韋玄成集二卷
劉向集五卷

———

① "十五卷"，殿本《新唐志》同，殿本《舊唐志》作"十三卷"。
② "陵"，殿本《新唐志》同，殿本《舊唐志》作"平"。

王襃集五卷
谷永集五卷
杜鄴集五卷
師丹集五卷
息夫躬集五卷
劉歆集五卷
揚雄集五卷
崔篆集一卷
後漢桓譚集二卷
史岑集二卷
王文山集二卷
朱勃集二卷
梁鴻集二卷
黄香集二卷
馮衍集五卷
班彪集二卷
杜篤集五卷
傅毅集五卷
班固集十卷
崔駰集十卷
賈逵集二卷
劉騊駼集二卷
崔瑗集五卷
蘇順集二卷
竇章集二卷
胡廣集二卷
高彪集二卷

王逸集二卷
栢驎集二卷
邊韶集二卷
皇甫規集五卷
張奐集二卷
朱穆集二卷
趙壹集二卷
張升集二卷
侯瑾集二卷
酈炎集二卷
盧植集二卷
劉珍集二卷
張衡集十卷
葛龔集五卷
李固集十卷
馬融集五卷
崔琦集二卷
延篤集二卷
劉陶 《新書》作"白",誤。集二卷
荀爽集二卷
劉梁集二卷
鄭玄集二卷
蔡邕集二十卷
應劭集四卷
士孫瑞集二卷
張邵集五卷
禰衡集二卷

孔融集十卷
虞翻集三卷
潘勖集二卷
阮瑀集五卷
陳琳集十卷
張紘集一卷
繁欽集十卷
楊脩集二卷
王粲集十卷
魏華歆集二十卷　《新書》："三十卷。"案《隋書》云："梁有二卷，亡。"
王朗集三十卷
邯鄲淳集二卷
袁渙集五卷
應瑒集二卷
徐幹集五卷
劉楨集二卷
路粹集二卷
丁儀集二卷
丁廙集二卷
吳質集五卷
劉廙集二卷
孟逵集三卷①
陳群集三卷
王脩集三卷
管寧集二卷

---

① "逵"，殿本《新唐志》同，殿本《舊唐志》作"達"。

劉邵集二卷
麋元集五卷
李康集二卷
孫該集二卷
卞蘭集二卷
傅巽集二卷
高堂隆集十卷
繆襲集五卷
殷褒集二卷
韋誕集三卷
曹羲集五卷
傅嘏集二卷
桓範集二卷
夏侯霸集二卷
鍾毓集五卷
江奉集二卷
夏侯惠集二卷
母丘儉集二卷
王弼集五卷
呂安集二卷
王昶集五卷
王肅集五卷
何晏集十卷
應璩集十卷
杜摯集一卷　《新書》："二卷。"
夏侯玄集二卷
程曉集二卷

阮籍集五卷
嵇康集十五卷
鍾會集十卷
蜀許靖集二卷
諸葛亮集二十四卷
吳張溫集五卷
士燮集五卷
駱統集十卷
曁豔集二卷
謝承集四卷
姚信集十卷
楊厚集二卷
陸凱集五卷　從《新書》增。
華覈集三卷
胡綜集二卷
薛綜集二卷　《新書》："三卷。"
張儼集二卷
韋昭集二卷
紀騭集三卷　《新書》："二卷。"
晉王沈集五卷
鄭袤集二卷
應貞集五卷
嵇喜集二卷
傅玄集五十卷
成公綏集十卷
裴秀集三卷
何禎集五卷

袁準集二卷
山濤集五卷
向秀集二卷
阮沖集二卷
阮侃集五卷
羊祜集二卷
賈充集二卷
荀勖集二十卷
杜預集二十卷
王濬集二卷
皇甫謐集二卷
程咸集二卷
劉毅集二卷
庾峻集三卷
郤正集一卷
薛瑩集二卷
楊泉集二卷
陶濬集二卷
宣聘集三卷
曹志集二卷
鄒 《新書》作"劉"。湛集四卷①
孫毓集二卷 《新書》："五卷。"
王渾集五卷
王深集四卷
江偉集五卷

---

① "劉"，殿本《新唐志》亦作"鄒"。

閔鴻集二卷
裴楷集二卷
何邵集二卷
劉頌集三卷　《新書》無。
劉寔集二卷
裴頠集十卷
許孟集二卷
王祐集二卷
王濟集二卷
華嶠集一卷　《新書》："二卷。"
庾儵集三卷
謝衡集二卷
傅咸集三十卷
棗據集二卷
劉寶集三卷
孫楚集十卷
王讚集三卷
夏侯湛集十卷
夏侯淳集十卷
張敏集二卷
劉訏集二卷
李重　《新書》作"黃"，誤。集二卷
樂廣集二卷
阮渾集二卷
楊乂集三卷
張華集十卷
李虔集十卷

石崇集五卷
潘岳集十卷
潘尼集十卷
歐陽建集二卷
嵇紹集二卷
衛展集四十卷　《新書》:"十四卷。"
盧播集二卷
欒肇集二卷　《新書》:"五卷。"
應亨集二卷
司馬彪集三卷
杜育集二卷
摯虞集二卷①
繆徵集二卷
左思集五卷
夏侯靖集二卷
鄭豐集二卷
陳略集二卷
張翰集二卷
陸機集十五卷
陸雲集十卷
陸沖集二卷
孫極集二卷
張載集三卷　《新書》:"二卷。"
張協集二卷
束晳集五卷

---

① "二卷",殿本《舊唐志》同,殿本《新唐志》作"十卷"。

華譚集二卷
曹攄集二卷
江統集十卷
胡濟集五卷
卞粹集二卷
閭丘沖集二卷
庾敳集二卷
阮瞻集二卷
阮脩集二卷
裴邈集二卷
郭象集五卷
嵇含集十卷
孫惠集十卷
蔡洪集三卷
牽秀集五卷
蔡克集二卷
索靖集二卷
閻纘集二卷
張輔集二卷
殷巨集二卷
陶佐集五卷
仲長敖集二卷
虞溥集二卷
吳商集五卷
劉弘集三卷
山簡集二卷
宗岱集三卷

王曠集五卷
王峻集二卷
棗腆集二卷
棗嵩集二卷
劉琨集十卷
盧諶集十卷
傅暢集五卷
東晉顧榮集二卷　《新書》："五卷。"
荀組集二卷
周顗集二卷
周嵩集三卷
王導集十卷①
荀邃集二卷②
王敦集五卷
謝鯤集二卷
張抗集二卷
賈霖集三卷
劉隗集三卷
應詹集三卷
陶侃集二卷
王洽集三卷
傅毅集五卷　《新書》無。
張闓集三卷
卞壺集二卷
劉超集二卷

---

① "導"，殿本《新唐志》同，殿本《舊唐志》作"道"。
② "邃"，殿本《新唐志》同，殿本《舊唐志》作"遂"。

楊方集二卷
傅純集二卷
郄鑒集十卷
溫嶠集十卷
孔坦集五卷
王濤集五卷
王篋集五卷
甄述集五卷
王嶠集二卷　　從《新書》增。
戴逸集五卷
賀循集二十卷
張峻集二卷①
應碩集二卷　　從《新書》增。
陸沈集二卷　　從《新書》增。
曾瓘集五卷
熊遠集五卷
郭璞集十卷
王鑒集五卷
庾亮集二十卷
虞預集十卷
顧和集五卷
范宣集十卷
張虞集五卷
庾冰集二十卷
庾翼集二十卷

---

① "峻"，殿本《新唐志》同，殿本《舊唐志》作"俊"。

何充集五卷
諸葛恢集五卷
祖台之集十五卷
李充集十四卷
蔡謨集十卷
謝艾集八卷①
范汪集八卷
范寧集十五卷
阮放集五卷
王廙集十卷
王彪之集二十卷
謝安集五卷
謝萬集十卷②
王羲之集五卷
干寶集四卷
殷融集十卷
劉遐集五卷
殷浩集五卷
劉惔集二卷③
王濛集五卷
謝尚集五卷
張憑集五卷④
張望集三卷

---

① "艾",殿本《新唐志》同,殿本《舊唐志》作"文"。
② "萬",殿本《舊唐志》作"方",殿本《新唐志》作"万"。
③ "惔",殿本《新唐志》同,殿本《舊唐志》作"倓"。
④ "憑",殿本《新唐志》同,殿本《舊唐志》作"馮"。

韓康伯集五卷
王胡之集五卷
江彪集五卷①
范宣集五卷
江惇集五卷
王述集五卷
郝默集五卷
黃整集十卷
王洯集二卷
王度集五卷
劉系之集五卷
劉恢集五卷
范起集五卷
殷康集五卷
孫嗣集三卷
王坦之集五卷
桓溫集二十卷
郗超集十五卷
謝朗集五卷
謝玄集十卷
王珣集十卷
許詢集三卷
孫統集五卷
孫綽集十五卷
孔嚴集五卷

---

① "彪"，殿本《舊唐志》《新唐志》俱作"霖"。

江逌集五卷
車灌集十卷①
丁纂集二卷
曹毗集十五卷
蔡系集二卷
李顒集十卷
顧夷集五卷
袁喬集五卷
謝沈集五卷
庾闡集十卷
王隱集十卷
殷允集十卷
徐邈集八卷
殷仲堪集十卷
殷叔獻集三卷
伏滔集五卷
桓嗣集五卷
習鑿齒集五卷
鈕滔集五卷
邵毅集五卷
孫盛集十卷
袁質集二卷
袁宏集二十卷
袁邵集三卷②
羅含集三卷

---

① "十卷",殿本《舊唐志》《新唐志》俱作"五卷"。
② "邵",殿本《新唐志》同,殿本《舊唐志》作"紹"。

孫放集十五卷
辛昞集四卷
庾統集二卷
郭愔集五卷
滕輔集五卷
庾龢集二卷
庾軌集二卷
庾蒨集二卷
庾肅之集十卷
王脩集二卷
戴逵集十卷
桓玄集二十卷
殷仲文集七卷
卞湛集五卷
蘇彥集十卷
袁豹集十卷
王謐集十卷
周祇集十卷
梅陶集十卷
湛方生集十卷
劉瑾集八卷
羊徽集一卷
卞裕集十四卷
王愍期集十卷
孔璠之集二卷
王茂略集四卷
薄肅之集十卷

滕演集一卷
宋 新渝侯。劉義宗集十五卷 《新書》:"十二卷。"
謝瞻集二卷
孔琳之集十卷
王叔之集十卷
徐廣集十五卷
孔寧子集十五卷
蔡廓集十卷
傅亮集十卷
孫康集十卷
鄭鮮之集二十卷①
陶淵明集五卷②
　又二十卷 從《新書》增。
范泰集二十卷
王弘集二十卷
謝惠連集五卷 從《新書》增。
謝靈運集十五卷 《新書》:"五卷。"③
荀昶集十四卷 《新書》:"十五卷。"
孔欣集八卷 《新書》:"十卷。"
卞伯玉集五卷
王曇首集二卷
謝弘微集二卷
王韶之集二十卷④

---

① "鮮",殿本《新唐志》同,殿本《舊唐志》作"解"。
② "五",原脱,據殿本《舊唐志》《新唐志》補。
③ "五卷",殿本《新唐志》亦作"十五卷"。
④ "二十卷",殿本《新唐志》同,殿本《舊唐志》作"二十四卷"。

沈林子集七卷
姚濤之集二十卷
賀道養集十卷
衛令元集八卷
褚詮之集八卷
荀欽明集六卷
殷淳集三卷
劉瑀集十卷
劉緄集五卷
雷次宗集三十卷
宗炳集十五卷
伍緝之集十一卷
荀雍集十卷
袁淑集十卷
顏延之集三十卷
王微集十卷
王僧達集十卷
張暢集十四卷
何偃集八卷
沈懷文集十三卷
江智泉集十卷　本名智淵，避諱改。
謝莊集十五卷
殷琰集八卷
顏竣集十三卷
何承天集三十卷
裴松之集三十卷
卞瑾集十卷

丘泉之集六卷　本名淵之,避諱改。
顏測集十一卷
湯惠休集三卷
沈勃集十五卷
徐爰集十卷
鮑照集十卷
庾蔚之集十一卷
虞通之集五卷
劉愔集十卷
孫緬集十卷
袁伯文集十卷
袁粲集十卷
齊褚彥回集十五卷
王儉集六十卷
周顒集二十卷
徐孝嗣集十二卷
王融集十卷
謝朓集十卷
孔稚珪集十卷
陸厥集十卷
虞羲集十一卷
宗躬集十二卷
江敩集十一卷
張融玉海集六十卷
梁范雲集十二卷
江淹前集十卷
　又後集十卷

任昉集三十四卷

宗史集十卷①

王暕集二十卷

魏道微集三卷

司馬褧集九卷

沈約集一百卷

沈約集略三十卷

傅昭集十卷

袁昂集二十卷

徐勉前集二十　《新書》："三十。"五卷

　又後集十六卷

陶弘景集三十卷

周捨集二十卷

何遜集八卷

謝琛集五卷

謝郁集五卷

王僧孺集三十卷

張率集三十卷

楊朓集十卷②

鮑畿集八卷

周興嗣集十卷

蕭洽集二卷

裴子野集十四卷

庾曇興　《新書》作"隆"。集十卷

―――――――――

① "史"，殿本《舊唐志》同，殿本《新唐志》作"夬"。

② "朓"，殿本《舊唐志》《新唐志》皆作"眺"。

陸倕集二十卷①

劉之遴前集十卷　《新書》："十一卷。"

　又後集三十卷

虞嚼集六卷

王冏集三卷

劉孝綽集十二卷②

劉孝儀集二十卷

劉孝威前集十卷

　又後集十卷

丘遲集十卷

王錫集七卷

蕭子範集三卷

蕭子雲集二十卷

吳子暉集十一卷③

江革集十卷

吳均集二十卷

庾肩吾集十卷

王筠洗馬集十卷

　又中庶子集十卷

　又左右集十卷

　又臨海集十卷

　又中書集十卷

　又尚書集十一卷

鮑泉集一卷

---

① "陸倕"，殿本《新唐志》同，殿本《舊唐志》作"陸子倕"。
② "十二卷"，殿本《新唐志》同，殿本《舊唐志》作"十一卷"。
③ "吳"，殿本《舊唐志》《新唐志》皆作"蕭"。

謝璛集十卷
任孝恭集十卷
張纘集十卷
陸雲公集四卷
張綰集十卷
甄玄成集十卷
蕭欣集十卷
沈君攸集十二卷
後魏高允集二十卷
宗欽集二卷
李諧集十卷①
韓宗集五卷
袁躍集九卷
薛孝通集六卷
溫子昇集二十《新書》:"三十。"五卷
盧元明集六卷
陽固集三卷
魏孝景集一卷
北齊陽休之集二十卷②　《新書》:"三十卷。"
邢子才集三十卷
魏收集七十卷
劉逖集四十卷
後周宗懍集三十卷　《新書》:"十卷。"
王褒集三十卷　《新書》:"二十一卷。"③

---

① "諧",殿本《新唐志》同,殿本《舊唐志》作"諸"。
② "陽",殿本《新唐志》同,殿本《舊唐志》作"楊"。
③ "二十一",殿本《新唐志》作"二十"。

蕭撝集十卷
庾信集二十卷
王衡集三卷
陳沈炯前集六卷
　又後集十三卷
周弘正集二十卷
周弘讓集十八卷　從《新書》增。
徐陵集三十卷
張正見集四卷
陸珍集五卷
陸瑜集十卷
沈不害集十卷
張式集十三卷
褚介集十卷
顧越集二卷
顧覽集五卷
姚察集二十卷
隋盧思道集二十卷
李元操集二十二卷
辛德源集三十卷
李德林集十卷
牛弘集十二卷
薛道衡集三十卷
何妥集十卷
柳顧言集十卷
江總集二十卷
殷英童集三十卷

蕭愨集九卷

魏澹集四卷

尹式集五卷

諸葛穎集十四卷

王冑集十卷

虞茂世集五卷①

劉興宗集三卷

李播集三卷

唐陳叔達集五卷　《新書》："十五卷。"

褚亮集二十卷　《新書》入不著錄。

竇威集十卷　從《新書》增。

虞世南集三十卷

蕭瑀集一卷

沈齊家集十卷

薛收集十卷

楊師道集十卷

庾抱集六卷

孔穎達集五卷

王績集五卷

郎楚之集十卷　《新書》："三卷。"

魏徵集二十卷

許敬宗集六十卷　《新書》："八十卷。"

于志寧集四十卷

上官儀集三十卷　《新書》："二十卷。"

李義府集三十卷　《新書》："四十卷。"②

---

① "世"，殿本《新唐志》同，殿本《舊唐志》作"代"。
② "三十卷"，殿本《舊唐志》作"三十九卷"。

顏師古集四十卷　《新書》:"六十卷。"
岑文本集六十卷
劉子翼集十卷
殷聞禮集十卷　《新書》:"一卷。"
陸士季集十卷
劉孝孫集三十卷
鄭代翼集八卷
崔君實集十卷
李百藥集三十卷①
孔紹安集三卷　《新書》:"五十卷。"
高季輔集二卷　《新書》:"二十卷。"
溫彥博集二十卷
李玄道集十卷
謝偃集十卷
沈叔安集二十卷
陸楷集十卷
曹憲集三十卷
蕭德言集三十卷　《新書》:"二十卷。"
潘求仁集三卷
殷芊集三卷
蕭鈞集三十卷
袁朗集四卷　《新書》:"十四卷。"
楊續集十卷
王約集一卷
任希古集五卷　《新書》:"十卷。"

---

① "百",殿本《新唐志》同,殿本《舊唐志》作"伯"。

凌敬集十四卷
王德儉集十卷
徐孝德　《新書》作"敬孝"。集十卷①
杜之松集十卷
宋令文集十卷
陳子良集十卷
顏顗集十卷
劉穎集十卷
司馬僉集十卷
鄭秀集十二卷
耿義褒集七卷
楊元亨集五卷
劉綱集三卷
王歸一集十卷
馬周集十卷
薛元超集三十卷
高智周集五卷
褚遂良集二十卷
劉禕之集五十卷　《新書》："七十卷。"
郝處俊集十卷
崔知悌集五卷
李安期集二十卷
唐觀集五卷
張大素集十卷　《新書》："十五卷。"
鄧玄挺集十卷②

---

① "敬孝"，殿本《新唐志》亦作"孝德"。
② "挺"，殿本《新唐志》同，殿本《舊唐志》作"梃"。

劉允濟集二十卷
駱賓王集十卷
盧照鄰集二十卷
　又幽憂子三卷　　從《新書》增。
楊炯盈川集三十卷
王勃集三十卷
狄仁傑集十卷
李懷遠集八卷
盧受采集十卷　　《新書》："二十卷。"
王適集二十卷
喬知之集二十卷　　《新書》無。
蘇味道集十五卷
薛曜集二十卷
郎餘慶集十卷
盧光容集五卷　　《新書》："二十卷。"
崔融集四十卷　　《新書》："六十卷。"
閻鏡機集十卷
李嶠集三十卷　　《新書》："五十卷。"
喬備集六卷
陳子昂集十卷
元希聲集十卷
李適集二十卷　　《新書》："十卷。"
沈佺期集十卷
徐彥伯前集十卷
　又後集十卷
宋之問集十卷
杜審言集十卷

谷倚集十卷
富嘉謨集十卷
吳少微集十卷
劉希夷集三卷　《新書》："十卷。"
張柬之集十卷
桓彥範集三卷
韋承慶集六十卷
閭丘均集三十卷　《新書》："二十卷。"
郭元振集二十卷
魏知古集二十卷
閻朝隱集五卷
蘇瓌集十卷
員半千集十卷
李乂集五卷
姚崇集十卷
丘悅集十卷
劉子玄集十卷　《新書》："三十卷。"
盧藏用集二十卷　《新書》："三十卷。"
道士江旻集三十卷
沙門曇諦集六卷
沙門惠遠集十五卷
沙門惠琳集五卷
沙門曇瑗集六卷
沙門亡名集十卷
沙門靈裕集二卷
沙門支遁集十卷
曹大家集一卷　《新書》："二卷。"

鍾夫人集二卷
劉臻妻陳氏集五卷
左九嬪集一卷①
臨安公主集三卷
范靖妻沈滿願集五卷
徐悱妻劉氏集五卷②
文章流別集三十卷　　摯虞撰。
善文四十九卷　　杜預撰。
名文集四十卷　　謝沈撰。
文苑一百卷　　孔逭撰。
文選三十卷　　梁昭明太子撰。
　又六十卷　　李善注。
　又六十卷　　公孫羅注。
文選音十卷　　蕭該撰。
　又十卷　　公孫羅撰。
文選音義十卷　　釋道演撰。
小詞林五十三卷③
集古今帝王正位文章九十卷
文海集三十六卷　　蕭圓撰。
詞苑麗則二十卷　　康明貞撰。
芳林要覽三百卷　　《新書》："許敬宗、顧胤、許圉師、上官儀、楊思儉、孟利貞、姚璹、竇德玄、郭瑜、董思恭、元思敬集。"
類文三百七十七卷　　庚自直撰。④

---

① "左九嬪"，殿本《新唐志》同，殿本《舊唐志》無"左"字。
② "五卷"，殿本《舊唐志》《新唐志》皆作"六卷"。
③ "辭"，殿本《舊唐志》同，殿本《新唐志》作"詞"。
④ 此條與下條，殿本《舊唐志》合爲一條，作"類文三百士館詞林一千卷許敬宗撰"。

文館詞林一千卷　《新書》："許敬宗、劉伯莊等撰。"

賦集四十卷　宋明帝撰。

皇帝瑞應頌集十卷

五都賦五卷

獻賦集十卷　卞鑠撰。

上林賦一卷　司馬相如撰。

班固幽通賦一卷　曹大家注。

　又一卷　項岱注。

二京賦二卷　張衡撰。

二京賦音二卷　薛綜撰。

三都賦三卷

齊都賦一卷　左太沖撰。

齊都賦音一卷　李軌撰。

百賦音一卷　褚詮之撰。①

賦音二卷　郭徵之撰。《新書》作"微"，誤。②

二京　《新書》："三京。"賦音一卷③　綦母邃撰。

木連理頌二卷

靖恭堂頌一卷　李暠撰。④

諸郡碑一百六十六卷

雜碑文集二十卷

翰林論二卷　李充撰。

雜論九十五卷　殷仲堪撰。

設論集三卷　劉楷撰。

---

① "詮"，殿本《舊唐志》《新唐志》皆作"令"。
② "徵"，殿本《舊唐志》《新唐志》皆作"微"。
③ "二京"，殿本《舊唐志》《新唐志》皆作"三京"。
④ "暠"，殿本《新唐志》同，殿本《舊唐志》作"嵩"。

又五卷　謝靈運撰。

連珠集五卷　謝靈運撰。

制旨連珠四卷　梁武帝撰。

又十一卷　陸緬撰。

讚集五卷　謝莊撰。

七國叙讚十卷

吳國先賢讚論三卷

會稽先賢讚四卷　賀氏撰。

會稽太守像讚二卷　賀氏撰。

列女傳叙讚一卷　孫夫人撰。自《七國叙讚》以下，又見乙部史錄雜撰記類。

古今箴銘集十三卷　張湛撰。

衆賢誡集十五卷

雜誡箴二十四卷

霸朝雜集五卷　李德林撰。

詔集區別二十七卷①　宋幹撰。

古今詔集三十卷　溫彥博撰。

又一百卷　李義府撰。

聖朝詔集三十卷　薛嘉撰。《新書》："薛克構撰。"②自《詔集區別》以下，《新書》入乙部史錄起居注類。

書集八十卷　王履撰。

書林六卷　夏赤松撰。

山濤啓事三卷　《新書》："十卷。"

范寧啓事十卷　《新書》無。③

梁中書表集二百五十卷

---

① "區"，殿本《新唐志》同，殿本《舊唐志》作"圖"。
② "薛嘉"，殿本《舊唐志》作"薛堯"。
③ "范"，殿本《舊唐志》作"苑"。

薦文集七卷
宋元嘉策五卷
策集六卷　謝靈運撰。《新書》："宋伯宜。"
七林集十二卷　卞氏撰。
七悟集一卷　顏之推撰。
俳諧文十五卷　袁淑撰。①
弘明集十四卷　釋僧祐撰。②《新書》入丙部子錄道家類。
廣弘明集三十卷　釋道宣撰。《新書》入丙部道家類。
婦人訓解集十卷　徐湛之撰。③《新書》入乙部雜傳記類。
女訓集六卷④　《新書》入乙部史錄雜傳記類。
婦人詩集二卷　顏竣撰。
婦人集三十卷　殷淳撰，從《新書》增。
陶神論五卷　釋靈祐撰，《新書》無。⑤
文釋十卷　江邃撰。
文心雕龍十卷　劉勰撰。
百志詩集五卷　干寶撰。
百國詩集二十九卷　崔光撰。
百一詩八卷　應璩撰。
百一詩集二卷　《新書》："李夔撰。"⑥
清溪集三十卷　齊武帝命撰。⑦

---

①　"俳"，殿本《新唐志》同，殿本《舊唐志》作"誹"。"袁淑"，殿本《新唐志》同，殿本《舊唐志》作"袁叔"。
②　"祐"，殿本《舊唐志》《新唐志》皆作"祐"。
③　"徐湛之"，殿本《新唐志》同，殿本《舊唐志》無"之"字。
④　"女"，殿本《新唐志》同，殿本《舊唐志》作"文"。
⑤　"祐"，殿本《舊唐志》作"祐"。
⑥　此書殿本《舊唐志》亦著錄作者爲"李夔"。
⑦　"命"，殿本《舊唐志》無，殿本《新唐志》作"敕"。

晉元正宴會游集四卷　伏滔、袁豹、謝靈運等撰。①

元嘉宴會游山詩集五卷

元嘉西池宴會詩集三卷　顏延之撰。

齊釋奠會詩集二十卷

文會詩集四卷　徐伯陽撰。

文林詩府六卷　北齊後主作。

西府新文十卷　蕭淑撰。

新文要集十卷　從《新書》增。

詩集新撰三十卷　《新書》："宋明帝撰。"②

詩集二十卷　宋明帝撰。

詩集鈔十卷　謝靈運撰。

詩集五十卷　謝靈運撰。

　又二十卷　劉和撰。③

　又一百卷　顏竣撰。

詩例錄二卷　顏竣撰。

詩評三卷　鍾嶸撰，從《新書》增。

詩集　《新書》作"英"。十卷　謝靈運撰。④

七集十卷　謝靈運撰，從《新書》增。

古今詩苑英華二十卷　梁昭明太子撰。

續古今詩苑英華二十卷　釋惠靜撰。

詩林英選十一卷

類集一百十三卷　虞綽等撰。

---

① "元正"，殿本《新唐志》同，殿本《舊唐志》作"元氏"。"游"，殿本《舊唐志》同，殿本《新唐志》作"詩"。

② 此書殿本《舊唐志》亦著錄作者爲"宋明帝"。

③ "劉和"，殿本《新唐志》同，殿本《舊唐志》作"謝和"。

④ "集"，殿本《舊唐志》《新唐志》皆作"英"。

詩纘十二卷

詩錄二十卷　從《新書》增。

文苑詞英八卷

六代詩集鈔四卷　徐陵撰。

六代詩集鈔四卷　許凌撰，從《新書》增。案《隋書》止一部，《新書》疑訛"徐陵"爲"許凌"，作二部誤也。

古今類序詩苑三十卷　劉孝孫撰。

麗正文苑二十卷　許敬宗撰。

古今詩類聚七十九卷　郭瑜撰。

歌錄集八卷

漢魏吳晉鼓吹曲四卷

樂府歌詩十卷

太樂雜歌詞二卷　荀勗撰。

太樂歌詞二卷

樂府歌詞十卷　《新書》無。

樂府歌詩十卷　《新書》："翟子撰。"

三調相和歌詞三卷①　《新書》："翟子撰。"

新錄樂府集十一卷②　謝靈運撰。自《鼓吹》以下，《新書》入甲部經錄樂類。

玉臺新咏十卷　徐陵撰。

迴文詩集一卷　謝靈運撰。

金門待詔集十卷　劉允濟撰。

集苑六十卷　謝混撰。③

集林二百卷　劉義慶撰。

---

① "相和"，殿本《新唐志》同，殿本《舊唐志》作"相如"。"詞"，殿本《舊唐志》同，殿本《新唐志》作"辭"。"三卷"，殿本《舊唐志》同，殿本《新唐志》作"五卷"。

② "錄"，殿本《新唐志》同，殿本《舊唐志》作"撰錄"。

③ "謝混"，殿本《新唐志》同，殿本《舊唐志》作"謝琨"。

集鈔四十卷 《新書》:"丘遲撰。"

右集錄楚詞七家,帝王二十七家,太子諸王二十一家,七國趙楚各一家,前漢二十家,後漢五十家,魏四十六家,蜀二家,吳十四家,西晉一百一十九家,東晉一百四十四家,宋六十家,南齊十二家,梁五十九家,陳十四家,後魏十家,北齊四家,後周五家,隋十八家,唐一百一十二家,沙門七家,婦人七家,總集一百二十四家,凡八百九十二部。今案,上止八百七十九部。一萬二千二十八卷。今案,上止一萬一千八百七十五卷。從《新書》增十五部一百二十九卷。

《玄宗集》。《德宗集》,卷亡。《濮王泰集》二十卷。《上官昭容集》二十卷。《令狐德棻集》三十卷。《許彥伯集》十卷。《劉洎集》十卷。《來濟集》三十卷。《杜正倫集》十卷。《李敬玄集》三十卷。《裴行儉集》二十卷。《崔行功集》六十卷。《張文琮集》二十卷。《麹崇裕集》二十卷。《劉憲集》三十卷。《薛稷集》三十卷。《宋璟集》十卷。《蔣儼集》五卷。《趙弘智集》二十卷。《賀德仁集》二十卷。《許子孺集》十卷。《蔡允恭集》二十卷。《張昌齡集》二十卷。《杜易簡集》二十卷。《顏元孫集》三十卷。《姚璹集》七卷。《杜元志集》十卷。元志,字道寧,開元考功郎中,杭州刺史。《楊仲昌集》十五卷。《崔液集》十卷。液集,裴耀卿纂。《張說集》三十卷。《徐堅集》三十卷。《元海集》十卷。海,字休則,開元臨河尉。《李邕集》七十卷。《王翰集》十卷。① 《張九齡集》二十卷。《康國安集》十卷。國安以明經高第直國子監,教授三館進士,授右典戎衛錄事參軍,太學崇文助教,遷博士,白獸門內供奉,崇文館學士。《孫逖集》二十卷。《趙冬曦集》,卷亡。《苑咸集》,卷亡。咸,京兆人,開元末上書,拜司經校書、中書舍人,

---

① "翰",殿本《新唐志》作"澣"。

貶漢東郡司户參軍，復起爲舍人、永陽太守。《毛欽一集》三卷。欽一，字傑，荆州長林人。王助《雕蟲集》一卷。《王維集》十卷。《康希銑集》二十卷。希銑，字南金，開元中台州刺史。《張均集》二十卷。《權若訥集》十卷。若訥，開元梓州刺史。《白履中集》十卷。《鮮于向集》十卷。《康玄辨集》十卷。玄辨①字通理，開元瀘州刺史。《嚴從集》三卷。從卒，詔求其藁，吕向集而進焉。《陶翰集》，卷亡，潤州人，開元禮部員外郎。《崔國輔集》，卷亡。國輔應縣令舉，授許昌令，集賢直學士，禮部員外郎，坐王鉷近親，貶竟陵郡司馬。《高適集》二十卷。《賈至集》二十卷，别十五卷，蘇冕編。《張孝嵩集》十卷。孝嵩，字仲山，南陽人，開元河東節度使，南陽郡公。《儲光羲集》七十卷。《蘇源明前集》三十卷。《李白草堂集》二十卷，李陽冰録。《杜甫集》六十卷。《小集》六卷，潿州刺史樊冕集。《岑參集》十卷。《盧象集》十二卷。象，字緯卿，左拾遺、膳部員外郎，受安禄山僞官，貶永州司户參軍，起爲主客員外郎。蕭穎士《游梁新集》三卷，《文集》十卷。《李華前集》十卷，《中集》二十卷。《李翰前集》三十卷。《王昌齡集》五卷。《元結文編》十卷。《邵説集》十卷。《裴倩集》五卷，又《溢城集》五卷。倩裴，均父。《劉彙集》三卷。《樊澤集》十卷。《崔良佐集》十卷。《湯賁集》十五卷。賁，字文叔，潤州丹陽人，貞元宋州刺史。《劉迥集》五卷。《武就集》五卷。就，武元衡父。《于休烈集》十卷。《元載集》十卷。《張薦集》三十卷。《劉長卿集》十卷。長卿，字文房，至德監察御史，以檢校祠部員外郎爲轉運使判官，知淮西鄂岳轉運留後，鄂岳觀察使。吴仲孺誣奏，貶潘州南巴尉，會有爲辨之者，除睦州

---

① "辨"，殿本《新唐志》作"辯"。

司馬,終隋州刺史。《戎昱集》五卷。衛伯玉鎮荆南從事,後爲辰州、虔州二刺史。《崔祐甫集》三十卷。《常袞集》十卷,又《詔集》六十卷。《楊炎集》十卷,又《制集》十卷,蘇弁編。顔真卿《吳興集》十卷,又《廬集》十卷,①《臨川集》十卷。《歸崇敬集》二十卷。《劉太真集》三十卷。《于邵集》四十卷。《梁肅集》二十卷。獨孤及《毗陵集》二十卷。《竇叔向集》七卷。叔向,字遺直,與常袞善,袞爲相,用爲左拾遺、内供奉,及貶亦出,爲溧水令。《丘爲集》,卷亡。爲,蘇州嘉興人,事繼母孝,有靈芝生堂下,累官太子右庶子,時年八十餘而母無恙,給俸禄之半,及居憂,觀察使韓滉以致仕官給禄,所以惠養老臣,不可在喪爲異,惟罷春秋羊酒,初還鄉,縣令謁之,爲候門磬折,令坐乃拜,里胥立庭下,既出,乃敢坐。經縣署降馬而趨,卒年九十六。《柳渾集》十卷。《李泌集》二十卷。《張建封集》二百三十篇。《顧況集》二十卷。《鮑溶集》五卷。《齊抗集》二十卷。《鄭餘慶集》五十卷。《崔元翰集》三十卷。《楊凝集》二十卷。《歐陽詹集》十卷。《李觀集》三卷,陸希聲纂。《吕温集》十卷。《穆員集》十卷。《竇常集》十八卷。《鄭絪集》三十卷。《符載集》十四卷。《郗純集》六十卷。戴叔倫《述藁》十卷。《張登集》六卷。登,貞元漳州刺史。《陸迅集》十卷。迅,德宗時監察御史裏行。《柳冕集》,卷亡。《姚南仲集》十卷。《李吉甫集》二十卷。《武元衡集》十卷。權德輿《童蒙集》十卷,又《集》五十卷,《制集》五十卷。《韓愈集》四十卷。《柳宗元集》三十卷。《韋貫之集》三十卷。《李絳集》三十卷。令狐楚《漆匳集》一百三十卷,又《梁苑文類》三卷,《表奏集》十卷,楚自稱《白雲孺子表奏集》。《韋武集》十五

---

① "廬集",中華書局點校本《新唐志》作"廬陵集"。

卷。《皇甫鏞集》十八卷。《樊宗師集》二百九十一卷。《武儒衡集》二十五卷，又《制集》二十卷。李道古《文輿》三十卷。董侹《武陵集》，卷亡。侹，字庶中，元和荊南從事。《劉禹錫集》四十卷。元稹《元氏長慶集》一百卷，又《小集》十卷。白居易《白氏長慶集》七十五卷。《白行簡集》二十卷。《張仲方集》三十卷。《鄭瀚集》三十卷。《馮宿集》四十卷。《劉伯芻集》三十卷。《段文昌集》三十卷，又《詔誥》二十卷。《韋處厚集》七十卷。《劉栖楚集》二十卷。《李翺集》十卷。《溫造集》八十卷。《滕珦集》，卷亡。珦，東陽人，歷茂王傅，大和初以右庶子致仕，四品給券還鄉，自珦始。《王起集》一百二十卷。《崔咸集》二十卷。咸，大和人。《皇甫湜集》三卷。《舒元輿集》一卷。李德裕《會昌一品集》二十卷，又《姑臧集》五卷，《窮愁志》三卷，《雜賦》二卷。杜牧《樊川集》二十卷。《沈亞之集》九卷。《羅讓集》三十卷。《王涯集》十卷。《魏謩集》十卷。來擇《秣陵子集》一卷。擇，字無擇，寶曆應賢良科。《柳仲郢集》二十卷。《陳商集》十七卷。《歐陽袞集》二卷。袞，福州閩縣人，歷侍御史。溫庭筠《握蘭集》三卷，又《金筌集》十卷，《詩集》五卷，《漢南真藁》十卷。陳陶《文錄》十卷。劉蛻《文泉子》十卷。蛻，字復愚，咸通中書舍人。鄭畋《玉堂集》五卷，又《鳳池藁草》三十卷，《續鳳池藁草》三十卷。孫樵《經緯集》三卷。樵，字可之，大中進士第。周慎辭《寧蘇集》五卷。慎辭，字若訥，咸通進士第。《皮日休集》十卷，又《胥臺集》七卷，《文藪》十卷，《詩》一卷。陸龜蒙《笠澤叢書》三卷，又《詩編》十卷，《賦》六卷。《楊夔集》五卷，又《冗書》十卷，《冗餘集》一卷。沈栖遠《景臺編》十卷。栖遠，字子鷟，咸通進士第。《鄭諴集》，卷亡。諴，字申虞，福州閩縣人，大中國子司業、郢安二州刺史、江西節度副使。司空圖《一鳴集》

三十卷。《陸扆集》七卷。秦韜玉《投知小録》三卷。韜玉，字中明，田令孜神策判官，工部侍郎。《鄭賓集》十卷。賓，字貢華，乾符進士第。袁皓《碧池書》三十卷。皓，袁州宜春人，龍紀集賢殿圖書使，自稱碧池處士。《鄭氏貽孫集》四卷。養素先生《遺榮集》三卷。皆唐末人。《張玄晏集》二卷。玄晏，字寅節，昭宗翰林學士。《齊夔集》一卷。黄璞《霧居子》十卷。《譚正夫集》一卷。《丘光庭集》三卷。張安石《涪江集》一卷。張友正《雜編》一卷。《沈光集》五卷，題曰《雲夢子》。《程晏集》七卷。晏，字晏然，乾寧進士第。沈顏《聲書》十卷。李善夷《江南集》十卷。《劉綺莊集》十卷。《王秉集》五卷。《孫子文纂》四十卷，又《孫氏小集》三卷。孫郃，字希韓，乾寧進士第。《陳黯集》三卷。黯，字希孺，泉州南安人，昭宗時。《羅袞集》二卷。袞，字子制，天祐起居郎。李嶠《雜咏詩》十二卷。《劉希夷詩集》四卷。《崔顥詩》一卷。顥，汴州人，才俊無行，娶妻不愜即去之者三四，歷司勳員外郎。《綦母潛詩》一卷。潛，字孝通，開元中由宜壽尉入集賢院待制，遷右拾遺，終著作郎。《祖咏詩》一卷。《李頎詩》一卷。并開元進士第。《孟浩然詩集》三卷。浩然，弟洗然，宜城王士源所次，皆三卷也，士源別爲十類。①《包融詩》一卷。融，潤州延陵人，歷大理司直。二子何、佶齊名，世稱"二包"。何，字幼嗣，大曆起居舍人。融與儲光羲皆延陵人，曲阿有餘杭尉丁仙芝、緱氏主簿蔡隱丘、監察御史蔡希周、渭南尉蔡希寂處士張彥雄、張潮、校書郎張量、吏部常選周瑀、長州尉談戴、句容有、忠王府倉曹參軍殷遥、硤石主簿樊晃、②橫陽主簿沈如筠、江

---

① "別爲十類"，殿本《新唐志》作"別爲士類"，中華書局點校本《新唐志》作"別爲七類"。

② "樊晃"，殿本《新唐志》作"樊光"。

寧有右拾遺孫處玄、處士徐延壽、丹徒有江都主簿馬俌、武進尉申堂構，十八人皆有詩名，殷璠彙次其詩爲《丹陽集》。《皇甫冉詩集》三卷。冉，字茂政，潤州丹陽人，秘書少監，集賢院脩撰林姪也。天寶末無錫尉，避難居陽羨，後爲左金吾衛兵曹參軍，左補闕。與弟曾齊名，曾，字孝常，歷侍御史，坐事貶徙舒州司馬，陽翟令。《嚴維詩》一卷。維，字正文，越州人，秘書郎。《張繼詩》一卷。繼，字懿孫，襄州人，大曆末檢校祠部員外郎，分掌財賦於洪州。《李嘉祐詩》一卷。嘉祐別名從一，袁、台二州刺史。《郎士元詩》一卷。士元，字君冑，戶山人，寶應元年，選畿縣官，詔試中書，補渭南尉，歷拾遺、郢州刺史。《張南史詩》一卷。南史，字季直，幽州人，以試參軍避亂居揚州楊子，再召之，未赴卒。《暢當詩》二卷。《鄭常詩》一卷。《蘇渙詩》一卷。渙，少喜剽盜，善用白弩，巴蜀商人苦之，號白跖，以比莊蹻，後折節讀書，進士及第。湖南崔瓘辟從事，瓘遇害，渙走交廣，與哥舒晃反，伏誅。《朱灣詩集》四卷。灣爲李勉永平從事。《吉中孚詩》一卷。中孚，楚州人，始爲道士，後官校書郎，登宏辭，諫議大夫、翰林學士、戶部侍郎、判度支，貞元初卒。《朱放詩》一卷。放，字長通，襄州人，隱居剡溪，嗣曹王皋鎮江西，辟節度參謀，貞元初召爲拾遺，不就。《劉方平詩》一卷。方平，河南人，與元魯山善，不仕。《常建詩》一卷。肅、代時人。《麴信陵詩》一卷。《章八元詩》一卷。八元，睦州人，大曆進士第。《秦系詩》一卷。《陳詡詩集》十卷。詡，字載初，福州閩縣人，貞元戶部郎中，知制誥。《錢起詩》一卷。《李端詩集》三卷。《韓翃詩集》五卷。《司空曙詩集》二卷。《盧綸詩集》十卷。《耿湋詩集》二卷。《崔峒詩》一卷。《韋應物詩集》十卷。《許經邦詩集》一卷。經邦，建中時左武衛冑曹參軍。《韋渠牟詩集》十卷，諫議大夫時集。《劉商詩集》十卷。商,貞元比部郎中。《王建集》十卷。建,大和陝州司馬。《張碧歌行集》二卷。碧,貞元人。《雍裕之詩》一卷。《楊巨源詩》一卷。巨源,字景山,大和大中少尹。《孟郊詩集》十卷。《張籍詩集》七卷。《李涉詩》一卷。《李賀集》五卷。李紳《追昔游詩》三卷,又《批答》一卷。《章孝標詩》一卷。《殷堯藩詩》一卷,元和進士第。《李敬方詩》一卷。敬,方字中虔,大和歙州刺史。盧仝《玉川子詩》一卷。《裴夷直詩》一卷。《施肩吾詩集》一卷。《姚合詩集》十卷。《韓琮詩》一卷。琮,字成封,大中湖南觀察使。李商隱《樊南中集》二十卷,①《乙集》二十卷,《玉溪生詩》三卷,又《賦》一卷,《文》一卷。賈島《長江集》十卷,又《小集》三卷。《張祜詩》一卷。祜,字承吉,爲處士,大中中卒。許渾《丁卯集》二卷。渾,字用晦,圉師之後,大中睦州、郢州二刺史。《李遠詩集》一卷。遠,字求古,大中建州刺史。《雍陶詩集》十卷。陶,字國鈞,大中八年自國子毛詩博士出,爲簡州刺史。《朱慶詩》一卷。慶名可久,以字行,寶曆進士第。《喻鳧詩》一卷。開成進士第,烏程令。《馬載詩》一卷。載,字虞臣,會昌進士第。《李群玉詩》三卷,《後集》五卷。群玉,字文山,澧州人,裴休觀察湖南,厚延致之,及爲相,以詩論薦,授校書郎。崔櫓《無機集》四卷。郁渾《百篇集》一卷。渾嘗應百篇舉,壽州刺史李紳命百題試之。《姚鵠詩》一卷。鵠,字居雲,會昌進士第。《項斯詩》一卷。斯,字子遷,江東人,會昌丹徒尉。《孟遲詩》一卷。遲,字遲之,會昌進士第。《顧非熊詩》一卷。非熊,況之子,大中盱眙簿,棄官隱茅山。《章碣詩》一卷。趙嘏《渭南集》三卷,又《編年詩》二卷。嘏,字承祐,大中渭南

---

① 《唐書合鈔補正》云:"案,'中'疑當作'甲'。"

尉。《薛逢詩集》十卷，又《別紙》十三卷，《賦集》十四卷。《于武陵詩》一卷。《李顔詩》一卷。《李逞詩》一卷。鄴，字楚望，大中進士第，侍御史。《曹鄴詩》三卷。鄴，字鄴之，大中進士第，洋州刺史。《劉滄詩》一卷。《崔珏詩》一卷。滄，字蘊靈珏，字夢之，並大中進士第。《劉得仁詩》一卷。《高蟾詩》一卷。蟾，乾寧御史中丞。《高駢詩》一卷。《薛能詩集》十卷，又《繁城集》一卷。陸希聲《頤山詩》一卷。鄭嵎《津陽門詩》一卷。《于濆詩》一卷。《許棠詩》一卷。《公乘億詩》一卷。濆，字子漪。棠，字文化。億，字壽山。並咸通進士第。《聶夷中詩》二卷。夷中，字坦之，咸通華陰尉。《于鄴詩》一卷。《于鵠詩》一卷。鄭谷《雲臺編》三卷，又《宜陽集》三卷。谷，字守愚，袁州人，爲右拾遺，乾寧中，以都官郎中卒於家。《朱朴詩》四卷，又《雜表》一卷。方干《玄英先生詩集》十卷。《李洞詩》一卷。《吳融詩集》四卷，又《制誥》一卷。《韓偓詩》一卷，又《香奩集》一卷。《曹唐詩》三卷。唐，字堯賓。《周賀詩》一卷。《劉干詩》一卷。《崔塗詩》一卷。塗，字禮山，光啓進士第。《唐彦謙詩集》三卷。《張喬詩集》二卷。《王駕詩集》六卷。駕，字大用。《吳仁璧詩》一卷。仁璧，字庭實，大順進士第。《王貞白詩》一卷。《張蠙詩集》二卷。《翁承贊詩》一卷。《褚載詩》三卷。貞白，字有道。蠙，字象文。承贊，字文堯。載，字厚之。並乾寧進士第。《王轂詩》三卷。轂，字虛中，乾寧進士第，郎官致仕。《曹松詩集》三卷。松，字夢徵，天復進士第，校書郎。《羅鄴詩》一卷。《趙搏歌詩》二卷。《周朴詩》二卷。朴，稱處士。《朱景元詩》一卷。崔道融《申唐詩》三卷。《陳光詩》一卷。《王德輿詩》一卷。湯緒《潯陽雜題詩》三卷。《韋靄詩》一卷。《張爲詩》一卷。《羅浩源詩》一卷。薛瑩《洞庭詩集》一卷。謝蟠隱《雜感詩》二卷。

《譚藏用詩》一卷。劉言史《歌詩》六卷。《黃滔集》十五卷。滔,字文江,光化四門博士。鄭良士《白巖集》十卷。良士,字君夢,昭宗時獻詩五百篇,授補闕。《嚴郾詩》二卷。《劉威詩》一卷。《鄭雲叟詩集》三卷。《來鵬詩》一卷。陸元皓《咏劉子詩》三卷。《任翻詩》一卷。《李山甫詩》一卷。道士《吳筠集》十卷。僧《惠頤集》八卷。① 姓李,江陵人。僧《元範集》二十卷。僧《法琳集》三十卷。僧《靈徹詩集》十卷。姓湯,字源澄,越州人。《皎然詩集》十卷。皎然,字清晝,姓謝,湖州人,靈運十世孫,居杼山。顏真卿爲刺史,集文士撰《韻海鏡源》,預其論著。貞元中,集賢御書院取其集以藏之,刺史于頔爲序。盧獻卿《愍征賦》一卷。《謝觀賦》八卷。盧肇《海潮賦》一卷,又《通屈賦》一卷,注林絢《大統賦》二卷。肇,字子發,袁州人,咸通歙州刺史。《高邁賦》一卷。皇甫松《大隱賦》一卷。崔葆《數賦》十卷,王克昭注。葆,乾寧進士。《宋言賦》一卷。《陳汀賦》一卷。言,字表文。汀,字用濟。並大中進士第。樂朋龜《綸閣集》十卷,又《德門集》五卷,《賦》一卷。朋龜,字兆吉,僖宗翰林學士,太子少保致仕。《蔣凝賦》三卷。凝,字仲山,咸通進士第。公乘億《賦集》十二卷。《林嵩賦》一卷。嵩,字降臣,乾符進士第。《王翃賦》一卷。翃,字雄飛,大順進士第。《賈嵩賦》一卷。《李山甫賦》二卷。陸贄《議論表疏集》十二卷,又《翰苑集》十卷,韋處厚纂。《王仲舒制集》十卷。《李虞仲制集》四卷。《封敖翰藁》八卷。崔嘏《制誥集》十卷。嘏,字乾錫,邢州刺史。會劉稹反,歸朝授考功郎中、中書舍人。李德裕之謫,嘏草制不盡書其過,貶端州刺史。獨孤霖《玉堂集》二十卷。劉崇望《中和制集》十卷。

---

① "頤",殿本《新唐志》作"頔"。

《李磧制集》四卷。錢珝《舟中錄》二十卷。薛延珪《鳳閣書詞》十卷。郭元振《九諫書》一卷。李絳《論事集》二卷，蔣偕集。《李磧表疏》一卷。《張濬表狀》一卷。《臨淮尺題》二卷，武元衡西川從事撰。李程《表狀》一卷。劉三復《表狀》十卷。《問遺雜錄》三卷。趙璘《表狀集》一卷。《張次宗集》六卷。呂述《東平小集》三卷。《段全緯集》二十卷。劉鄴《甘棠集》三卷。《王虬集》十卷。虬，字希龍，泉州南安人，大順初舉進士第。《崔致遠》四六一卷，又《桂苑筆耕》二十卷。致遠，高麗人，賓貢及第，高駢淮南從事。《顧氏編遺》十卷，《苕川總載》十卷，《纂新文苑》十卷，《啓事》一卷，《賦》二卷，《集遺具錄》十卷。顧雲，字垂象，池州人，虞部郎中，高駢淮南從事。鄭準《渚宮集》一卷。準，字不欺，乾寧進士第。李巨川《四六集》二卷，韓建華州從事。胡曾《安定集》十卷。《陳蟠隱集》五卷。張澤《飲河集》十五卷。黃台《江西表狀》二卷，鍾傳從事。太宗《凌煙閣功臣讚》一卷。崔融《寶圖讚》一卷，王起注。盧鋌《武成王廟十哲讚》一卷。李靖《霸國箴》一卷。魏徵《時務策》五卷。郭元振《安邦策》一卷。《劉蕡策》一卷。王勃《舟中纂序》五卷。《才命論》一卷，張鷟撰，郗昂注。一作張説撰，潘詢注。杜元穎《五題》一卷。《李甘文》一卷。《南卓文》一卷。《劉軻文》一卷。《陸鷟文》一卷。鷟，字離祥，咸通進士第。《吳武陵書》一卷。夏侯蘊《大中年與涼州書》一卷。駱賓王《百道判集》一卷。張文成《龍筋鳳髓》十卷。文成，鷟字也，字而不名，誤。《崔銳判》一卷，大曆人。鄭寬《百道判》一卷，元和拔萃。已上別集類。李淳風注顏之推《稽聖賦》一卷。張庭芳注庾信《哀江南賦》一卷。崔令欽《注》一卷。竇嚴《東漢文類》三十卷。李善《文選辨惑》十卷。《五臣注文選》三十卷，衢州常山尉呂延濟、都水使者劉承祖男良、處士張銑、呂向、李周翰注，開元六年工部侍郎呂延祚上之。曹憲《文選音義》，卷亡。康國安注《駁文選異義》二十卷。許淹《文選音》十卷。孟利貞《續文選》十三卷。崔元暐訓注《文館詞林策》二十卷。康顯《辭苑麗則》三十卷，又《海藏連珠》三十卷。顯，希銑之兄，脩書學士。卜長福《續文選》二十卷。開元十七年上，授富陽尉。卜隱之《擬文選》三十卷，開元處士。《朝英集》三卷。開元中，張孝嵩出塞，張九齡、韓休、崔沔、王翰、胡皓、賀知章所撰送行歌詩。張楚金《翰苑》三十卷。王方慶《王氏神道銘》二十卷。徐堅《文府》二十卷。開元中，詔張説括《文選》外文章，乃命堅與賀知章、趙冬曦分討，會詔徙之，①堅乃先集詩賦二韻爲《文府》上之，餘不能就而罷。裴潾《大和通選》三十卷。李康《玉臺後集》二卷。元思敬《詩人秀句》二卷。孫季良《正聲集》三卷。《珠英學士集》五卷，崔融集，武后時修《三教珠英》，學士李嶠、張説等詩。《搜玉集》十卷。曹恩《起予集》五卷，大曆人。元結《篋中集》一卷。《奇章集》四卷。劉明素《麗文集》五卷，興元中集。李吉甫《古今文集略》二十卷，又《國朝哀策文》四卷，《梁大同古銘記》一卷，《麗則集》五卷，《類表》五十卷，亦名《表啓集》。柳宗直《西漢文類》四十卷。柳玄同《題集》十卷。竇常南《薰集》三卷。殷璠《丹陽集》一卷，又《河岳英靈集》二卷。王起《文場秀句》一卷。姚合《極玄集》一卷。高仲武《中興間氣集》二卷。李戡《唐詩》三卷。顧陶《唐詩類選》二十卷。陶，大中校書郎。劉餗《樂府古題解》一卷。《李氏華萼集》二十卷，②李乂、尚一、尚貞。《韋氏兄弟集》二十卷，韋會、弟弼。《竇氏聯珠集》五卷，竇群、常、牟、庠、鞏。《集賢院壁

---

① "徙"，中華書局點校本《新唐志》作"促"。
② "華"，殿本《新唐志》作"花"。

記詩》二卷。《翰林歌詞》一卷。《大曆年浙東聯倡集》二卷。《斷金集》一卷，李逢吉、令狐楚倡和。《元白繼和集》一卷，元稹、白居易。《三州倡和集》一卷，元稹、白居易、崔玄亮。《劉白倡和集》三卷，劉禹錫、白居易。《汝洛集》一卷，裴度、劉禹錫倡和。《洛中集》七卷。《彭陽倡和集》三卷，令狐楚、劉禹錫。《吳蜀集》一卷，劉禹錫、李德裕倡和。裴均《壽陽倡咏集》十卷，又《渚宮倡和集》二十卷，《峴山倡咏集》八卷，《荆潭倡和集》一卷，《盛山倡和集》一卷，《荆夔倡和集》一卷。《僧廣宣與令狐楚倡和》一卷。《名公倡和集》二十三卷。《漢上題襟集》十卷，段成式、温庭筠、余知古。袁皓集《道林寺詩》二卷。《松陵集》十卷，皮日休、陸龜蒙倡和。《廖氏家集》一卷。廖光圖，唐末人。盧瓌《抒情集》二卷。孟啓《本事詩》一卷。劉松《宜陽集》六卷。松，字稽美，袁州人，集其州天寶以後詩四百七十篇。蔡省風《瑤池新咏》二卷，集婦人詩。僧靈徹《訓倡集》十卷，大曆至元和中名人。吳兢《唐名臣奏》十卷。馬總《奏議集》三十卷，處士。臧嘉猷《羽書》三卷。沈常《總戎集》三十卷。唐稟《貞觀新書》三十卷。稟，袁州萍鄉人，集貞觀以前文章。黃滔《泉山秀句集》三十卷，締閩人詩，自武德盡天祐末。周仁滔《古今類聚策苑》十四卷。《五子策林》十卷，集許南容而下五人策問。《元和制策》三卷，元稹、獨孤郁、①白居易。李太華《掌記略》十五卷，《新掌記略》九卷。林逢《續掌記略》十卷。已上總集類。劉子玄《史通》二十卷。柳璨《柳氏釋史》十卷，一作《史通析微》。劉餗《史例》三卷。沂公《史例》十卷，田弘正客撰。裴傑《史漢異義》二卷。傑，河南人，開元十七年上，授臨濮尉。李嗣真《詩品》一卷。元

---

① "孤"，原作"狐"，據殿本《新唐志》改。

兢《宋約詩格》一卷。王昌齡《詩格》二卷。晝公《詩式》五卷。《詩評》三卷。晝公,僧皎然。王起《大中新行詩格》一卷。姚合《詩例》一卷。賈島《詩格》一卷。炙轂子《詩格》一卷。元兢《古今詩人秀句》二卷。李洞集《賈島句圖》一卷。張仲素《賦樞》三卷。范傳正《賦訣》一卷。浩虛舟《賦門》一卷。倪宥《文章龜鑒》一卷。劉邆《應求類》二卷。孫郃《文格》二卷。已上文史類。右不著錄別集類四百六家,五千十二卷。案,《褚亮集》二十卷,《舊書》已錄,實止三百九十四家,作四百六家誤。凡五千二百四十七卷,作五千十二卷誤。總集類七十八家八百十三卷。今案,凡九百二十九卷,作八百十三卷,誤。文史類二十二家一百七十九卷。今案,止七十四卷,作一百七十九卷,誤。

三代之書,經秦燔煬殆盡。漢武帝、河間王始重儒術,於灰燼之餘,拓纂亡散篇卷,僅而復存。劉更生石渠典校之書,卷軸無幾,逮歆之《七略》,在《漢藝文志》者,裁三萬三千九百卷,後漢蘭臺、石室、東觀、南宮諸儒撰集,部帙漸增。董卓遷都,載舟西上,因罹寇盜,沈之於河,存者數船而已。及魏武父子採掇遺亡,至晉總括群書,裁二萬七千九百四十五卷。及永嘉之亂,洛都覆沒,靡有孑遺,江表所存官書,凡三千一十四卷。至宋謝靈運造《四部書目錄》,凡四千五百八十二卷。其後王儉復造《書目》,凡五千七十四卷,南齊王亮、謝朓《四部書目》,凡一萬八千一十卷。齊宋兵火延燒秘閣,書籍煨燼。梁元帝克平侯景,收公私經籍歸於江陵,凡七萬餘卷,盡佛老之書計於其間。①及周師入郢,咸自焚煬。周武保定之中,官書裁盈萬卷,平齊所得,數止五千。及隋氏平陳,南北一統,秘書監牛弘奏請搜訪遺逸,

---

① "盡",殿本《舊唐志》作"蓋"。

著定書目，凡三萬餘卷。煬帝寫五十副本，分爲三品。國家平，王世充收其圖籍，泝河西上，多有沈没，存者重復八萬卷。自武德已後，文士既有修纂，篇卷滋多。開元時，甲乙丙丁四部書各爲一庫，置知書官八人分掌之。凡四部庫書，兩京各一本，①其本有正有副。共一十二萬五千九百六十卷，皆以益州麻紙寫。太府月給蜀郡麻紙五千番，季給上谷墨三百三十六丸，歲給河間、景城、清河、博平四郡兔千五百皮爲筆材。其集賢院御書，經庫皆鈿白牙軸、黄縹帶、紅牙籤；史書庫鈿青牙軸、縹帶、緑牙籤；子庫皆雕紫檀軸、紫帶、碧牙籤；集庫皆緑牙軸、朱帶、白牙籤，以分别之。

---

① "本"，原作"木"，據吴本及殿本《舊唐志》改。